任务群视角下
小学语文大单元教学设计与实施

郭红霞　高丽辉　主编

首都师范大学出版社

CAPITAL NORMAL UNIVERSITY PRESS

图书在版编目（CIP）数据

任务群视角下小学语文大单元教学设计与实施 / 郭红霞, 高丽
辉主编. — 北京：首都师范大学出版社，2024.3（2024.5重印）

ISBN 978-7-5656-8055-7

Ⅰ.①任… Ⅱ.①郭… ②高… Ⅲ.①小学语文课 — 教
学设计 Ⅳ.①G623.202

中国国家版本馆CIP数据核字(2024)第010840号

RENWUQUN SHIJIAO XIA XIAOXUE YUWEN DADANYUAN JIAOXUE SHEJI YU SHISHI

任务群视角下小学语文大单元教学设计与实施

郭红霞　高丽辉　主编

责任编辑　王希文

首都师范大学出版社出版发行

地　　址	北京西三环北路105号	
邮　　编	100048	
电　　话	68418523（总编室）　68982468（发行部）	
网　　址	http://cnupn.cnu.edu.cn	
印　　刷	河北鑫彩博图印刷有限公司	
经　　销	全国新华书店	
版　　次	2024年3月第1版	
印　　次	2024年5月第2次印刷	
开　　本	787 mm×1092 mm　1 / 16	
印　　张	17.25	
字　　数	308千	
定　　价	59.80元	

前　言

近年来，随着国家颁布的几项重要政策，学校课堂教学迎来了重大变革。2021 年 7 月，中共中央办公厅、国务院办公厅印发了《关于进一步减轻义务教育阶段学生作业负担和校外培训负担的意见》（简称"双减"），"双减"政策强调优化教学方式、提高课堂教学质量、提升课堂学习效率。这一政策对强化学校教育主阵地作用，构建良好教育生态，实现教育的高质量发展具有深远意义。但对于学校开展教学工作来说，又向各学科教师提出了全新的挑战。校内提质根本在课堂，各学科教师都需要深入思考、积极探索如何提升课堂教学的育人质量。2022 年，为了全面贯彻党的教育方针，落实立德树人根本任务，教育部颁布《义务教育课程方案（2022 年版）》和各学科课程标准，明确义务教育阶段正确价值观、必备品格和关键能力的培养要求。学校教师们也深刻认识到，深化基础教育课程教学改革，核心在课堂，关键在教师。在新课程方案与新课标颁布的这一年多来，学校各科课堂教学都在沿着"新课标"指引的方向不断探索。到了 2023 年，为贯彻党的二十大精神，落实立德树人根本任务，教育部办公厅于 2023 年 6 月印发了《基础教育课程教学改革深化行动方案》，又一次重点强调了教学方式的变革，要求各地各校不断将基础教育课程教学改革引向深入。其中，"聚焦核心素养导向的教学设计"被视为实施教学改革的重难点之一。

可以说，这几年以及未来几年，是深化课程教学改革的关键时期。在这个重要的变革阶段，北京市海淀区第二实验小学的教师们都在充分发挥其主观能动性，认真学习文件精神和改革理念，从一节课、一个单元、一个学期入手，积极探索落实课改理念的实践路径，试图交出一份回答"为什么教""教什么""教到什么程度""怎么教"等关键问题的实验二小答卷。所以说，完成这样一本语文教学实践探索的成果，是必然的。

北京市海淀区第二实验小学自 1946 年建校以来，伴随着国家和地区的发展，学校办学质量不断提升，目前已发展成为海淀区北部一所办学规模较大、区域影响力较广、周边百姓认可的好学校。从外在环境来说，学校地处中关村科学城附近，作为创新的前沿阵地，中关村科学城为学校教育发展提供了丰厚资源和良好生态；海淀区教育的飞速发展，更为学校提供了极大的发展空间和有力支撑，良好的教育环境成为学校跃升的软实力。但是从根本上来说，学校取得今天丰硕的教学成果，离不开代代实验二小教师们的积极进取精神和不计回报的辛苦付出，离不开老中青教师们的携手共进、开拓创新。70 余年来的辛勤探索，70 余年来的不懈耕耘，老师们仅仅是为了一个不负三尺讲台的朴素信念。"令公桃李满天下，何用堂前更种花"。北京市海淀区第二实验小学的教师们并不沉湎于学生们、家长们的赞誉，而是继续肩负起为党育人、为国育才的重要使命。我们不敢说老师们培养出了多少能够担当民族复兴大任的时代新人，但是多年对教育教学的钻研，在实践领域的持续探索，让我们积累了许多宝贵经验，在教学、育人的漫漫长路上也累积了一些阶段性的成果，这本书就是代表之一。

参与这本书编写工作的是一支优秀的团队，有校长，有语文副校，有海淀区学科带头人，有海淀区骨干教师，也有学校培养的青年教师，梯队分布均匀合理。本书由语文骨干教师共同完成，其中工作组长为郭红霞、高丽辉，工作组成员包括白雪梅、陈巧玉、夏雪、郭明珠、魏澜、耿娟、叶姗姗、赵中华、孔丽萍、张国莹、苑艳艳、郭艳、黄茜。本书具体分工如下：郭红霞、高丽辉负责前言、第一章撰写及统稿工作；第一学段的教学设计由陈巧玉、夏雪、郭明珠、魏澜完成；第二学段的教学设计由耿娟、叶姗姗、赵中华、孔丽萍完成；第三学段的教学设计由张国莹、苑艳艳、郭艳、黄茜完成。

限于我们的水平以及时间紧等原因，本书还可能存在不全面、不深入、不到位的地方，恳请读者批评指正。

郭红霞

2023 年 6 月

目　录

第一章 理论基础与设计概述

新一轮课程改革的重点之一就是优化课程内容组织形式，基于学生的学习逻辑组织呈现课程内容。《义务教育语文课程标准（2022年版）》（以下简称"新课标"）从典型的学习情境、特定学习要求入手，以学习任务群的方式进一步结构化语文课程内容。随之而来的就是，小学语文教师必须面对和回应如何有效开展教学实践才能达成学习任务群目标的问题。对此，本章将从基本理念、基本原则以及设计概述三个方面简要论述这一问题。

第一节 任务群视角下大单元教学设计的基本理念

语文学习任务群围绕特定的学习主题，以相互关联的系列任务为导向，以语文实践活动为载体，整合学习情境、学习内容、学习方法和学习资源，指向学生语文核心素养的发展。新课标对基于学习任务群的教学提出明确说明及要求。具体而言，基于学习任务群的教学是以语文核心素养为大纲的大单元设计，是以学生在真实语文情境中的语文实践活动为中心的深度学习。[①] 因此，想要说明任务群视角下的教学设计，需要从学习任务群提供的新视角以及大单元教学设计理念两个方面进行说明。

一、学习任务群的新视角

所谓学习任务群，指的是由适应培养学生语文核心素养的需要，承载语文课程内容、建构语文教材单元、创新语文教学模式的若干语文学习任务组成的集合体。因此，语文学习任务群不仅是语文课程的内容载体，同时也是语文教学的方

---

① 陆志平：《语文学习任务群的特点》，《语文学习》，2018年第3期，第4—9页。

式方法。[①] 从教学方式的角度来说，语文学习任务群的构想旨在通过预设学生需要经历的语言实践活动、问题情境及其在具体情境中需要完成的任务，充分顾及问题导向、自主合作、个性化和创造性等因素，引导学生在语言文字运用的过程中发现问题、分析问题、探究问题和解决问题，实现学生语文核心素养的发展。

语文学习任务是围绕一个相对独立学习目标而组织起来的言语实践活动，而语文学习任务群则是由多个指向一个共同目标的语文学习任务构成的言语实践活动集群。所谓学习任务群的新视角，即通过设置真实情境与学习任务，让学生积极开展识字与写字、阅读与鉴赏、表达与交流、梳理与探究等自主实践活动。简单来说，就是依托真实问题情境，综合调用个人、他人、社会、文化、环境等多种资源，创设相互关联的系列学习任务，要求学生在完成任务的过程中调用各种基础知识、关键能力以及意志品质等，展现并发展其综合素养。这些学习任务同时又需要围绕核心目标，分别细化为具有内在逻辑关联的语文实践活动。综上所述，基于学习任务群视角的教学设计，也兼具学习任务群的目的性、情境性、综合性、实践性、激发学生学习兴趣与参与性等特点。

二、大单元教学设计理念

陆志平认为"语文大单元教学，就是基于语文学习任务群的教学"[②]。在新课改的背景下，以大任务为引领，以结构化、情境化的大单元设计理念开展小学语文教学是大势所趋。

"大单元教学"是按照学习逻辑构建出相对独立且完整的学习过程，以整体视角来整合课程资源和设计课堂教学，突出教学内容的主线以及知识之间的相互关联。[③] 具体来说，就是从整体规划的视角出发，根据"新课标"的要求和学生的学习需求，对单元教学全过程进行系统化设计。

大单元之"大"，表现在知识体量、持续时长以及活动架构等多个方面。[④] 在知识体量上，"大"不仅仅指记忆更多知识点，更重要的还要学会如何将大量知识点转移到应用上。利用大任务、大主题等活动，围绕一个明确的话题或问

---

① 徐林祥：《关于语文学习任务群的思考》，《学语文》，2020 年第 3 期，第 3—6 页。

② 陆志平：《语文大单元教学的设计思路》，《语文建设》，2020 年第 17 期第 40—43、62 页。

③ 张琦、冯轶骋：《单元教学设计视角下"三角形的面积"的思考与实践》，《上海课程教学研究》，2019 处第 10 期，第 53—59 页。

④ 崔允漷：《如何开展指向学科核心素养的大单元设计》，《北京教育（普教版）》，2019 年第 2 期，第 11—15 页。

题，以相应学习内容和学习任务为载体，培育学生的语文核心素养。在持续时长上，"大"则表现为根据侧重学科核心素养的逻辑体系，连续性设计多节课，形成能够关联从前、当前和未来学习的知识体系和教学方案。在活动架构上，"大"不仅指"任务"和"活动主题"的大，同时要将单元作为能够完整体现教学过程的课程单位和学习单元，要在传统单元教学的基础上，增加更多的活动或者任务，构建包含系统性教学目标、教学任务、教学活动和教学评价，能够融合更广泛内容、具有更高站位的整体性教学体系。

这种新的教学设计理念通过统整知识来避免重复性、零碎性以及表浅性教学。教师通过营造真实情境的方式引导学生发现、分析和解决问题，从而打破书本和现实生活之间的界限。在这样的教学中，教师也需要利用更多资源拓展语文教学空间，充分利用社会、网络等各种平台提供的课外学习机会，从而切实的落实学习任务群的整合要求，更充分地实现语文课堂的育人价值，满足学生语文核心素养发展的现实需求。

第二节　任务群视角下小学语文大单元教学设计的基本原则

大单元教学不是简单地将单元内单篇或单课时的教学设计罗列堆叠，而是在以发展学生语文核心素养为根本目标的情况下，以任务群的方式进行统整，有序、高效地引导学生在各个学段的学习中开展深度学习。这样的设计不仅要求教师有更高的理念站位、更深厚的学科素养和更广泛的教学视野，也要遵循以下三个方面的原则。

一、以发展语文核心素养为根本诉求

从目标定位来看，任务群视角下的小学语文大单元教学设计首先应着眼于学生的全面发展，把提升学生语文核心素养作为根本原则。核心素养是一种复杂的、高阶的综合素质，具体到语文课程中，则是适应学生个体终身发展和社会发展需要的，开展言语实践活动过程中需要用到的，解决实际问题、完成相关语文任务的关键能力与人格品质。其发展具有整体性，不能只依靠单一知识点或单节课来实现。这就意味着素养本位的语文大单元教学应当摒弃以课时或知识点为单

位的碎片化设计，需要通过结构化统整将学习内容进行聚类，进而展开完整而系统化的学习历程设计。[①]

具体来说，语文大单元教学需要综合考虑教材的逻辑与内容、相关的学科知识和课标要求、学生的认知水平和心理准备等多个方面，在目标设定、教学设计、教学实施等多个层面以发展学生语文核心素养为旨归。从目标设定来看，大单元教学需要结合学生亟待发展的关键能力、必备品格与价值观念进行设计，教学目标至少需要对接核心素养的某个方面，具体围绕需要解决的问题以及学生的学习发展来展开。从教学设计来看，教师依据核心素养的要求，结合具体教材，按大任务的逻辑将相关知识或内容结构化，并在活动过程中通过学习任务逐渐渗透语文核心素养的具体要求，同时制定对应的学业评价标准，全面落实语文课程的素养培养目标。从教学实施来看，育人本位的特点需要贯穿教师教学的各个环节，以学生自主学习、主动学习为主体，以教师的有效引导为主导，以落实学生核心素养的发展为主要目标，超越以讲授为主、以实现知识点掌握为目的的传统教学方式。

二、以学习任务群的特征为统整视角

"新课标"从整体上统筹了学习任务群的内在关系，将6个学习任务群架构为基础型、发展型、拓展型三个层级。从纵向发展来看，每个任务群都跨越所有学段；从横向关联来看，各个任务群之间又有交叉和重叠。最终形成包含多个层次、多种要素，关联多个维度的立体系统。[②]开展大单元教学，需要组合学习要素，有效落实语文学习任务。对此，需要从三个方面展开相应的教学设计与实施工作。

其一，需要具有"任务"意识，将学习内容"任务化"。任务群中的"任务"，是师生为达成特定的语文学习目标，在各类语言运用情境中开展的言语实践活动。以学习任务群的视角进行统整，强调的是教师要设计出清晰的任务链，以逻辑性、梯度性的多个学习任务为主线，为学生语文核心素养的发展指明道路。首先，将学习内容"任务化"表现为要用大目标或大观念整合教学内容。一个指向核心素养发展且能够实现完整教学过程的大单元教学设计，一般是由相同主题或者类似问题组合成的大任务，涉及多个数量、多种类型的教学内容。通过

---

① 雷浩、李雪：《素养本位的大单元教学设计与实施》，《全球教育展望》，2022年第5期，第49—59页。
② 郑桂华：《义务教育语文学习任务群的价值、结构与实施》，《课程·教材·教法》，2022年第8期，第25—32页。

大单元设计整合后的教学内容不应再是一篇篇独立的课文，而应是指向学生素养达成的、以教材单元为基础的结构化知识或材料。在设计大任务时需要围绕这些整合性的内容进行通盘考虑和充分准备，系统设计课时、情境、学习资源、活动形式、评价标准等要素。其次，将学习内容"任务化"也表现为对大任务、大观念的分解与组织。整个大单元大目标的实现由多个相关的学习任务共同推动。鉴于高度整合的大目标及其对应的大任务具有概括性和抽象性，在单元设计时，需要结合课标要求、教材篇目特性和单元学习任务将大任务进行合理的操作化分解，设计相应的教学内容与学习任务，以有效组织整个教学过程。通过以上两点内容的考虑与设计，可以更为有效地使学生的语文学习跟真实的语言运用相联系，通过丰富的语言实践活动，引导学生以积极、自主的态度深入参与活动，通过任务驱动的方式，让学生借助已有知识及能力，发现问题、解决问题。因此可以说，任务既是通过情境、目标、活动等要素引导学生发生学习行为的教学起点，又是通过对过程、结果的评价检验学生学习目标达成的教学终点。

其二，需要增强"统筹"意识，用任务群的整体目标统摄不同的学习内容和学习活动。在小学阶段，根据新课程标准的教学目标设置，可以分为三个学段。其中，小学一、二年级是第一学段，小学三、四年级是第二学段，小学五、六年级是第三学段。三个学段分别对应着小学低段、中段和高段。每个任务群都跨越所有学段，但在不同学段，同一学习任务群的学习内容、学习要点以及"教学提示"具有不同的侧重，学习内容与能力要求的复杂程度呈现出纵向层级性发展。

例如"思辨性阅读与表达"学习任务群中各学段的学习内容与教学提示。

表1-1　"思辨性阅读与表达"学习任务群中各学段的学习内容与教学提示

学段	学习内容	教学提示
第一学段	1. 阅读有趣短文、发现、思考身边的奇妙之处，并说出想法； 2. 提出问题，积极思考探究，寻找并分享解决问题的方法及理由。	重在保护学生的好奇心、自信心，引导学生观察语体文，鼓励学生自由表达、充分表达。
第二学段	1. 阅读科学类短文，发现自然规律，并运用事实和细节表达观点； 2. 阅读智慧性的故事，并运用列提纲与思维导图的方式明确故事结构； 3. 积极发现与思考问题，学习辨析、质疑、提问等方法。	引导学生了解辨别事实与观点，尝试表达并简单论证自己的观点和思考。

学段	学习内容	教学提示
第三学段	1.阅读短论、简评，学习有理有据地表达观点； 2.体会和发现不同语言现象的表达效果； 3.阅读科学类、发明类故事，抽取其思维结果和过程，体会猜想、验证、推理等思维方法； 4.阅读哲理性故事，学习思维方法。	引导学生分析论据与观点之间的联系，辨别逻辑、结构关系，有条理地表达观点，并鼓励学生对文本进行评价。

由表1-1可见，学习内容的抽象程度逐渐加深，以阅读内容和思考方法为例，逐渐由"阅读有趣短文"发展为"阅读科学类短文""阅读短论、简评"，从"积极思考、探究，乐于分享"发展为"学习辨析、质疑、提问等方法""体会猜想、验证、推理等思维方法"。在教学提示中，学段的发展和进阶的特性更为明显，如第一学段"重在保护学生的好奇心、自信心"，第二学段"引导学生了解辨别事实与观点，尝试表达并简单论证自己的观点和思考"，第三学段"引导学生分析论据与观点之间的联系，辨别逻辑、结构等关系，有条理地表达自己的观点"。对于这种层层推进、逐级深化的要求，在教学设计中需要注意两个方面的内容。第一，设计科学的学习任务和学习活动，教师要考虑到语文课程特点和学生身心发展规律，要通过学习任务的综合性、挑战性以及学习过程的探究性，体现同一个学习任务群在不同学段的纵向发展过程与进阶。如第一学段在一年级下册第八单元设计"用喜欢的方式发现身边的问题，制作成'我的小问号'问题卡与家长、伙伴或老师交流"的学习活动，引导学生"产生探索、发现的欲望"能够发现问题、提出问题；而到了第三学段六年级下册第五单元，则设计"学习解决问号的表达"学习活动，"以课文为依托，层层深入地培养学生习得论证方法"。通过构建层层推进、紧密衔接的目标体系，从而强化大单元教学的结构性和发展性。第二，明确不同阶段的学习任务和质量要求。学段不同，同类学习任务的要求就不同，评价其学习质量的标准也就不同。例如第一学段在一年级下册第八单元"制作'我的问题卡'"的学习活动，则重在评价学生发现的问题是否是真的问题、能不能清晰、有条理地阐述问题等；而第三学段六年级下册第五单元的"学习解决问号的表达"学习，则重在评价学生在练笔时能否清晰地表达自己的观点，并用具体事例说明观点，初步进行有逻辑的论证。

其三，提高"整合"能力，各任务群之间存在交叉和重叠，需要恰当处理不同任务群之间的关系。一方面要根据六个学习任务群的特点，通过目标取向、文本选择、学习实践活动方式等体现不同学习任务群的特色，例如"实用性阅读与交流""文学阅读与创意表达"都涉及"阅读与鉴赏""表达与交流"的语文实践活动，但是前者需要"紧扣'实用性'特点"，而后者则强调获得与表达"独特的感受"和"发挥自己的创造性"。另一方面，从任务群的横向关联来看，六个学习任务群的学习内容与学习目标之间存在一定的交叉与重叠。鉴于此，在基于学习任务群的视角统整大单元教学时，需要注意实现任务群之间的整合。例如当"整本书阅读"学习任务群的学习内容涉及文学方面的优秀作品时，这一学习任务群就与"文学阅读与创意表达"任务群的学习内容、学习目标存在关联之处，如都包含"体验阅读的乐趣""感受家国情怀和爱国精神""针对作品中感兴趣的话题进行交流（交流自己的情感体验）""运用口头或书面的形式分享自己获得的启示（表达观察与体验，抒发自己的情感）"。对此，可以设置关联性的学习内容，在文学类的整本书阅读过程中，鼓励学生进行创意表达，实现同一学段不同学习任务群的内容整合。

此外，在整合与结构化学习内容与学习目标时，还需要重视对教学资源的统整。教师对于语文单元教学内容的设计，要以单元名称为核心将学习资源优化整合，使素材多样化，同时要注意阅读作品的典范性，选取作品时要与时代特征相结合，将学习任务更好地融入学生的日常生活。

三、以促进学生深度学习为重要目标

伴随着教育学和学习科学的发展，人们发现，学生需要亲历性地参与语言文字的运用过程才能使学习活动真实发生。学生除了要开展结果性内容的学习外，还要真正参与到语言运用活动中，运用已有的语文学习经验指导言语实践。与此对应的，大单元教学的设计也要注重引导学生深度参与，进入深度学习。"深度学习"并非指特定的教学方法，钟启泉认为，"深度学习"是"学习者能动地参与'主体性''对话性''协同性'学习活动的总称"，"指向学生高阶智能的发展和健全人格的养成"。[①] 在大单元教学中，需要将"教师中心"转变为"学习者为主体，教师为主导"。教师的角色由原先的讲授者变为活动的设计者、引导者，在学生自主建构知识的过程中搭建支架，为学生提供真实和丰富的学习感受、学习体验。这种认识与理念的转变指引教师设置恰切的教学情境和层层深入的探究

---

① 　钟启泉：《深度学习》，《全球教育展望》，2022 年第 1 期，第 129 页。

性任务，引导学生在情境中实现个体成长和素养发展。

具体来说，真实有意义的问题情境的建构在大单元教学设计中极为重要，这也是实现深度学习的前提。问题情境设置的目的既在于激发学生探索研究的兴趣，引导在愉快的语文学习中获得个人提升；同时也更有助于单元目标的达成。问题情境设置可以从学生的个人体验、学科认知的情境中来，也可以来自学生的日常生活和社会参与。教师可以一方面利用教材中学习任务文本情境或社会情境的描述，另一方面也可以根据学生的日常学习、生活特点，采用师生共建的方式重新编排或创设立体化的教学情境。

学习任务的设计也要注重以探究性活动替代灌输式的讲授，因为探究性活动更有助于提升学生的思维水平，落实深度学习。面对复杂的问题情境时，要通过各式活动实现师生、生生对话，帮助学生构建起发现问题、分析问题、解决问题的方法与路径，从而实现深度学习，助力学习任务的高效完成。

第三节　大单元教学设计概述

统编版小学语文教材依据课程标准，以学习单元的方式承接学习任务群，以数量不等的教材单元来呈现各个学习任务群的课程内容，构成一个课文学习到学习单元再到学习任务群的课程与教学改革的落实路径。结合教材的设计，本小节从基本要素、基本思路两方面，进一步概述大单元设计理念所带来的教学变革。

一、大单元教学设计的基本要素

学习任务群引领的教学变革，集中表现在通过对单元内容的梳理与整合，以结构化的任务、项目、问题为牵引，以连续的课时进行单元整体性教学。与单篇课文教学相比较，大单元教学更加关注整体规划，在开展基于学习任务群的大单元教学设计之前，还需要明确其单元学习任务群指向、单元主题、学习目标与学习任务。因此，大单元教学的设计应该包括五个核心要素：单元的任务群指向、单元学习主题分析、单元学习目标、单元学习任务、单元学习活动。

新课标是教学设计的根本依据。在开展大单元教学设计时，首先需要在系统分析教材内容的基础上，分析其指向的学习任务群内容，结合课标进一步挖掘这一单元所承载的语文核心素养培养任务。从文化自信、语言运用、思维能力、审美创造四个维度进行梳理、整合，从而明确该单元学习的"实用"目标。将教材中的单元导语、学习提示等内容与课标中各个学习任务群教学提示进行对照，在明确学习任务群指向之后，进而统整教材中涉及的点状知识，将其整合为单元学习的知识体系，借此明确学生学习本单元的预期学习成果。在这种整合理念的指导下，教与学从一次只注意一件事、一个观点，转变为明晰事物之间的相互联系，结合学科结构统整知识与能力。[①] 单元内的典型知识、内容互相作用、彼此交融，在培育学生语文学习经验、思维过程、思维方法以及思想情感等方面共同发挥着作用。

学习主题是引领大单元教学、开展任务活动设计的关键。大单元学习主题的设计需兼顾教材的人文主题和任务群的"实用"核心，提倡双线交融型设计，让两类主题有机融合：以人文主题为显，以语文知识和能力要素为隐。结合前面对单元指向学习任务群的分析，围绕教材编写中单元本身的教学价值以及单元在落实学习任务群目标中的独特价值等方面，展开对学习主题的具体分析，最终形成单元学习主题。其中，教材是大单元教学设计的内容来源。从教材的自然单元着手展开设计时，需要关注课文系统中不同文本的共性和个性，还需要关注助读系统与课后及单元练习系统中对教学重点和教学方法的说明，以此明确需要学习的内容和学习方法。其中，助读系统中的单元导语和学习提示不仅提示了人文主题与学习内容，还指出了单元的主要学习目标，在开始大单元教学设计之前，需要加以重点关注。

语文教学的目标不是单纯掌握文本和知识。在叶圣陶看来，文本只是"一个例子"，教学内容并不等同于课文内容；语文学科的学习也不等同于掌握完备的语文知识体系。因此，设计目标，需要从语文核心素养出发，从学习任务群的学习要求和学习目标入手。大单元学习目标是学生预期学习结果的集中体现，它明确了大单元教学的重点，为下一步学习内容的整合指明了方向。在有限的课时安排下，想要有效落实单元学习目标，需要对大单元主题从预期学习结果、学习内容、表现程度等方面进行细致分解。然后在单元整体目标的引领下，着眼于本单元要培养的学科核心素养，打破篇与篇、类与类、课内与课外之间的界限，整合学习内容，在有限的课时内落实单元教学的重点。

基于语文学习任务群的教学，强调"以任务为导向，以学习项目为载体"。

---

① 施良方：《课程理论——课程的基础、原理与问题》，北京：教育科学出版社，1996年，第15页。

可以说，结合统整大单元，设计驱动式学习任务已成为目前落实课堂教学改革的一种切实可行的方式。大单元教学以单元学习目标为线索聚焦学习内容，各个学习任务所对应的学科核心知识就是主要的学习内容。为使大单元教学的整体性、可操作性更强，还可以在设计单元学习任务时搭建出单元任务框架，规划和分解学习内容，确定大单元教学的具体指向。单元学习的核心目标与学习任务分别对应单元和课时的教学主题，承担着整体和部分的学科知识教学、学科关键能力培养的角色。

学习任务是一个具有结构化特点的整体，其设计构成了大单元框架的主干部分。为保证学习目标能真正落地，还需要设计恰切的学习活动，完善活动开展流程。学习活动设计是大单元设计的主体环节，通过让学生在真实的言语实践活动中完成任务，促进学生对所学内容的深度理解，实现素养的提升。新课标规定的语言实践活动包括识字与写字、阅读与鉴赏、表达与交流、梳理与探究。在设计活动时，需要考虑单元学习任务群的特点，具化学习活动的内容、细化学习活动的安排，综合多种活动。此外，一般来说，大单元教学中所设计的学习活动具有一定难度，为保证学生能顺利进行自主学习，在进行教学设计时，还要注意为学生提供相应的学习支架，以启发学生思维的方式辅助学生理解文本，帮助他们更好地完成任务、解决问题。

二、大单元教学设计的基本思路

不同于教材编排中呈现出的自然单元，大单元教学的内在逻辑是课程逻辑，在其教学内容的选择与组织上可以打破教材的排列组合，借任务、问题、项目等重组知识内容，促进新旧知识、直接经验与间接经验的融合。[①]基于上述考虑，形成大单元教学设计的基本思路，主要包括三大环节（见图 1-1）。

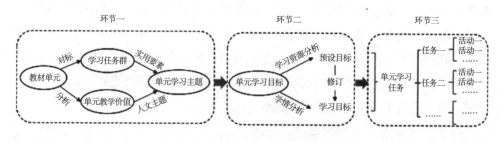

图 1-1　大单元教学设计的基本思路

---

① 雷浩、李雪：《素养本位的大单元教学设计与实施》，《全球教育展望》，2022 年第 5 期，第 49—59 页。

（一）环节一，融合教材两条线索确定单元学习主题

从教材单元出发，统编版教材以"人文主题"和"学习任务群"两条线索组织单元。单元教学内容设计与单元学习主题的确定要融合教材的两条线索，既要体现单元人文主题，也要明确单元内容对标的学习任务群，实现人文主题和学习任务群的有机融合。单元的人文主题是贴近学生实际生活、符合学生学习体验、促进学生情感共鸣的实践话题和教学情境。其作用在于联结小学生的学习活动和现实生活，让学生在更加熟悉、开放的环境中进行语文学习和表达交流。明确单元指向的学习任务群即明确单元主题中的实用要素，确定该单元所侧重培养的学科能力及其相关学科品质。如四年级上册第六单元以"成长故事"为人文主题，主要以诗歌和写景散文为主，这两种文学体裁都具有生动的语言、优美的意境、真挚的感情，其体裁编排与"文学阅读与创意表达"任务群较为契合。因此在确定单元学习主题时，要融合人文主题"成长故事"和学习任务群"文学阅读与创意表达"，一方面厘清单元核心知识，另一方面也形成更符合其身心发展规律、能够调动学生参与的学习情境。

（二）环节二，锚定语文核心素养设定单元学习目标

单元学习目标是确保大单元教学科学化设计和有效实施的关键。其设定需要基于对课程标准中的素养目标、教材内容以及基本学情等方面的科学认识和系统分析。基于对单元指向的任务群学习内容及相关培养目标的分析，结合现有学习、教学资源，能够初步形成预设的学习目标。例如二年级下册第三单元以"传统文化"为主题，编排了《神州谣》《传统节日》《"贝"的故事》《中国美食》四篇课文，通过对教材现有资源的梳理与分析发现，这一单元需要落实的语文要素为"运用多种识字方法独立识字"。在进行单元教学之前，将该单元的学习目标预设为：第一，通过阅读、访谈、信息化手段等途径，广泛了解并选择具有典型特点的传统节日，萌发热爱中国传统文化的情感；第二，通过阅读文字、观察图片、借助资料等方法，能够抓住不同传统文化的特点，在文本中识认汉字；第三，在阅读中充分积累和梳理语料素材，能够在识字过程中主动地迁移运用，掌握汉字的识字规律。

但这种预设是基于对教材和已有资源分析处理而形成的。在预设目标的基础上，还需要通过对学生学习情况的调查与诊断，了解学生既有的知识储备和认知现状，从而对预设目标加以修订和调整，帮助学生在其原有经验和未知之间建立联系，达成新的理解，实现学习发展区的跨越。在预设二年级下册第三单元的学习目标之后，教师又开展了学生访谈，访谈发现：大多数学生对中华传统文化有一定的了解，但对于什么是"传统"，什么样的文化可以被称为"传统文化"并不了解；虽然掌握了一定的识字方法，但对于发现不同偏旁之间内在含义还存在一定困难。经过这样的学情调查之后，进一步将单元学习目标调整为：第一，能够借助韵语、图片、形旁与字义的联系等多种方法独立识字，并进行语言文字的梳理和积累；第二，通过阅读各种体裁的文章，充分了解传统文化多元的特点，并根据特点进行多元的创作，在个性化的表达中突出对传统文化的热爱；第三，在阅读中通过朗读和积累词语，体会祖国山河的壮美和文化的悠久，建立自觉、自信的文化意识。

采用这样方法设定的单元学习目标，一方面聚焦统编版教材现有教学内容，在深层次理解语文教材的基础上遵循了语文课程目标的要求；另一方面，通过对预设目标的修订与完善，补充实践性、发展性的具体目标，满足学生真实的发展需求，有效促进学生语文核心素养的发展。

（三）环节三，以单元学习任务及其对应的学习活动规划学习历程

单元学习任务的制定与学习活动的细化是大单元教学设计中核心环节之一。单元学习任务的设定在一定程度上统筹规划了整个学习过程与教学过程。在横向上，单元内的所有任务囊括了这一单元的学习内容、学习目标等学习要素；在纵向上，学习任务围绕核心目标，呈现出从简单到复杂、由具体到抽象逐层深入的任务链条，串联起所有学习环节，建立起学科内容与学科关键能力之间的联系。[①] 如一年级下册第八单元通过故事介绍科学知识，启迪少年儿童的智慧，其对应的学习任务群是"思辨性阅读与表达"。为了落实"思辨性阅读与表达"任务群的独特价值，教师根据"以问题为导向阅读，发现并分享问题解决的办法"的单元学习主题，整合不同选文中蕴含的思维能力发展的价值，设计了"身边问题我发现""解疑方法我学习""解疑能手我来当"三个符合认知发展规律、具有层次梯度的学习任务，从观察发现入手，了解选文中解决问题的方法，进而形成自己解决问题的方法。以此将单元与课时打通，统筹推进，带领学生开启探索发现的旅程，有效促进其思维能力的发展。

而对于学习任务与学习活动的关系，王本华曾经明确指出："恰切的活动是

---

① 吴亮奎：《语文教学设计的知识分类学探索》，《天津师范大学学报（基础教育版）》，2019 年第 2 期，第 1—5 页。

完成任务的有效手段。"[1] 为了保证学习任务高质量、高效率地完成，在大单元教学中还要围绕学生们感兴趣的内容，开发适合学生自主开展的活动，为实现单元学习目标提供支持。需要注意的是，在开展大单元教学设计的过程中，统整与综合的思想贯穿始终。在开发与开展学习活动时，也要改变以往"聚焦零碎知识点的理解、强调低认知水平的记忆或陈述"的设计思路，转而关注具有真实情境的挑战性问题，在一系列具有内在逻辑关联的语文实践活动中强调复杂问题的解决。

---

① 　王本华：《任务·活动·情境——统编高中语文教材设计的三个支点》，《语文建设》，2019 年第 21期，第 4—10 页。

第二章 第一学段

虽然学生的发展具有个体差异性，但处于相同年龄阶段的学生的发展总体上具有阶段一致性。与此同时，不同年龄阶段的学生在身体和心理发育方面都有着较为明显的差异，导致学生在不同学段的思维水平和思维方式不尽相同。因此在开展大单元教学设计之初，需要关注并区分学段差异，以更好地促进学生的核心素养的发展，实现小学语文教学的贯通与进阶。

第一节 设计概述

循序渐进是教学实践中最为重要的原则之一。在小学语文大单元教学设计中，也要服从小学生的身心发展规律，设定适应学生发展水平的单元学习目标，设计满足学生发展需求的学习任务，设定指向学生未来发展的系列语文实践活动。

第一学段指的是小学一、二年级，通常称为小学低段。结合相关研究可以了解到，这一学段的学生刚刚从幼儿转换成小学生身份，一般对于学习缺乏自主的意识，在学习中较为明显地受到兴趣的支配。同时，这一学段的学生感知觉敏感性增强，以直观形象思维为主。在语文学习中，他们可以通过朗读简单感知文本，能够初步感知句子、段落或简短篇章的基本含义。

在了解学生学段发展的基础上，为了进一步系统规划小学阶段大单元教学设计，还需要进一步梳理和分析学段的具体要求。"新课标"在总目标之下，系统规划了小学三学段的学习目标与学习要求，各学段相互联系，层级递进。为了更好地说明教学设计特点与思路，现结合新课标中的相关表述，梳理小学第一学段的学习目标。

表 2–1 第一学段学习目标

实践活动	学段要求
识字与写字	1. 喜欢学习汉字，有主动识字、写字的愿望。认识常用汉字 1600 个左右，其中 800 个左右会写。
	2. 学会汉语拼音。能读准声母、韵母、声调和整体认读音节。能准确地拼读音节，正确书写声母、韵母和音节。认识大写字母，熟记《汉语拼音字母表》。
	3. 掌握汉字的基本笔画和常用的偏旁部首，能按基本的笔顺规则用硬笔写字，注意间架结构，初步感受汉字的字形美。努力养成良好的写字习惯，写字姿势正确，书写规范、端正、整洁。
	4. 学习独立识字。能借助汉语拼音认读汉字，学会用音序检字法和部首检字法查字典。
阅读与鉴赏	1. 喜欢阅读、感受阅读的乐趣。学习用普通话正确、流利、有感情地朗读课文。学习默读。
	2. 结合上下文和生活实际了解课文中词句的意思，在阅读中积累词语。认识课文中出现的常用标点符号。在阅读中体会句号、问号、感叹号所表达的不同语气。借助读物中的图画阅读。
	3. 阅读浅近的童话、寓言、故事，向往美好的情境，关心自然和生命，对感兴趣的人物和事件有自己的感受和想法，并乐于与他人交流。诵读儿歌、儿童诗和浅近的古诗，展开想象，获得初步的情感体验，感受语言的优美。
	4. 尝试阅读整本书，用自己喜欢的方式向他人介绍读过的书。养成爱护图书的习惯。
	5. 积累自己喜欢的成语和格言警句。背诵优秀诗文 50 篇（段）。课外阅读总量不少于 5 万字。
表达与交流	1. 学讲普通话，逐步养成讲普通话的习惯，有表达交流的自信心。
	2. 能认真听他人讲话，努力了解讲话的主要内容。听故事、看影视作品，能复述大意和自己感兴趣的情节。能较完整地讲述小故事，能简要讲述自己感兴趣的见闻。与他人交谈，态度自然大方，有礼貌。积极参加讨论，敢于发表自己的意见。
	3. 对写话有兴趣，留心周围事物，写自己想说的话，写想象中的事物。在写话中乐于运用阅读和生活中学到的词语。
	4. 根据表达的需要，学习使用逗号、句号、问号、感叹号。
梳理与探究	1. 观察字形，体会汉字部件之间的关系。梳理学过的汉字，感知汉字与生活的联系。
	2. 观察大自然，热心参加校园、社区活动，积累活动体验。结合语文学习，用口头或图文等方式整理、表达自己在活动中的见闻和想法。
	3. 对周围事物有好奇心，能就感兴趣的内容提出问题，结合其他学科的学习和生活经验交流讨论，尝试提出自己的看法。

通过分析第一学段的学段要求，发现在上表中，具体行为或学习内容前面主要出现了三种类型的词语：其一，表示态度的词语，如"喜欢""向往""乐于""有自信心""敢于""有兴趣""热心""好奇心"等，这些词反映出第一学段的语文课程重在培养学生的语文学习兴趣与参与性；其二，反映学习程度的词语，如"初步""浅近""简要"等，反映第一学段的培养要求较低，主要是为后续课程学习打下基础；其三，表示语文实践活动参与程度的词语，如"认识""感受""感知""体验""体会""尝试""养成……习惯""努力了解"等，反映学生在这一学段的学习中，其学习任务的复杂程度、语文实践活动的认知深度较为有限。

基于对这一学段学生认知发展特点和学段要求的分析，我们可以进一步聚焦第一学段的大单元教学设计的侧重点，进一步清晰化学习目标的描述，更有针对性地设计学习任务，组织学习活动。无论是在日常生活，还是在文学体验，或者是在跨学科学习的语言文字运用情境中，这一学段都重视对学生学习习惯、学习兴趣的培养，引导学生从观察现实生活入手，借助多种资源拓宽学生视野，丰富相关认知和表达方式，感受并逐渐学会观察、想象、积累、梳理等语文学习的方法。

第二节　在节奏和韵律中，体会童真与童趣

——一年级上册语文第六单元"想象"教学设计

一年级上册第六单元，以"想象"为主线来贯穿，编排了《影子》《比尾巴》《青蛙写诗》三篇儿童诗和一篇童话故事《雨点儿》，共4篇主体课文，以及一个口语交际"用多大的声音"和一个语文园地。单元教学中需落实两个语文要素：把课文读正确，读通顺；初步建立句子的概念。本单元的几篇课文展开了多角度的想象，学习内容丰富，以儿童的视角，对自然界、生活中的一些现象进行了生动的描摹，能激发学生对自然、对生活的热爱。

本单元的几篇课文展开了多角度的想象。《影子》描写了孩子与影子相随玩耍的情景，展现了学生熟悉的生活现象，蕴含光与影的生活常识。《比尾巴》以问答式儿歌介绍了六种小动物尾巴的特点，渗透了观察、发现的认知乐趣。《青蛙写诗》用丰富的想象，把雨天里的池塘景物描写成写诗吟诗的情景，并把小蝌

蚪、水泡泡、水珠等景物与逗号、问号、省略号三种标点符号联系起来，蕴含形象类比的思维。《雨点儿》运用拟人化的手法，通过大雨点和小雨点的对话，形象的介绍雨的作用——给大地带来美好、带来生机，借助故事角色讲明事理，形象生动，充满童趣。"和大人一起读"的儿歌《谁会飞》也是问答式儿歌，采用一问一答的形式，介绍了天上的飞鸟、水里的游鱼、地上的跑马三种动物的活动方式，与《比尾巴》异曲同工，巧妙呼应。多角度展开了对日常生活的想象、对花鸟虫鱼的想象、对自然现象的想象，都是十分能调动学生生活经验的想象角度，激发学生对想象的兴趣，了解生活中处处充满了想象。学习内容丰富，以儿童的视角，对自然界、生活中的一些现象进行了生动的描摹，能激发学生对自然、对生活的热爱。

一、单元指向的学习任务群

本单元的课文体裁以儿歌和童话为主。儿歌是一种能够给予儿童快乐，在朗朗上口的节奏和韵律中启发儿童思想，发展儿童想象力的文学体裁；而童话更是一种通过想象来塑造艺术形象，反映生活，在充满人物对话的情节中增进儿童性格成长的文学体裁。这两种文学体裁都具有丰富的想象力，语言简明易懂，充满儿童趣味。这样的编排为构建"文学阅读与创意表达"任务群提供了丰富的学习资源。

一是从学习内容上，顺应了学科育人的需求。本单元的课文都与"想象"有关，课文从儿童视角出发，关注儿童的生活及自然中的现象，充满童趣的语言富有想象的张力，让学生能够感受到生活的快乐、自然的美好，以及发现的乐趣。但是，一年级的学生首次接触既熟悉又陌生的"想象"主题，对于"想象"真正内涵的概念是比较模糊的。语文学习应让学生具有感受美、发现美和运用语言文字表现美、创造美的能力。这一学习单元主题的统整，"班级童诗朗读音频展示会"学习情境的创设，让学生在兴致盎然的文学阅读过程中真切地感受到想象之美，去发现语言文字的美、生活的美，并能用自己的语言将这种感受到的美表达出来。学生不断培养审美能力和提高审美品位，感受到中华文化的独有魅力，进行文化积淀。

二是从学习方式上，契合了创意表达的要求。本单元的阅读训练要素是：朗读课文，读出节奏。从"朗读课文，读准字音"，到"朗读课文，背诵课文"，再到"朗读课文，说一说青蛙写诗的时候谁来帮忙了"，最后到"分角色朗读课

文"。单元的助读系统在提示着我们文学阅读与创意表达的相辅相成。本单元以
"基于想象读出节奏"为主题，在"班级童诗朗读音频展示会"的大情境下，以
三个任务推动单元学习，在一个个有趣的活动中，强化学生的个体阅读感受，在
内化的基础上，提升学生的创意表达，提高学生的语言建构水平。力求实现学生
个体从文学阅读到创意表达的过程。

二、单元学习主题分析

（一）单元教学价值分析

1. 助读系统

本单元的注释主要是课文作者的介绍、生字偏旁的标明、生字笔画顺序和新
的生字笔画。

《影子》注释：本文作者林焕彰。标明"它、好、朋"三个生字的偏旁分别
为：宝盖头、女字旁和月字旁。"在、后、我、好"四个生字的笔顺和斜钩这个
新笔画。

《比尾巴》注释：本文作者程宏明。标明"把、公"两个生字的偏旁分别为：
提手旁和八字头。"长、比、巴、把"四个生字的笔顺和竖提这个新笔画。

《青蛙写诗》注释：本文作者张秋生。标明"写、点"两个生字的偏旁分别
为：秃宝盖和四点底。"下、个、雨、们"四个生字笔顺。

《雨点儿》注释：本文作者金波。标明"彩、空、到"三个生字的偏旁分别
为：三撇、穴宝盖和立刀。"问、有、半、从、你"五个生字笔顺和横钩这个新
笔画。

分析助读系统我们不难看出，本单元运用多种识字方法：字理识字法、归类
识字法、联系生活法和组词法等对汉字展开联想与想象，认识汉字的基本间架结
构，积累和梳理上下结构和左右结构这样的合体字。为阅读短小的儿童诗和童话
做好积累工作。

2. 课文系统

在儿歌的学习中，关注节奏、韵律特点，带着想象，通过观察，借助比较，
认识生活现象，了解自然事物。在阅读中表达，读出童真童趣。

《影子》在光与影的常识中展开想象，表现"我"和影子形影不离的关系和
对影子喜爱之情。全诗共有两小节，每节四句，前两句通过影子带出"前、后、
左、右"四个方位词，后两句通过拟人和比喻，将影子和"我"形影不离的关系

写了出来。全诗结构相似，节奏明快，童趣十足。

《比尾巴》观察动物世界，在认知的基础上发挥想象，发现动物尾巴形态多样。全诗共四个小节，用两组三问三答的问答方式，介绍了六种动物尾巴的特点，学生在认识事物特点的同时学习一问一答的句型。句式整齐，富有节奏，朗朗上口，简明易懂。

《青蛙写诗》用丰富的想象，把雨天里的池塘景物描写成写诗吟诗的情景，并把小蝌蚪、水泡泡、水珠等景物与逗号、句号、省略号三种标点符号联系起来，蕴含形象类比的思维。全诗有五个小节，形式自由，句数不一，字数不等。在学习中要指导学生分角色读好儿童诗中的对话，并注意逗号和句号停顿长短的不同，感受诗歌的节奏和韵律。

《雨点儿》是童话故事，通过大雨点和小雨点的对话，说明雨点儿给大地带来美好变化和勃勃生机，借助故事角色讲明事理，形象生动，充满童趣。这篇课文文体有别于其他三篇课文，但是其问答句式，拟人的表达手法在单元内是有效承接的，通过标点符号让学生确立句子概念，也与前面的《青蛙写诗》有效关联。

通观几篇课文，和影子追逐嬉戏，发现光和影的相伴；观察动物世界，发现动物尾巴的多种形态；池塘里，小蝌蚪、水泡泡、小水珠们在雨天热闹地写诗；下雨天，淅淅沥沥的雨声就像雨点儿们在对话。单元内的课文通过儿童视角，借助儿童想象，生活事理、自然现象、知识理趣伴随着童心飞扬，充满乐趣。并且，以浅显易懂、朗朗上口的儿歌和对话为主的童话故事为主，在读准小节节奏、读准句子节奏、读准句中节奏的朗读过程中，学生在读中感悟，在读中理解，在读中发展思维，读出儿童诗的趣味。

3. 练习系统

课后练习是单元学习的重要抓手，本单元的练习系统紧紧围绕"想象"主题和朗读节奏要素展开，梳理如下。

（1）指向单元主题

《影子》：你的前后左右都是谁？

《比尾巴》：照样子做问答游戏。

谁的尾巴最好看？　　谁的样子最可爱？
孔雀的尾巴最好看。　兔子的样子最可爱。

《青蛙写诗》：青蛙写的诗里有逗号和句号，请你圈出来。

《雨点儿》：读下面的句子，注意读好停顿。

不久，有花有草的地方，花更红了，草更绿了。没有花没有草的地方，开出了红的花，长出了绿的草。

（2）指向语文要素

《影子》：朗读课文，读准字音。

《比尾巴》：朗读课文，背诵课文。

《青蛙写诗》：① 朗读课文，说一说青蛙写诗的时候谁来帮忙了。

② 读一读。

诗歌　诗人　以前　以后

你们　他们　写字　写作业

《雨点儿》：分角色朗读课文。

综观本单元的课后习题，我们不难发现，本单元联系儿童生活，从儿童的视角介绍了自然和生活中奇妙的事，能够激发学生对生活、对自然的热爱和探究。习题的设置紧扣人文主题和语文要素，学生在读中感悟，在读中理解，在语言学习的过程中发展思维，在阅读学习的过程中练习表达。

4. 知识系统

本单元的语文要素是"1. 把课文读正确，读通顺。2. 初步建立句子的概念"。学生在想象中感受美、发现美，将美内化后再表现为对美的个性化表达，在个性化的朗读中对美的认知又再一次的提升，在"文学阅读"的过程中形成具有个人独特体验的"创意表达"，又在对美的"创意表达"的过程中感受到"文学阅读"的趣味之所在。学生在真实的语言实践活动中"感受想象之美""体会阅读之趣""创意个性表达"，从而提升学生的审美品位，发展学生的思维，形成语文能力。

通过以上的分析，我们不难挖掘出本单元的教学价值，就是在节奏和韵律中读出儿童诗的乐趣。

（二）单元落实学习任务群目标的独特价值

通过单元教学价值的分析，本单元能够落实"语言文字积累与梳理"第一学段的目标四："诵读、记录课内外学到的成语、谚语、格言警句、儿歌、短小的古诗等，感受中华优秀传统文化，养成自主积累的习惯"。其独特价值在于，通过阅读儿歌和童话，积累轻声词和丰富的词汇，丰富学生表达的语气语调和语流，为个性化的表达奠定基础，培养学生的语感，为后续将朗读作为一种理解课文内容的手法做铺垫。

本单元同时能够落实"文学阅读与创意表达"第一学段的目标三："学习儿歌、童话，阅读图画书，体会童真童趣，感受多姿多彩的生活，初步体验文学阅读的乐趣。"本单元落实任务群的独特价值在于，通过阅读儿歌和童话作品，连接自己的生活经验，在朗读这样的言语实践活动中感受充满想象力的儿童诗的乐趣，并通过自己的个性朗读读出儿童诗的情趣。

（三）单元学习主题

依据本单元的编排特点和落实"语言文字积累与梳理""文学阅读与创意表达"任务群的独特价值，确立了本单元的学习主题——"在节奏和韵律中，体会童真与童趣"。这样的学习主题旨在激发学生展开想象去探索生活和自然，进而发现趣味，在语料积累与梳理的过程中初步建立句子的概念，读好句子的节奏，读出自己想象的趣味。

三、单元学习目标

（一）预设目标

基于对单元学习资源的分析，结合学生的能力起点，制定本单元的预设目标。

1.通过阅读、信息化资源、参加活动等方式，让学生了解儿童诗的基本特征，感受儿童诗想象力的趣味，喜欢读儿歌，产生朗读表达儿童诗趣味的愿望。

2.通过情境任务为载体，在阅读中积累朗读语气、语调和语流的资料，并能掌握读出节奏的方法。

3.在阅读中充分积累读正确、读流利的方法，能够在创意表达中迁移运用方法，进而读出儿童诗的趣味。

（二）学情分析

为找准学生的能力起点，在学习前对学生进行前置性评价，内容如图2-1。

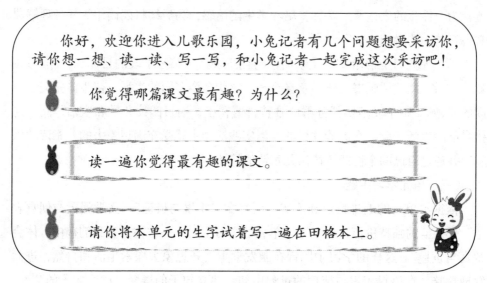

你好，欢迎你进入儿歌乐园，小兔记者有几个问题想要采访你，请你想一想、读一读、写一写，和小兔记者一起完成这次采访吧！

你觉得哪篇课文最有趣？为什么？

读一遍你觉得最有趣的课文。

请你将本单元的生字试着写一遍在田格本上。

图 2-1 评价内容

访谈发现，学生很喜欢本单元的儿歌和童话故事，但是他们在说明为什么有趣的时候无法聚焦到"想象"带来的趣味，更多是散点式地说有趣，却说不出来为什么有趣，这正是学生思维发展的能力点。同时，学生在读的过程中，只能达到读准字音，在读的过程中还会出现不流利的情况，这是因为一年级的学生还会遇到很多生字，处于一个语料积累的过程，他们在没有了解字词含义的情况下很难将课文读流利，更无法在此基础上读出儿歌的乐趣。因而，在本单元的学习中，将通过课文这样的学习资源，让学生在生活事理和自然现象中发现有趣之处，在形象类比中发展思维深度，从而会想象。同时，在词句积累的过程中，初步建立句子概念，读好句子停顿，进行创意表达。

（三）单元目标

1. 借助多种资源拓宽学生视野，丰富对儿歌的认知，喜欢读儿歌，产生朗读表达儿童诗趣味的意愿。能选择出具有想象力的儿歌进行朗读展示。

2. 以情境任务为载体，再分角色朗读，读好人物说话的语气；认识逗号和句号，根据标点符号读好停顿，初步建立句子概念；积累一问一答的语言表达形式。

3. 在阅读中通过主动的积累和梳理，丰富表达方式，在创意表达中迁移运用方法，进而读出儿童诗的趣味。

四、单元学习任务

围绕单元学习主题"在节奏和韵律中，体会童真与童趣""语言文字积累与梳理""文学阅读与创意表达"学习任务群的内容，创设了"班级童诗朗读音频展示会"的单元大任务，共有三个层次鲜明、层层递进的具体任务：诗歌推荐卡、节奏标识卡、朗读展示。三个任务之间，由学习到运用，从输入到输出，体现其关联性和进阶性，拓宽了学生想象的维度，同时实现了朗读能力的提升和思维能力的发展。

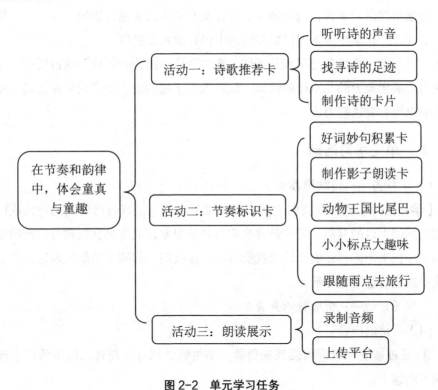

图 2-2 单元学习任务

（一）任务一：诗歌推荐卡

这是单元的起始活动，首先创设"诗歌朗读音频展示会"的情境，学生明确自己在本单元需要完成的学习任务，激发起学生学习诗歌朗读的兴趣。并确定自己要朗读的诗歌。将要朗读的诗歌制作成诗歌推荐卡，为后面的诗歌朗读音频录制做好朗读材料准备。

（二）任务二：节奏标识卡

学生为诗歌朗读音频录制已准备好朗读材料，但是缺乏朗读出节奏的方法。本环节，通过单元内的学习资源，学生初步建立句子的概念，在此基础上学习如何读出小节的停顿、句子的停顿和句中的停顿，从而读出诗歌的节奏和韵律来，帮助学生突破读出节奏和韵律的难点。

（三）任务三：朗读展示

学生在单元学习资源的帮助下学会了如何读出节奏和韵律，迁移运用到自己选择的诗歌上，借助自己制作的节奏标识卡进行朗读音频的录制，录制完成后上传学习通班级活动平台，通过师评、生评交互的方式来进行班级"我是小小朗读家"的评选。让学生的学习热情在活动中得到激发和展现。

本单元的三个任务之间相互关联，在"选诗—读诗—展诗"的过程中，逐步深化对充满想象力的儿童诗的认知，促进人文主题和语文要素的目标达成，提升学生的思维和表达能力。

五、单元学习活动

（一）任务一：诗歌推荐卡

【学习情境】诗，在我们生活中随处可见，你一定有自己喜欢的诗，或许是喜欢它朗朗上口的节奏，或许是喜欢它奇妙的想象，或许是喜欢它与自己的感受相同……快来把你喜欢的诗读给我们听吧，让我们一起插上想象的翅膀，在分享交流中感受诗意的世界吧。

1.学习活动一：听听诗的声音

（1）听诗的声音

① 通过播放儿童诗朗读视频资源，学生感受到诗歌与自己的生活产生连接后朗读的魅力。

② 通过播放带有诗歌内容画面的朗读视频，学生从一副副画面中感受到诗歌所呈现的丰富的想象。

③ 播放同一首诗不同的配乐朗读音频，通过对比，学生对诗歌的注意力由内容转移到朗读上，不同的朗读节奏和韵律会带来不同的感受。

（2）读诗的声音

请学生从本单元的儿童诗中选择一首读一读。读完学生发现自己读诗和刚刚听到的音频读诗有一些朗读上的差距。

教师总结：其实，这就是不同节奏的朗读给读者带来的不同感受。相信，通过本单元的学习，你一定能够把诗歌读出节奏和韵律来。

2.学习活动二：找寻诗的足迹

学生通过广泛阅读儿童诗，在阅读中找到自己喜欢的一首充满想象力的儿童诗，作为自己朗读展示的资源。

借助学习支架单，学生可通过多种方式来寻找自己喜欢的诗歌。提供一个寻找诗歌的途径，为学生更好更快地找到自己要诗歌朗读的材料提供帮助。

表 2-2　学习支架单

怎样找诗	我喜欢的诗
看书	
网络	
生活	
其他	

3.学习活动三：制作诗的卡片

学生将自己确定朗读的诗歌通过打印、手抄等方式工整地呈现在"我喜欢的诗"这个板块里，学生可以根据诗歌内容初步给诗歌进行文字配图，体现出自己对诗歌的初步理解。

（二）任务二：节奏标识卡

【学习情境】诗，寥寥几行，却蕴含着千言万语，你一定能读正确句中的每一个字，但你能体会到诗中那字句间的奇妙想象吗？你能将这样奇妙的想象读给大家听吗？

1.学习活动一：好词妙句积累卡

（1）选一选我想积累的字词

① 通读整个单元，借助拼音识字：同学们，我们要想读好一首诗，就需要先读好诗中的字词。让我们走进奇思妙想的世界，通读单元课文《影子》《比尾巴》《青蛙写诗》《雨点儿》，读准字音，读通句子，声音洪亮。

② 多元识字，合作探究：认读课文中的生字新词，尝试运用加一加、换一换、减一减、字理识字、结合图片识字、形声字识字等多种识字方法对生字进行理解和识记；小组合作，借助词卡，检测字词掌握情况。

《影子》：小黑狗、好朋友、左右、前后……

《比尾巴》：长短、弯扁、尾巴、……

《青蛙写诗》：淅沥沥、沙啦啦、一串水珠、省略号……

《雨点儿》：数不清、飘落、有花有草、更红了……

（2）归类想积累的字词

请把你想积累的字词卡分分类贴在分类框里。

图2-3　字词卡

（3）读一读想积累的字词

小组合作将分类的字词卡读一读，要求读准字音。生生相互评价。

（4）制作好词好句朗读积累卡

请将你喜欢的字词和句子正确、规范、整洁地抄写在字词积累卡和句子积累卡上，你还可以结合课文内容，给积累卡配图，快来制作一张属于你自己的、独特的朗读材料积累卡片吧！

图2-4　积累卡

2.学习活动二：制作影子朗读卡

（1）找影子

与爸爸妈妈、小伙伴一起在家里、公园里、学校里找影子，拍影子照片。

利用企业微信收集表进行影子照片收集，通过 PPT 展示学生拍的影子照片，让学生猜猜是什么东西的影子。打开学生对影子的想象空间。

图 2-5 影子

将同一个物体或者同一个人的影子归类呈现，让学生体会到影子多变的趣味。

（2）画影子

影子在我们的生活中随处可见，影子里可藏着大秘密，把你发现的影子里的秘密画下来吧。

图 2-6 画影子

27

学生在作画过程中发挥想象力，将影子想象成各样的事物，充满趣味，体会到"影子是我的好朋友"。

（3）贴影子

资料准备：自己收集的影子照片素材、《影子》诗歌一份。

将准备的缩小化的影子照片素材贴在朗读卡周围，这是学生将自己的生活经验与课文内容理解相结合的一种方式。

制作一份独特的影子朗读卡，配上《影子》诗歌。

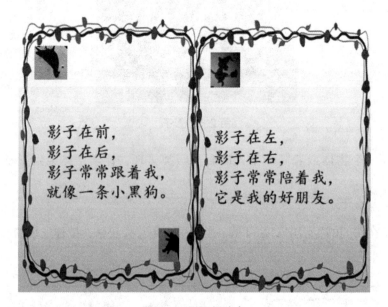

图 2-7　影子朗读卡

（4）读影子

① 比一比谁的影子更有趣

你喜欢影子吗？模仿说一说：

影子常常_____，就像_____。

影子常常_____，他是我的_____。

② 读诗歌会停顿

诗歌的两小节分布在正反两面，学生在读第一小节和第二小节时会有翻转朗读卡的时间，这一个动作帮助孩子理解朗读小节与小节之间的停顿。

比赛朗读诗歌的两小节诗句。（读准字音，读好小节之间的停顿）

学生合作表演背诵儿歌《影子》。

3.学习活动三：动物王国比尾巴

（1）逛一逛动物城，在生活中识字

创设情境：动物王国趣味运动会吸引了许多小动物，我们一起去感受一下吧。动物王国真大啊，各种场馆应有尽有。

图 2-8　动物王国

补充出示各类生活场馆，如咖啡馆、鲜花店、面包店等，了解学生课外自主识字的情况。

趣味运动会马上开始了，让我们一起去看看吧！

（2）参加趣味运动会

①认识参赛选手

让我们先来认识一下参赛选手：猴子、兔子、松鼠、公鸡、鸭子、孔雀……

准备生字头饰：猴子、兔子、松鼠、公鸡、鸭子、孔雀。

②比朗读

A.自己读

各位选手先把《比尾巴》这篇文章读一读，精彩的比赛即将开始。

B.比赛读

依次出示文中的问句，动物选手来比赛读。

其他同学当评委，教师相机教学问句的读法。

再出示陈述句，动物选手来比赛读。

其他同学当评委，教师相机教学陈述句的读法。

③比尾巴

照样子，通过朗读的方式来了解动物尾巴的特点。读出句子之间的停顿。

相机教学生字。指导书写。重点指导笔画"竖提"。

（3）颁奖

结合上面的活动，进行"颁奖"。

听老师读《谁会飞》，想一想还有哪些选手获奖。（鸟儿、马儿、鱼儿）它们获了什么奖？运用一问一答的方式读出句与句之间的停顿。

拓展提问：谁会跳？谁会爬？谁会钻？

4. 学习活动四：小小标点大趣味

（1）在自由朗读中识字

多种形式的朗读，读准字音，读通句子。

入情入境，读好词语"淅沥沥""沙啦啦"。学习生字"雨"。

（2）在朗读指导中认识标点符号

①读读讲讲

引导学生关注2、3、4小节内容，提取关键信息。青蛙诗人写诗的过程中都有哪些小伙伴来帮忙了？

②读读连连

引导学生根据课文内容，将标点符号与具体事物连接起来。

借助"当"字，积累语言经验。

借助"串"字，巩固省略号认知。

③读读演演

借助师引读，读出画面感。

借助游戏互动，巩固标点认知。

（3）展开想象，读出感受

①读读找找

圈画出诗中逗号和句号这样的标点符号，确定青蛙诗人写的诗有几句话。

②读读想想

引导学生展开想象，体会青蛙诗人的此情此景中的内心想法和感受，谈谈自己的想法和感受。

③读出节奏

将自己的理解带入青蛙诗人的诗里读，读出自己的感受。

5. 学习活动五：跟随雨点儿去旅行

（1）赏雨

欣赏资源包中的雨声。

（2）说雨

① 说说自己在生活中见到的、感受到的各种各样的雨。

② 交流雨的特点。

春雨，雨点儿较小，声音是淅淅沥沥的。

夏雨，雨点儿较大，声音是哗啦啦的。

秋雨，雨点儿较小，声音是唰唰唰的。

冬雨，雨点儿较小，有时夹带一点雪花，声音是滴答滴答的。

③ 雨点落在不同地方的变化。

雨点儿落在小河里……

雨点儿落在树叶上……

雨点儿落在屋顶上……

雨点儿落在……

（3）玩雨

游戏：小雨点儿旅行记

规则：

小雨——学生用手指互相敲击。

中雨——学生用手掌拍大腿。

大雨——学生使劲鼓掌。

情境创设：

小雨点儿来我们校园旅行啦！它来到了图书馆的窗外，图书馆里好安静，小雨点儿也放轻了脚步：下小雨。小雨点儿又来到教室外面，它听到同学们琅琅的读书声，小雨点儿也轻声地和着：下中雨。小雨点儿又来到操场上，哇！操场上好热闹，小雨点儿也兴奋地叫起来：下大雨！

小雨点儿真是懂礼貌的孩子。在安静的环境下，它轻声说话；在人多热闹的环境下，它大声讲话，同学们也要跟它学习啊。

（4）读雨（读《雨点儿》，指导读长句）

① 听录音。

② 自由朗读。

③ 比赛读长句子。

不久，有花有草的地方，花更红了，草更绿了。没有花没有草的地方，开出了红的花，长出了绿的草。

④ 相机识字，指导书写。

（5）演雨（练习"用多大的声音"，分角色朗读）

① 小组分角色读。（学会轻轻读，让小组内同学听清楚即可）

② 全班分角色读。（学会大声地读，让班内同学都听得清）

（三）任务三：朗读音频展示

1. 学习活动一：录制音频

请你根据本单元对诗歌读出节奏和韵律的方法进行运用，录制自己选择的诗歌音频。

2. 学习活动二：平台展示

请你将自己录制音频上传到学习通平台，进行班级点赞，让我们一起期待班级"小小朗读者"的产生吧！

六、教学现场

朗读指导过程中，要将学生自我特有的认知方式、个性特征、生活经验融入文本，激活学生的想象力，与文本内容相似的事物会在学生脑海中奔涌而至，在主体和客体交融之际，学生新的感悟也会随之而来。这样的感悟加深了对文本的理解，又丰富了文本内容，让朗读教学迈向了崭新的境界，外化为个性化的朗读。在《青蛙写诗》的学习中构建小伙伴们热心帮助青蛙诗人在雨天写诗的画面，通过标点符号舞让学生将自己想象成标点符号小伙伴，从而使学生体会到其中的乐趣，结合着自己的生活经验，再想象青蛙诗人写的诗里会说些什么，学生脑海中形成画面后结合着自己的生活经验形成自己的理解，最终形成自己个性化的朗读。

师：这么多热心帮助青蛙诗人的小伙伴，它们帮助了青蛙诗人，自己也很开心，它们开心地跳起了标点符号舞，我们也来加入它们吧！看看谁跳得最认真，最好看。

播放标点符号舞视频。

生：一起跳起了标点符号舞。

师：真开心的小标点啊！在你们的帮助下，青蛙诗人的诗写成了！快瞧，这就是青蛙诗人写的诗。

学生在跳标点符号舞的过程中，感受到小标点的快乐，情感共通，把自己也想象成小标点。在此基础上指导学生读出句中标点符号的停顿。接着，学生展开想象，表达自己的理解，在读出停顿的基础上，读好停顿。

师：如果你就是小青蛙诗人，你现在想说些什么？

生反馈：

1. 这样的下雨天真是太美了，我都忍不住想搭一个房子欣赏雨景了。

2. 我特别想感谢小伙伴们。

3. 我觉得特别开心，我自己都想写一首诗了。

教师适时指导朗读。

学生结合着自己的理解读出个人感受。

教师适时给予朗读评价。

小学生的思维以直观形象为主，他们喜欢用形象、声音、色彩来思考和想象。多媒体教学正好符合他们的这一认知规律，可以将教学内容转化为图画、声音，刺激学生的感官系统，为学生的想象提供了多样化的可能。学生在想象中形成自己的理解，在读出停顿的基础上，读好停顿，读出个人感受，使朗读能力得到提升。

七、教学反思

（一）重视朗读教学，提高朗读效率

口头为语，书面为文。语文教学的重要任务之一就是培养学生对"语""文"的感受能力，即语感。朗读是一种出声的学习方式，也是培养语感的一种有效方式。部编版语文教材对低年级的朗读训练非常重视。从选文上来看都是文质兼美，朗朗上口，适合朗读的内容。朗读作为低年级学生学好语文的有效手段之一，作为教师应该认真钻研教材，根据学生的学习特点挖掘各种朗读因素来指导学生积极地参与到朗读活动中，为学生学好语文打下坚实的基础。

（二）单元任务驱动，设计朗读情境

《义务教育语文课程标准（2022 年版）》指出语文学习要指向学生的核心素养发展，具有情境性、实践性、综合性。学生是课堂学习的主人，课本是方法学习的资源，我们要以单元为整体进行学习主题的设计，创设单元大情境大任务，单元任务作为学生学习的内驱力，实现学生探究的主动性和积极性。本单元结合

单元整体教学的实际，设计了"班级诗歌朗读展示会"的单元任务，"缀文者情动而辞发，观文者披文以入情"，朗读教学是作者、文本和读者进行对话后，结合着自己的理解，将无声的语转化为有声的言的有效方式。

（三）依据学生特点，变换评价方式

教师在重视学生朗读的同时，还需要根据学生的朗读情况进行真实有效的评价，这样才能有效地促进学生的朗读能力。自我评价，能消除被评者自身的对立情绪和疑虑，调动学生参与评价的积极性，促进学生进行自我反思；学生互评，不但能促使学生在别人朗读时更加仔细地倾听，更能促进学生主动加强对课文的体验和感悟，去感受、去尝试，提高朗读能力；学生有了参与体验，教师的点拨和评价才能让学生豁然开朗，充分感受到朗读的魅力。因而，在读中评，在评中再读，实现学生朗读能力的提升。

第三节　以问题为导向阅读，发现并分享问题解决的办法

——一年级下册第八单元"问号"教学设计

一年级下册第八单元，以"问号"为主题，编排了科学童话《棉花姑娘》、民间故事《咕咚》、知识性童话《小壁虎借尾巴》三篇课文和一个语文园地。本单元的语文要素包括：1.借助图画、形声字特点，联系上下文猜字、认字。2.体验角色读好对话，学习读出祈使句的语气。3.带着问题边读边思考，根据信息作简单推断。

本单元的三篇主体课文融科学知识和生活常识于故事情节中，既有教育性，又富有童趣，体现了教材的人文价值、育人价值和思维价值。一年级学生在阅读时，更容易关注故事情节和人物，忽视故事中蕴含的科普知识。因此，通过本单元的学习，教师可引导学生在感受文本生动形象、通俗易懂的语言的同时，通过查阅资料、向别人请教、互相讨论、实地探究等方式，发现解决问题的方法，让学生在有趣的故事情节中，获得科学启迪，激发探索的欲望，拓展原有的认知领域，促进精神成长。

一、单元指向的学习任务群

本单元的课文均以故事的形式呈现，内容包含奇妙的科学知识和生活常识，故事浅显易懂，生动有趣，情节简单、形象鲜明、结构反复。通过故事介绍科学知识，启迪少年儿童的智慧，培养学生对自然科学的兴趣以及科学精神和进行语言文字的训练是科普故事具备的功能。这样的文学体裁，能更好地与"思辨性阅读与表达"这一任务群相契合。

"思辨性阅读与表达"旨在引导学生在语文实践活动中，通过阅读、比较、推断、质疑、讨论等方式，梳理观点、事实与材料及其关系；辨析态度与立场，辨别是非、善恶、美丑，保持好奇心和求知欲，养成勤学好问的习惯；负责任、有中心、有条理、重证据地表达，培养理性思维和理性精神。本单元的学习，要求学生能在阅读中带着问题，借助图画阅读课文。同时，在读懂课文的基础上，感受小动物们解决问题的方法，培养学生的科学精神，学生从而获得科学知识与阅读这类故事的阅读方法与思维方法，提高对事物的认识与表达能力，增进对科普类文章的阅读兴趣与探究欲望。因此，本单元指向"思辨性阅读与表达"任务群。

二、单元学习主题分析

（一）单元教学价值分析

1.助读系统（单元说明）

本单元的人文主题是"问号"。语文要素一"借助图画、形声字特点，联系上下文猜字、认字"指向自主识字。语文要素二"体验角色读好对话，学习读出祈使句的语气"指向课文朗读。语文要素三"带着问题边读边思考，根据信息作简单推断"指向阅读理解。

为帮助学生阅读课文，培养和提高学生的自读能力，本单元提供了注释、学习泡泡、插图和注音等助读工具。

• 注释大都涉及作者和文章出处，具体如下。

《棉花姑娘》注释：本文选自人民教育出版社义务教育课程标准实验教科书《语文一年级下册》。

《咕咚》注释：本文是藏族民间故事，由王沂暖改写，选作课文时有改动。

《小壁虎借尾巴》注释：本文作者林颂英，选作课文时有改动。

《小熊住山洞》（和大人一起读）注释：本文作者胡木仁，选作课文时有改动。

- 语文园地中的学习泡泡："虫子旁的字大都和虫子有关"。
- 三篇课文和"和大人一起读"均配有与课文内容相关的插图，具体如下。

图 2-9 《棉花姑娘》插图

图 2-10 《咕咚》插图

图 2-11 《小壁虎借尾巴》插图

图 2-12 《小熊住山洞》插图

- 《棉花姑娘》全文注音；《咕咚》《小壁虎借尾巴》只给少量难字注音。

由此可见，语文园地中的学习泡泡，指导学生发现形旁表义的构字规律，建立字形与字义的联系，继续巩固猜字的方法。同时，课文注音培养学生借助拼音识字的方法。但两篇连环画形式的课文《咕咚》和《小壁虎借尾巴》，不全文注音，只给难读字注音，引导学生重视图画这一重要的课程资源，学习借助图画认读、猜读生字，读通课文，在阅读时尝试运用多种阅读策略，发展阅读能力，成为主动积极的阅读者。

2.课文系统

《棉花姑娘》是一篇科学童话故事，课文寓生物常识于生动形象的故事之中。通过棉花姑娘请求小动物给自己治病的故事，介绍了燕子、啄木鸟、青蛙和七星瓢虫分别吃不同种类害虫的科学常识。第1自然段交代了故事的起因。第2—5自然段是故事的经过，介绍棉花姑娘请求燕子、啄木鸟、青蛙给自己治病，最后，七星瓢虫治好了棉花姑娘的病。第6自然段是故事的结果。课文角色丰富，叙事完整，采用对话的形式推进故事的发展，对话内容口语化，祈使句句式不断重现，但语气逐步加强，适合低年级学生阅读。

《咕咚》是一篇童趣盎然、情节曲折的童话。课文讲的是一只小兔偶然听见"咕咚"一声，吓得撒腿就跑，其他动物也跟着逃跑，只有野牛提出质疑，大家去看了才明白："咕咚"原来是成熟的木瓜掉到湖里发出的声音。这个故事告诉大家：遇到任何事情，一定要动脑筋想想或去实地看看，不要盲目跟从。课文第2—4自然段结构相似，都是先写了小动物怎么做，再写小动物怎么说，有利于学生读懂故事和讲述故事。本课没有全文注音，只给部分难读的字注了音，旨在进一步引导学生掌握"借助读物中的图画阅读"这一方法，运用形声字特点、联系上下文猜字、认字。

《小壁虎借尾巴》是一篇知识性童话。课文主要讲述了小壁虎被蛇咬住了尾巴，为了逃命而挣断了尾巴。小壁虎分别向小鱼、黄牛、燕子去借尾巴，但是它们的尾巴都非常有用，不能借给小壁虎。正在小壁虎难过时，突然发现自己已经长出了新尾巴。课文结构清晰，情节反复，可以作为学生仿说范例。还可根据连环画课文的特点，让学生带着课后问题看图读文，鼓励分角色表演。本课没有全文注音，学生可以借助形声字的特点和联系上下文，提炼猜字的方法。

本单元的几篇课文，故事中蕴图画，图画中藏故事，图文结合的特点尤为突出。三篇主体课文都可从文字或者图画，看出故事情节的发展顺序，因此可采用"看图—图文结合—解决问号"层层递进的方式，让学生带着问题看图识字读文，多维度、多渠道地研读故事，从而在实践中掌握"借助图画阅读课文"这一阅读方法，在阅读图画书的过程中，感受多姿多彩的生活，初步体验文学阅读的乐趣，促进文学素养和科学品质的发展。

3.练习系统

课后习题是我们把握教学重点的抓手，梳理本单元课后习题，如下：

《棉花姑娘》：

（1）朗读课文，读好课文中的对话。

（2）连一连，说一说。

图2-13 《棉花姑娘》连线题

（3）读一读，照样子说一说。

碧绿碧绿的叶子　　碧绿碧绿的＿＿＿＿＿＿

雪白雪白的棉花　　雪白雪白的＿＿＿＿＿＿

《咕咚》：

（1）在课文中找出不认识的字，猜猜它们的读音。

（2）朗读课文。说说动物们为什么跟着兔子一起跑，野牛是怎么做的。

《小壁虎借尾巴》：

（1）在课文中找出不认识的字，猜猜它们的读音和意思，再说说你是怎么猜出来的。

（2）朗读课文。说说小壁虎都找谁借过尾巴，结果怎么样。

（3）选做：和同学分角色演一演这个故事。

梳理三篇课文的课后习题，发现三篇课文在识字方法、朗读要求和阅读要求上的进阶关系。

在识字写字方面，《棉花姑娘》一课要求通过图文结合的形式帮助学生理解课文；《咕咚》一课在借助图画猜字、认字的基础上运用形声字特点、联系上下文猜字、认字；《小壁虎借尾巴》一课则是在此基础上交流、提炼出猜读的几种方法。让学生形成从提升能力，到习得方法的进阶。

在朗读要求上，《棉花姑娘》一课教学时应引导学生读出祈使句请求的语气，体会角色面对不同人物的心情；《小壁虎借尾巴》一课则在读好文中对话基础上，读出角色面对不同人物时的语气；《咕咚》一课则要在此基础上能够体会不同角色遇到问题时的心情，并读出它们的语气。这样，训练层层递进，要求逐步提高，让学生在实践中掌握"分角色朗读"的方法。

阅读方面，《棉花姑娘》应指导学生从对话中提取信息，读懂小动物们为什么不帮棉花捉虫；《咕咚》需要引导学生带着课后问题边读边思考，找出关键信息来推断"动物们为什么跟着兔子跑"；《小壁虎借尾巴》让学生带着课后问题看图读文，找到关键信息，并能叙述故事主要情节，同时鼓励学生分角色表演。让学生从体会角色心情到体验角色，逐步深入。为中年级有感情地朗读课文打下基础。

4. 知识系统

本单元有三个学习重点（阅读要素）：

一是借助图画阅读课文。这是在一上借助图画猜字、认字、读懂课文的基础上，继续发展学生的独立识字能力和阅读能力。学生运用看图、形声字特点、联系上下文等方法猜字、认字，借助偏旁表义的特点了解字义，并提炼猜读的方法。同时，根据图文一一对应的特点理解内容，借助图画复述课文或进行角色表演。

二是读出祈使句的语气，读好多个角色之间的对话。根据课文的故事情境，体会不同角色的心情，读好不同角色说的话语。

三是继续训练根据信息做简单推断这项阅读能力。学生带着问题看图读文，找到相关信息交流，互相补充。

将以上四个系统的关键词梳理如下：

表 2-3　系统关键词表

系统名称	关键词
助读系统	猜字、借助图画
课文系统	故事、插图、对话
练习系统	朗读、带着问题说一说
知识系统	借助图画阅读，读出祈使句的语气，进行简单推断

通过以上的分析，将本单元的教学价值定位在以问题为导向阅读，发现并分享解决问题的方法。

（二）单元落实学习任务群目标的独特价值

本单元能够落实"思辨性阅读与表达"第一学段的目标一："阅读有趣的短文，发现、思考身边的鸟兽虫鱼、花草树木、家用电器等日常事物的奇妙之处，说出自己的想法。"而通过对单元教学价值进行分析，本单元的独特价值则在于通过阅读融科学知识和生活常识于情节中的科普故事，保护学生的好奇心，鼓励学生从故事中发现解决问题的方法，获得科学启迪，激发探索的欲望。

（三）单元学习主题

依据本单元的编排特点和落实"思辨性阅读与表达"任务群的独特价值，确立了本单元的学习主题——以问题为导向阅读，发现并分享问题解决的方法。

这样的学习主题，旨在立足学生思维发展的起点，带着问题边读边思考，借助图画阅读融科学知识和生活常识于情节中的科普故事，梳理故事情节，以问题为导向阅读，发现并分享问题解决的方法，进一步增强运用阅读培养科学品质的学习热情。

三、学习目标

（一）预设目标

进行单元教学前，根据学习主题，制定本单元的预设目标：

1.借助图画阅读，初步认识和把握与身边事物有关的生活常识和科学知识，逐步提高阅读能力。

2.能在具体的问题情境中，根据信息作简单推断，对科学产生浓厚的兴趣，产生探索、发现的欲望，在形象思维的基础上逐步发展逻辑思维。

3.能在真实的学习情境中，联系上下文和生活实际体会角色心情，体验角色，读好对话，从故事情节中增强解决问题的意识。

（二）学情分析

在开启单元教学之前，为了了解学生的学习情况，对学生进行了安置性评价，评价内容如下：

亲爱的同学们：

学习完这个单元，我们要开展争当"解决问题小能手"活动，我们每个人都要化身小小研究员，分享你解决问题的方法。为了更好地开展这个活动，需要你先回答老师几个小问题：

1. 先要了解一下你的知识储备，请你回答几个问题：

你知道有什么益虫或者益鸟吗？

如果你听到"咕咚"一声，你觉得会是什么？

你知道哪些动物有着奇特的尾巴吗？奇特在哪里？

你知道水开了的时候，锅盖为什么会动吗？

为什么同一棵大树，有的地方叶子茂盛，有的地方叶子稀疏？

2. 你是怎么发现这些奇妙现象的？

A. 听爸爸妈妈讲　B. 通过自己观察发现　C. 读书的时候　D. 看视频　E. 其他_____

3. 当你遇到这些问题时，通常是怎么解决的？

4. 生活中，你还遇到过什么问题吗？

通过访谈发现，学生在成长过程中，对生活充满了好奇，对有趣的事物、现象有着浓厚的兴趣，经常会对一些奇妙的现象进行发问。同时，他们在生活中也会遇到各种各样的问题。遇到问题后，虽然知道要解决，但是途径较少，略显单一。因此，教学本单元时，将引导学生通过图文结合的方式阅读课文，学习阅读方法，关注不同选文的故事情节，提升阅读素养；同时，从故事中学习主人公解决问题的方法，并鼓励学生在真实的学习情境中，通过观察、阅读、调研等方式引导学生进行拓展，打开视野，增进探索世界的好奇心和求知欲，提升科学品质。

（三）单元目标

1. 用借助图画，根据信息作简单推断等方式阅读，初步了解与身边事物有关的生活常识和科学知识，了解解决问题的方法，逐步提高阅读能力。

2. 在具体的问题导向下，通过阅读、询问、调研等方式解决自己遇到的问题，增强探索世界的好奇心和求知欲。

3. 在真实的学习情境下，用喜欢的方式主动分享自己解决问题的方法。

四、单元学习任务

围绕单元学习主题"以问题为导向阅读，发现并分享解决问题的方法"和"思辨性阅读与表达"这一学习任务群的内容，创设了争当"解决问题小能手"的单元大任务，分项目创建了有关联性、进阶性的子任务，分别为"身边问题我发现""解疑方法我学习""解疑能手我来当"。三个子任务与教材内容切合，将单元与课时打通，统筹推进，一体实施，有效促进学生参与学习活动的积极性与主动性，凸显学生的主体地位，突出学生核心素养发展的需求，体现连贯性和适应性。为了更好地完成单元学习任务，将情境任务做了活动分解，设计了结构化的活动链。同一任务下的多项学习活动相互关联、逐步递进，带领学生开启一段探索发现与个性表达的旅程，促进其综合素养的提升。学习规划图见图2-14.

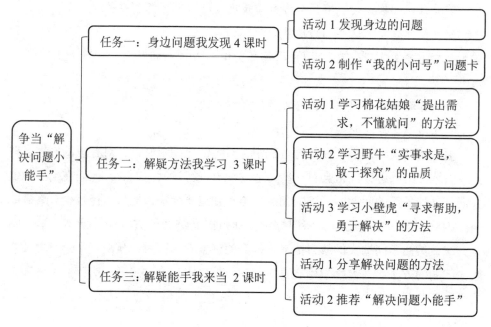

图2-14　学习规划图

（一）任务一：身边问题我发现

这是单元的起始活动，创设学习情境，要学生明确本单元的学习大任务是争当"解决问题小能手"，产生阅读期待，激发学生的学习兴趣。想要成为一名解决问题小能手，首先知道要解决什么问题。在这一板块的学习中，学生用喜欢的方式发现身边的问题，制作成"我的小问号"问题卡与家长、伙伴或老师交流。问题可以是一个，也可以是多个；可以是生活中遇到的实际问题，也可以是学习中遇到的知识性问题，以任务驱动的方式为后续学习做好铺垫。

（二）任务二：解疑方法我学习

在前期的学习中，学生已经梳理自己的问题，那么如何解决这些问题呢？本单元的几篇课文为我们提供了参考的方向。学生在这一板块的学习中，以课文为依托进行学习，借助故事有趣的情节夯实朗读指导。更要在不断的朗读中读懂故事，从故事背后学习主人公不同的解决问题的方法，努力迁移到解决自己问题的过程中来。

（三）任务三：解疑能手我来当

此板块，学生用连环画、图片等自己喜欢的方式记录解决问题的过程，并与伙伴交流分享解决问题的方法，推荐"解决问题小能手"。跨学科学习在丰富的言语实践活动中真实发生，学习目标得以达成，学科素养全面提升。

五、单元学习活动

（一）任务一：身边问题我发现

【学习情境】

同学们，我们学校的"科技节"就要开始了，一年级要召开"争当'解决问题小能手'活动"。从今天起，我们就来化身小小研究员，发现身边有趣的问题，尝试着用你喜欢的方法来解决问题吧！活动结束后，看看谁解决的问题最多，解决问题的方法最棒！

1. 学习活动一：发现身边的问题

（1）任务驱动，鼓励发现问题

从任务出发，引导学生在日常生活中留心观察生活，思考身边鸟兽鱼虫、花草树木、家用电器等日常事物的奇妙之处，多问为什么，大胆提出问题。

（2）单元通读，关注问题发现的不同角度

① 通读课文，扫清障碍

本单元的三个故事里，就藏着很多有趣的问题，都是什么呢？请你读一读《棉花姑娘》《咕咚》《小壁虎借尾巴》这三篇课文，努力把字音读准确，句子读通顺。不认识的字，标拼音的可以拼一拼；没标拼音的可以借助图片、形声字的特点猜一猜。

② 识字写字，夯实方法

随文识字与集中识字相结合，在识字教学中关注学法的指导，重点夯实借助图片、联系上下文、形声字特点猜字认字的方法。

表 2-4　识字方法

识字方法	相关字词
加一加	别人、爬到、您……
减一减	树干……
换一换	她、七颗、七星瓢虫……
联系生活	生病、医生……
形声字	咕咚、吐出、笑啦……
猜一猜	吓了一跳、拦住、墙角……

③ 聚焦问题，整体感知

表 2-5　聚焦问题

故事名称	大家遇到了什么问题？	从故事中，你知道了什么科学知识或者生活常识？	你有什么问题吗？
《棉花姑娘》			
《咕咚》			
《小壁虎借尾巴》			

第一通过反馈第一列，发现：每个小伙伴都遇到了一些急需解决的实际问题，这些问题都从生活中来。

第二通过反馈第二列，梳理出故事折射出的科学知识或生活常识分别是：不同的动物能消灭不同的害虫；遇到新奇事物时要学会思考，不盲目跟从；不同动物的尾巴作用不同。

第三通过完成第三列学习内容，学生能对一些科学知识进行提问，如：为什么小壁虎的尾巴有自生功能？

④ 打开思路，关注发现问题的角度

经过梳理发现，问题可以是生活中遇到的实际问题，也可以是学习上遇到的知识性问题。教师顺势点拨，可以是之前一直没有解决的问题，也可以是新发现的问题。

2.学习活动二：制作"我的小问号"问题卡

（1）将问题记录在"我的小问号"问题卡上

学生用喜欢的方式发现身边的问题，用画画、贴图、文字等方式记录在"我的小问号"问题卡的第一列上。可以自己设计问题卡，也可以用老师提供的问题卡。

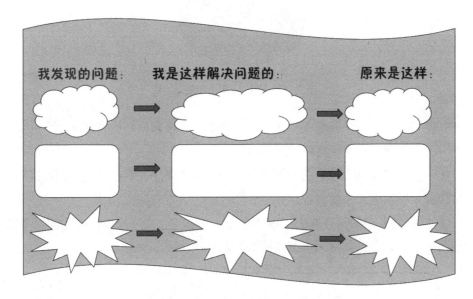

图 2-15 "我的小问号"问题卡

（2）交流自己发现的问题

引导学生与家长、老师和伙伴交流发现的问题，将问题说清楚，说明白，产生想要解决问题的期待。

（二）任务二：解疑方法我学习

【学习情境】

陶行知说："创造始于问题，有了问题才会思考，有了思考，才有解决问题的方法，才有找到独立思路的可能。"同学们，我们已经发现了那么多的问题，那我们该怎么解决问题呢？让我们看看故事中的主人公们是怎么做的吧。如果有值得你学习的地方，记得放入你的"解决问题小锦囊"中哦！

图 2-16　解决问题小锦囊（1）

1.学习活动一：学习棉花姑娘"提出需求，不懂就问"的方法

（1）为朗读提示卡选择故事插图

① 自读《棉花姑娘》，将插图按照事情发展的顺序，有序摆放在朗读提示卡指定位置，回顾课文主要内容。

② 结合故事中的科普知识，用"_____ 可以 _____。"的句式说清不同动物能消灭不同害虫，并将词卡摆到插图下方。

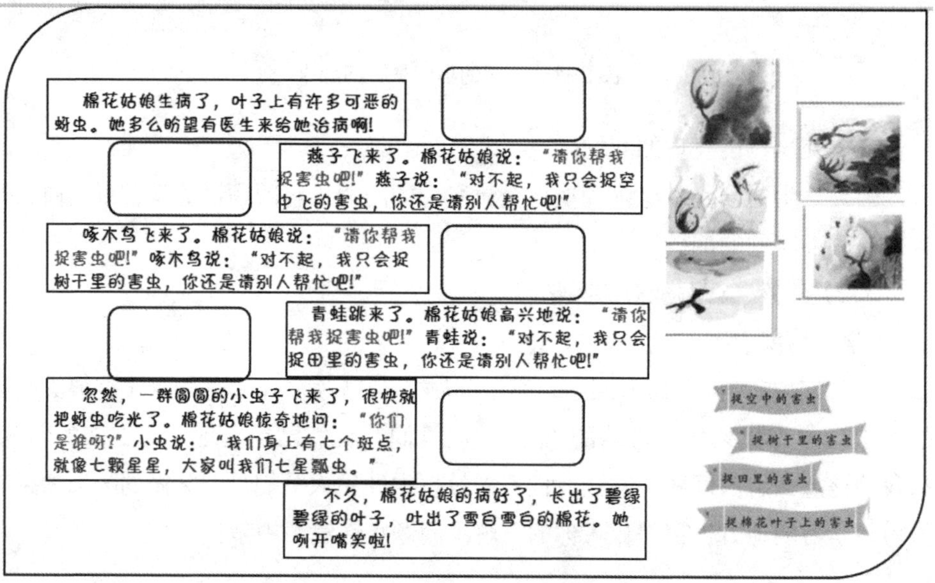

棉花姑娘生病了，叶子上有许多可恶的蚜虫。她多么盼望有医生来给她治病啊!

燕子飞来了。棉花姑娘说："请你帮我捉害虫吧!"燕子说："对不起，我只会捉空中飞的害虫，你还是请别人帮忙吧!"

啄木鸟飞来了。棉花姑娘说："请你帮我捉害虫吧!"啄木鸟说："对不起，我只会捉树干里的害虫，你还是请别人帮忙吧!"

青蛙跳来了。棉花姑娘高兴地说："请你帮我捉害虫吧!"青蛙说："对不起，我只会捉田里的害虫，你还是请别人帮忙吧!"

忽然，一群圆圆的小虫子飞来了，很快就把蚜虫吃光了。棉花姑娘惊奇地问："你们是谁呀?"小虫说："我们身上有七个斑点，就像七颗星星，大家叫我们七星瓢虫。"

不久，棉花姑娘的病好了，长出了碧绿碧绿的叶子，吐出了雪白雪白的棉花。她咧开嘴笑啦!

捉空中的害虫

捉树干里的害虫

捉田里的害虫

捉棉花叶子上的害虫

图 2-17 《棉花姑娘》朗读提示卡

（2）为朗读提示卡贴上心情标牌

① 浏览课文，发现故事以对话的形式推进情节发展，明确读好文中的对话是本课的重点，所以我们要为朗读提示卡贴上心情标牌，提示我们朗读要点。下面请你小声读 2—4 自然段，用横线画出棉花姑娘说的话，用波浪线画出其他动物说的话，并在朗读提示卡贴上动物心情标牌。

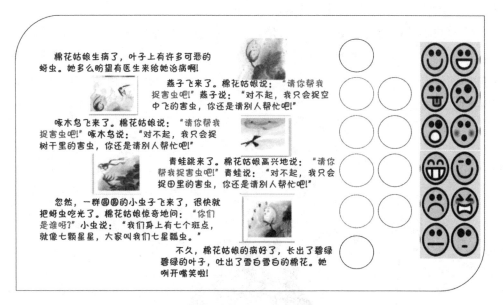

图 2-18 《棉花姑娘》朗读提示卡

（3）进行朗读指导，修改心情标牌

① 采用创设情境、想象画面、联系生活、体会角色心情等策略进行朗读指导，读好"请你帮我捉害虫吧"，感受棉花姑娘说话的心情和语气变得越来越急切。

② 抓"对不起、请、只会"等词语，联系生活实际感受小动物们的礼貌和力不从心，指导读好小动物们的话。

同桌根据心情标牌的提示，进行分角色练读。

（4）朗读展示，全班评价

表 2-6 《棉花姑娘》朗读评价表

评价内容	评价结果
能读准不同角色说的话，字音正确，句子通顺。	
能读出棉花姑娘请求的语气，且不断加深。	

续表

评价内容	评价结果
能读出动物们的礼貌和力不从心的感受。	
恭喜你，获得了（　　　）颗星。	

3. 聚焦对话，学习棉花姑娘解决问题的方法

聚焦棉花姑娘说的话，认识祈使句，你有什么发现？学生发现棉花姑娘解决问题的方法是向不同的小动物提出需要帮忙的需求，遇到不懂的问题，还会问一问他人。教师顺势提炼"提出需求，不懂就问"的解决问题的方法，放入锦囊中。

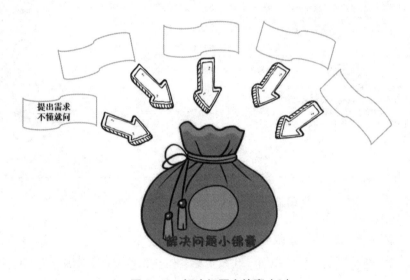

图 2-19　解决问题小锦囊（2）

2. 学习活动二：学习野牛"实事求是、敢于探究"的品质

（1）插图配词，回顾故事

出示插图，引导学生观察词语对应的是哪幅图片的内容，连一连，结合词语，借助插图回顾课文内容。

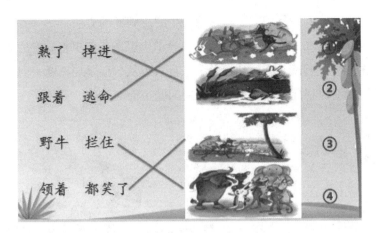

图 2-20 连线题

（2）提取信息，关注动物们的不同表现。

① 关注动物们相同表现，体会心情。

第一找"都跟着跑"和"一边跑一边叫"等句子，关注人物做了什么和说了什么，体会出人物的心理变化，感受"盲目跟从"的错误做法。

第二指导朗读：抓住动作和语言体会人物心情。

② 关注野牛的不同表现，补白对话。

第一关注野牛的不同表现，补白想象野牛拦住了其他动物，都会问些什么呢？并且用"野牛拦住 _____，问 _____。"的句式说一说。

第二师生配合补白对话，学生对比两次不同，完善自己的补白。

③ 解放天性，演一演动物们的表现。

第一小组合作演一演《咕咚》，请你根据故事的情节，进行合理想象，想一想野牛和小动物们还会说什么？做什么？想什么？

第二表演展示，全班评价。

表 2-7 "咕咚小剧场"评价标准

评价内容	评价结果
动作、表情到位，表演生动。	
声音洪亮、清晰。	
加入自己的想象。	
恭喜你，获得了（　　）颗星。	

（3）对比动物们的不同表现，学习野牛解决问题的方法。

对比其他动物和野牛的不同做法，引导学生思考：你更喜欢谁的做法，为什么？学生在故事背后感受到遇到问题不该盲目跟从，而是要不断追问并去实地看一看的道理，随即将此方法积累在"解决问题小锦囊"中。

图2-21　解决问题小锦囊（3）

3.学习活动三：学习小壁虎"主动寻求帮助，勇于解决问题"的方法

（1）为故事配彩页

① 观察图片，想一想图上都画了什么？把词语卡片摆在相应的位置上，为彩页内容配词语。

图2-22　选词题

② 这些图片非常精美，请你想一想，这些内容应该插到第几页作为彩页？能说说理由吗？

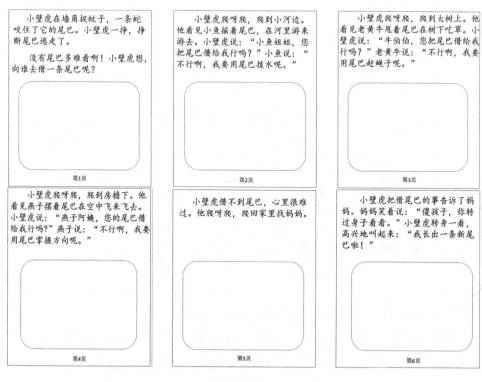

小壁虎在墙角捉蚊子，一条蛇咬住了它的尾巴。小壁虎一挣，挣断尾巴逃走了。

没有尾巴多难看啊！小壁虎想，向谁去借一条尾巴呢？

第1页

小壁虎爬呀爬，爬到小河边。他看见小鱼摇着尾巴，在河里游来游去。小壁虎说："小鱼姐姐，您把尾巴借给我行吗？"小鱼说："不行啊，我要用尾巴拨水呢。"

第2页

小壁虎爬呀爬，爬到大树上。他看见老黄牛甩着尾巴在树下吃草。小壁虎说："牛伯伯，您把尾巴借给我行吗？"老黄牛说："不行啊，我要用尾巴赶蝇子呢。"

第3页

小壁虎爬呀爬，爬到房檐下。他看见燕子摆着尾巴在空中飞来飞去。小壁虎说："燕子阿姨，您的尾巴借给我行吗？"燕子说："不行啊，我要用尾巴掌握方向呢。"

第4页

小壁虎借不到尾巴，心里很难过。他爬呀爬，爬回家里找妈妈。

第5页

小壁虎把借尾巴的事告诉了妈妈。妈妈笑着说："傻孩子，你转过身子看看。"小壁虎转身一看，高兴地叫起来："我长出一条新尾巴啦！"

第6页

图 2-23　选图题

（2）为故事来配音

① 关注动作，说清台词

抓住"摇、拨、甩、赶、摆"等动词，通过做动作演示、比较、换词等方式来理解这些词。同时关注词语之间的联系，如"摇和拨水""甩和赶蝇子""摆和掌握方向"，帮助学生弄清动物尾巴的作用。

② 关注对话，读出语气

第一继续练习想象画面、联系生活体会心情的方法进行分角色朗读。抓住"借给我"，读出小壁虎恳求的语气不断加深和它的礼貌。抓住表示动物尾巴作用的词语"拨水、赶蝇子、掌握方向"，读好它们不借尾巴的理由和各自尾巴的作用。

第二结合课文中的不同角色，适当提高要求，指导读出不同动物的不同语气，如小壁虎要读出它的天真活泼，老牛要读出它的低沉，激发学生的朗读兴趣。

③ 补充资料，续编故事

小壁虎还会找谁借尾巴，结果怎么样？结合查阅的课外资料，续编这个故事。

④ 选拔配音小演员

配音展示，全班评价。

表 2-8 《小壁虎借尾巴》配音员选拔表

选拔内容	选拔结果
能读准不同角色说的话，字音正确，句子通顺。	
能读出小壁虎恳求的语气，且不断加深。	
能用不同的语气表现不同动物说的话。	
能根据动画片的情节，在配音时声音与画面保持一致。	
恭喜你，获得了（　　）颗星。	

（3）聚焦做法，学习小壁虎解决问题的方法

聚焦小壁虎的做法，你有什么发现？学生发现小壁虎解决问题的方法是主动向不同的动物寻求帮助，不放弃。教师顺势提炼"寻求帮助，勇于解决"的解决问题的方法，放入锦囊中。

图 2-24　解决问题小锦囊（4）

（三）任务三：解疑能手我来当

【学习情境】

小小研究员们，在之前的学习中，你们向主人公们学习到了很多解决问题的方法，相信你们也都解决了很多问题，完成了你们的"我的小问号"问题卡。就让我们开始一场头脑风暴，分享你们解决的问题吧！

1.学习活动一：分享解决问题的方法

（1）完成"我的小问号"问题卡

课前，将发现的问题、解决路径和结论用喜欢的方式进行梳理。可以用画图、配词语、连环画等形式表现研究的过程。

（2）分享"我的小问号"问题卡

课上，选择一个你认为最有价值的问题，把解决问题的过程进行小组汇报和全班汇报。

（3）制成班级"我的小问号"问题集

将每个人的问题卡汇编成册，装订成班级问题集进行全班展示。

图 2-25　"我的小问号"问题集

2.学习活动二：推荐"解决问题小能手"

（1）聚焦解决问题的方法，全班进行分享交流。学生在解决问题时，不仅受到故事主人公的启示，还能够结合实际情况，找到适合自己的方法解决问题，如：查阅资料、询问父母、尝试自己解决等。

（2）将对你有启发的新方法补充到"解决问题小锦囊"中。

（3）推荐"解决问题小能手"。

表 2-9　"解决问题小能手"推荐标准

推荐内容	推荐结果
用适当的方法解决了问题。	
能用 3 种以上的方法尝试解决问题。	
自己解决问题的方法被同伴收录在了"解决问题小锦囊"中。	
恭喜你，获得了（　　　）颗星。	

六、教学活动现场

《咕咚》是一篇童趣盎然、情节曲折的民间故事。课文 2—4 自然段结构相似，都是先写小动物怎么做，再写小动物怎么说，有利于学生读懂故事。作者通过其他小动物和野牛表现的对比进行说理，揭示遇到问题应该不盲目跟从，要不断追问，敢于探究的道理。因此，我抓住文中语言描写有详有略的特点，给学生大量的想象空间，设计学习活动将野牛的表现补白想象，并进行表演。这样，学生有了更丰富的阅读体验和独特的阅读感受，有助于感悟本文主旨，提炼解决问题的方法。

（一）关注动物们相同表现，体会心情

通过梳理文本信息，整合人物语言，对比体会人物心情的变化。学生带着问题找到关键信息后，我将学生的思维引向深处。

师：它们还一边跑一边大叫。（走到一个学生旁边）小兔子，你在大叫什么？

生 1：不好啦不好啦！咕咚可怕极了！

生 2：不好啦！咕咚来啦！咱们快跑啊！

师：我们再来看看这三句话，老师找个同学读一读，你又听出了什么？

生：小动物们非常害怕。

师：这里没有一个"害怕"，你怎么就看出它们害怕了？

生：每句话里都有"啦""哇""啊"和"！"。

师：标点符号和语气词都来帮小动物们表达自己的害怕了！你还有什么发现？

生：它们越来越害怕了！

师：你从哪里看出来的？

生：最后它们都要"逃命"了。

师：看看插图，你能说说什么是逃命么？

生：用拼命奔跑的方式想赶紧逃离危险的境地。

师：是呀！此时，它们已经不是害怕了，而是恐惧呀！谁能用你的朗读，让我们听出小动物们从害怕到恐惧的过程。

生读。

师：如果让你表演这一段，你觉得有什么好办法呢？

生：可以抓住动物们的语言体会它们的心情。

（二）关注野牛的不同表现，补白对话

与其他小动物们表现不一样的是野牛。文中并没有过多写野牛说的话，但是野牛的表现却能引发学生深思：为什么野牛和它们不一样。于是，教师从童话故事的说理性特征出发，引导学生体会文本背后的道理，在读中学，在演中练，将知识和实践有机结合。

师：请你小声读读野牛的表现，说说和其他动物有什么不一样？

生1：野牛没有跟着它们跑，而是拦住了它们。

生2：野牛还问了小动物们很多次。

师：想一想，野牛除了问了大象，它还会问谁？请你用"野牛拦住_____，问：'_____。'"的句式说一说。

生1：野牛拦住小兔，问："你看见咕咚了？"

生2：野牛拦住小猴，问："你为什么跑呀？"

师：老师也想问问小动物们，你们听听老师说的和你们说的有什么不同？

师：（走到一生旁边，和学生进行对话）小兔子，你看到咕咚啦？

生：没看见。

师：没看见你为什么跑呀？

生：它们都说咕咚很可怕，所以我才跑。

师：它们说可怕你就觉得可怕啊！你怎么不去看看呀？你看，你一跑，它们都跟着你跑了！

你们看，老师问的和刚才同学说的有什么不一样？

生：老师问得更多了。而且还想用问的方式告诉小动物们要想一想再行动。

师：瞧！课文在这里并没有写得那么详细，老师加入了想象，添加了一些对话，就变得更生动了。如果让你演一演，你觉得怎么样能演得更好？

生：我们可以多加入一些野牛的话，想想它还会说什么。

师：所以"想象人物对话"也是一种很好的表演方法呢！表演时，一定要用上它哦！

通观以上两个环节，通过梳理文本信息，整合人物语言，对比体会人物心情的变化。将对文本的理解融入到表演中，进一步加深了对人物心理活动的理解，体现了从文本内容到实践活动的迁移。

（三）解放天性，演一演动物们的表现

师：下面，请同学们以小组为单位，演一演这个有趣的故事。

生小组练习，全班展示，全班评价。

（四）对比不同表现，学习野牛解决问题的方法

师：他们演得真生动。同学们，在这么多小动物中，你更喜欢谁的做法，为什么？

生1：我最喜欢野牛，因为它不盲目跟从，而是问一问到底怎么回事。

生2：我也最喜欢野牛，看到别人跑，它没有跟着跑，而是拦住大家让大家冷静，并且引导大家静下心来去实地看一看。

师：瞧，大伙在野牛的引导下，了解了事实的真相。以后，当我们遇到问题时，也应该学习野牛实事求是、不盲目跟从、一探究竟的品质。快把这个好方法放入我们的"解决问题小锦囊"中吧。

七、教学反思

（一）学习活动一体化，努力落实任务群要求

本单元的三个学习子任务均在"以问题为导向阅读，发现并分享问题解决的方法"的主题下，围绕单元大任务"争当解决问题小能手"展开。发现问题、学习解决问题的方法、分享解决问题的方法三个角度互相关联、层层递进，引导学生在语文实践活动中，通过阅读、分享、交流等方法，培养学生的理性思维和理性精神。

（二）注重朗读指导，努力落实语文要素

本单元的故事生动有趣，适合朗读，这也是单元需要落实的语文要素。对于一年级的学生来说，理解人物的内心活动还存在一定难度，但是通过创设情境，让学生实现角色转化，深入角色之中，做一做他的动作，说一说他说的话，为学生理解人物搭建阶梯，有助于学生走入人物内心，激发学生的阅读兴趣。

第四节　带着敬仰之情，讲述先辈故事

——二年级上册第六单元"革命先辈"教学设计

统编版小学语文教科书二年级上册第六单元围绕着"革命先辈"这一人文主题，编排了精读课文《八角楼上》《朱德的扁担》《难忘的泼水节》、略读课文《刘胡兰》以及口语交际"看图讲故事"和语文园地，并将"借助词句，了解课文内容"的语文要素贯穿其中。

四篇人物故事引导学生感受先辈身上的革命精神，但每篇课文的创作背景、人物等各不相同，从革命领袖到革命先烈，不同的历史时期，不同的表现：革命领袖毛主席忘我工作；周总理心系群众、亲民爱民；朱德同志以身作则，以及革命先烈刘胡兰不畏强敌、顽强斗争，让学生在不同的故事中体会不同思想感情，从而多角度丰富学生对革命先辈精神的理解，促进学生精神世界的成长，初步渗透革命传统教育。

一、单元指向的学习任务群

本单元课文是四篇人物故事。故事是在现实认知观的基础上，侧重于事件发展过程的描述，强调情节的生动性和连贯性，较适于口头。因此本单元通过故事讲述革命领袖和革命先烈的事迹，引领学生感受革命领袖和革命先烈的崇高品质，学生在阅读过程中，在体会作者情感的过程中自然受到思想启迪与情感熏陶，在潜移默化中学习作者表达自己独特的体验与思考的方法，学习讲述故事，培养核心素养。

"语言文字积累与梳理"旨在引导学生在语文实践活动中，积累语言材料和语言经验，形成良好语感，通过观察、分析、整理，发现汉字的构字组词特点，掌握语言文字运用规范，感受汉字的文化内涵，奠定语文的基础。本单元的学习将在阅读中感受革命先辈精神，通过讲故事、借助词语读懂课文内容等学习活动积累素材库，提高语言运用的能力，感受革命文化，指向"语言文字积累与梳理"。

"文学阅读与创意表达"学习任务群旨在引导学生在语文实践活动中，通过整体感知、联想想象，感受文字语言和形象的独特魅力，获得个性化的审美体验；了解文学作品的基本特点，欣赏和评价语言文字作品，提高审美品位；观察、感受自然与社会，表达自己独特的体验与思考，尝试创作文学作品。本单元阅读并学习讲述革命领袖、革命英雄、爱国志士的童年故事，表达敬仰之情和向他们学习的愿望。因此，依据学生的特点，本单元在教学中借助图片、联系上下文、生活实际等方法体会词语意思，了解课文内容，用上课文中的词语按照一定顺序讲述先辈故事，拉近学生与先辈的距离，初步懂得幸福生活是革命先辈浴血奋战、艰苦奋斗换来的，激发对革命领袖、革命家、英雄人物的崇敬之情，感悟先辈的革命精神，树立正确的价值观，指向"文学阅读与创意表达"的任务群。

二、单元学习主题分析

（一）单元教学价值分析

1. 助读系统

本单元的人文主题是"革命先辈"，语文要素是"借助词句，了解课文内容"指向阅读。

单元课文注释大都涉及作者及选文情况。

《八角楼上》：本文选自人民教育出版社（试用本）《语文第五册》

《朱德的扁担》：本文作者朱良才，选作课文时有改动。

《难忘的泼水节》：本文选自《永恒的纪念：周总理的文物》，编者锺庆，选作课文时有改动。

《刘胡兰》：本文选自人民教育出版社（试用本）《语文第三册》

可见，本单元的四篇文章选文编排均有迹可循，通过讲述敬爱的毛主席、朱德总司令、周总理还有家喻户晓的刘胡兰烈士的故事，展现了革命领袖和革命先烈的崇高品质。因此，学习本单元的目的就在于读革命先辈故事，渗透革命传统教育，促进个人情感认知，从而传承革命精神。

2. 课文系统

围绕"革命先辈"这一主题，选编的四篇课文表达的情感也各有侧重，多角度渗透革命传统、革命精神、理想信念等教育，形成教育合力。

《八角楼上》讲述了毛主席在艰苦的环境下，日夜操劳、紧张工作的事迹，表现了他为领导中国革命忘我工作的精神。学习课文结合插图体会词语的意思，从而读懂课文内容。

《朱德的扁担》讲述的是朱德同志和战士们为了坚守井冈山革命根据地，一起到山高路陡、路途遥远的茅坪挑粮的故事，文章既展现了朱德同志与战士们同甘共苦的情怀，也表现了战士们对朱德同志的关心、敬爱之情。全文就是借助描写朱德同志挑粮时的词语，体会朱德同志与战士们同甘共苦的精神。

《难忘的泼水节》讲述的是 1961 年敬爱的周总理到西双版纳和傣族人民一起过泼水节的故事。课文字里行间洋溢着喜悦与热情，体现了周总理亲民、爱民和人民心连心的情怀，也表达了人民对周总理的崇敬与爱戴。本文借助词语感受周总理和傣族人民过泼水节的场景。

《刘胡兰》讲述了刘胡兰面对敌人威逼利诱毫不屈服，顽强斗争，最后光荣牺牲的悲壮事迹，展现了刘胡兰面对残暴的敌人坚定不屈的英雄形象。

3. 练习系统

课后习题是我们把握教学重点的抓手，梳理本单元课后习题：

《八角楼上》：

① 朗读课文。说说毛主席是怎样工作的。

② 读下面的句子，结合插图体会加点词语的意思。

每当夜幕降临的时候，八角楼上的灯就亮了。

这是个寒冬腊月的深夜，毛主席穿着单军衣，披着薄毯子，坐在竹椅上写文章。

凝视着这星星之火，毛主席在沉思，连毯子滑落下来也没有察觉到。

《朱德的扁担》：

① 朗读课文。说说为什么大家越发敬爱朱德同志了。

② 选一选，连一连。

挑着 穿着 戴着

草鞋 斗笠 粮食

《难忘的泼水节》：

① 朗读课文。用下面的词语，说说周总理是怎样和傣族人民一起过泼水节的。

象脚鼓 凤凰花 银碗 柏树枝

② 看看插图，从课文中找出描写周总理样子的句子读一读。

《刘胡兰》:

① 朗读课文。说说从哪些地方可以看出刘胡兰在敌人面前毫不屈服。

② 联系上下文,说说加点词语在句中的意思。

敌人想收买刘胡兰。

敌人又威胁她说:"不说就枪毙你!"

刘胡兰光荣地牺牲了,那年她才十五岁。

本单元各课的课后习题也都强调了"借助词句,了解课文内容",但各有侧重,分别指向了"结合插图体会词语的意思,从而读懂课文内容""借助描写朱德挑粮时的词语,讲述挑粮情节。""借助词语讲述周总理和傣族人民过泼水节的画面。""联系上下文,了解词语的意思,再借助词句体会精神。"依托多种资源,体会课文词句,在此基础上了解课文内容,言说情节或者画面,感受人物精神,并迁移运用到后边的讲故事中,最终形成语文能力和阅读素养。

4. 知识系统

本单元的阅读要素是"借助词句,了解课文内容"。《八角楼上》这篇文章语言平实,以故事的形式展开叙述。课文配有插图,结合本单元的语文要素"借助词句,了解课文内容"和课后两道练习题,明确"借助插图体会词语意思,感受环境的艰苦和毛主席忘我工作的精神,抓关键词说说毛主席是怎样工作的"。《朱德的扁担》以"扁担"为题,以小见大,文末提到"扁担",点明课题,深化内涵。文章借助描写朱德挑粮时的词语体会朱德同志与战士们同甘共苦的精神。《难忘的泼水节》借助词语感受周总理和傣族人民过泼水节的场景。《刘胡兰》联系上下文了解词句的意思,再借助词语体会刘胡兰宁死不屈的精神。通过描述环境的恶劣、敌人的凶残,展现出刘胡兰对党的忠诚,感受革命精神。

口语交际"看图讲故事"是在前面阅读理解学习的基础上进行的提升,运用多种方法来激发学生讲故事和听故事的欲望,并创设故事相对应的交际场景,让学生在实践中感知本课时交际要求,在实践中提高口头表达能力和想象能力,在实践中真正获得交际的能力。

四篇课文和口语交际活动前后关联,实现由读到说再到写的迁移,实现从输入到输出,从阅读到实践的过程,逐步深化对革命精神的理解,实现人文主题和语文要素的目标达成,促进了学生综合素养的提升。

通过以上分析,确立本单元的教学价值为阅读革命先辈的故事,从文本中习得方法,运用借助插图,联系生活实际等方法理解词语意思,从而了解课文内容，初步感受革命先辈的革命精神。

（二）单元落实学习任务群目标的独特价值

通过分析本单元的教学价值，本单元带领学生了解先辈故事，初步感受革命精神，为后面学生传承精神、付诸行动的情感成长做好衔接与贯通，落实"文学阅读与创意表达"的学习内容 1：阅读并学习讲述革命领袖、革命英雄、爱国志士的童年故事，表达敬仰之情和向他们学习的愿望。

（三）单元学习主题

二年级上册第六单元以"革命先辈"为主题，语文要素是"借助词句，了解课文内容"。基于此，本单元确定了"带着敬仰之情，讲述先辈故事"这一学习主题。

三、学习目标

（一）预设目标

1. 了解形声字声旁表音的构字规律，运用看图猜字、联系上下文猜字、归类识字等方法认识 49 个生字，会写 30 个生字，会写 33 个词语，借助联系下文、生活实际等方法理解"会师""斗笠"等词语的意思，培养积累四字词语和名言的习惯。

2. 能借助课文插图，联系上下文、生活经验体会词句的意思，从而读懂课文内容。正确、流利朗读课文。

3. 能运用想象画面、对比阅读、抓情节等方法感受革命领袖和革命先烈的精神，并由衷产生敬意。

4. 观察图画，了解图画内容，关注图画间的联系，按照一定的顺序描绘图画。

（二）学情分析

1. 调研形式

访谈。

2. 访谈内容

（1）你知道哪些革命先辈和他们的故事？

（2）在阅读时，如果遇到不理解的词句，你会用什么方法去理解它？

（3）你是怎么观察一幅图画的？

3. 访谈目的

了解学生本单元落实语文要素的起点。

4.访谈时间

学习本单元之前。

5.访谈对象

二年级学生。

6.访谈形式

集体采访。

7.访谈结果

对于问题 1，大多数学生读童话故事比较多，对童话人物比较熟悉。读传统革命故事较少，对传统革命人物了解不多，能够说出个别革命先辈的名字，但大部分同学不能讲出他们的故事。

对于问题 2，部分学生能采用询问老师、同学和家长；部分学生能说出结合生活经验；个别学生能说出联系课文理解。

对于问题 3，学生能直观地说出图画上的内容，但不全面，讲得不完整。

访谈发现，学生对传统革命人物了解较少，应通过读故事、讲故事，走近人物，了解革命先辈故事，感受革命先辈品质，使其受到精神熏陶。在阅读时，如果遇到不理解的词句，学生能采用询问老师、同学和家长；部分学生能说出结合生活经验；个别学生能说出联系课文理解。需要引导学生通过结合插图、联系上下文等方法理解词句的意思。虽然学生在学习二年级第一单元和第三单元时分别接触过借助提示、图片讲故事，但这些故事比较生活化，利于学生讲述，而本单元的故事距离学生生活比较远，学生缺乏历史背景知识，学生讲述有一定的难度，能在抓关键词等了解内容的基础上，运用关键词句，借助插图按照一定顺序将故事或情节尽量讲完整是其能力增长点。

（三）单元目标

1.了解形声字声旁表音的构字规律，运用看图猜字、联系上下文猜字、归类识字等方法认识 49 个生字，会写 30 个生字，会写 33 个词语，借助联系下文、生活实际等方法理解"会师""斗笠"等词语的意思，培养积累四字词语和名言的习惯。

2.能借助课文插图，联系上下文、生活经验体会词句的意思，从而读懂课文内容。正确、流利朗读课文。

3.能运用想象画面、对比阅读、抓情节等方法感受革命领袖和革命先烈的精神，并由衷地产生敬意。

4.观察图画，了解图画内容，关注图画间的联系，按照一定的顺序描绘图画。

四、单元学习任务

表2-10　单元学习任务

学习主题	学习活动	实践环节
说说我敬仰的革命先辈故事	活动一：走进故事中的革命先辈（4课时）	环节1：通读单元，初识故事中的各位革命先辈
		环节2：识字学词，建立革命先辈故事素材库
		环节3：亲子共读，制作革命故事清单
	活动二：讲讲革命先辈的故事（4课时）	环节1：讲讲革命领袖的故事
		环节2：讲讲革命先烈的故事
	活动三：我最敬仰的革命先辈故事会（2课时）	环节1：讲述革命先辈故事
		环节2：推荐优秀讲述者

本单元围绕"带着敬仰之情，讲述革命先辈故事"这一学习主题，设计了"说说我敬仰的革命先辈故事"的单元大任务，在此任务下又分成了有三个进阶性的具体活动："走进故事中的革命先辈""讲讲革命先辈的故事""我最敬仰的革命先辈故事会"。首先，基于课内文本开展"走进故事中的革命先辈"的学习活动，从文本中习得方法，运用借助插图，联系生活实际等方法理解词语意思，从而了解课文内容，初步感受革命先辈的革命精神，激发学习本单元的兴趣。接着课外延学，搜集资料，丰富认知，进入第二个活动"讲讲革命先辈的故事"，开拓学生思路，丰富对革命先辈人物的认知，最后开展"我最敬仰的革命先辈故事会"，将口语交际《看图讲故事》进行替换，与本单元人文主题相符，把阅读理解与口语交际相融合，把能力培养与传统文化教育相结合，借助多种形式的言语实践活动，迁移方法结合插图讲好革命先辈故事，实现从输入到输出，从阅读到实践的过程，逐步深化对革命精神的理解，实现人文主题和语文要素的目标达成，促进综合素养的提升。

（一）活动一：走进故事中的革命先辈

这是单元学习的起始活动，首先创设学习情境，学生明确本单元的学习任务

"说说我敬仰的革命先辈故事"，产生阅读期待，激发学生学习本单元的兴趣。在品读文本的过程中，学生了解了革命领袖和革命先烈的事迹，并感受了他们的崇高品质，从中习得了解课文内容的多种方法，并建立革命先辈故事素材库，梳理革命故事清单，迁移运用方法进行表达，为"故事会"做准备，此活动是基于文本初步渗透革命传统教育，奠定了本单元的故事基调，为后续的学习活动的开展做准备。

（二）活动二：讲讲革命先辈的故事

在素材库和革命故事清单梳理完毕的基础上，拓展言说故事，丰富学生对人物的了解，在讲述分享的过程中丰富认知，进一步完善革命故事清单，以此来帮助学生梳理并确定最敬仰的革命先辈故事，聚焦人物搜集资料，输出表达。

（三）活动三：我最敬仰的革命先辈故事会

本单元最后以"故事会"的活动呈现学习成果，带着敬仰之情，讲述先辈故事。学生则从素材库和革命故事清单中选定一个最敬仰的革命先辈故事，进行讲述，借助评价量表进行评选，推荐优秀讲述者，参与年级"故事会"展示，让活动贯穿始终，激发了学生极大的热情，让学生们沉浸在"红色之旅"中，感受革命传统文化。

五、单元学习活动

（一）活动一：走进故事中的革命先辈

【活动目标】

1. 能借助课文插图，联系上下文、生活经验体会词句的意思，从而读懂课文内容。正确、流利朗读课文。

2. 能运用想象画面、对比阅读、抓情节等方法感受革命领袖和革命先烈的精神，并由衷产生敬意。

3. 观察图画，了解图画内容，关注图画间的联系，按照一定的顺序描绘图画。

【活动过程设计】

学习情境：回到峥嵘的革命岁月，走进革命先辈的英勇事迹，开展"我敬仰的革命先辈故事会"，单元学习完成后，带着敬仰之情，讲述革命先辈故事，感受革命精神。

1.环节 1：通读单元，初识故事中各位革命先辈

（1）回顾旧知：你都知道哪些革命先辈呢？你对他们有什么了解呢？

（2）链接文本：通读整个单元，说一说故事中的革命先辈都是谁，和你的小伙伴先交流一下你对他的了解，一会请你介绍给大家听。

2.环节 2：识字学词，建立革命先辈故事素材库

（1）通读课文：走进革命先辈的故事，通读单元课文《八角楼上》《朱德的扁担》《难忘的泼水节》《刘胡兰》，读准字音，读通句子。

（2）识字写字：认读课文中的生字新词，尝试通过联系上下文、联系生活实际、结合插图等方法体会词语意思并识记；小组交流，互学互助；语境中看拼音写汉字，检查字词掌握情况。

《八角楼上》：夜幕降临、寒冬腊月、斗争、年代……

《朱德的扁担》：山高路陡、同志、队伍、敌人、打仗……

《难忘的泼水节》：一年一度、四面八方、龙船、欢呼……

《刘胡兰》：国民党、年轻、村子、知道……

整体感知：读完之后，文章介绍了什么故事？可以借助的插图和关键词句了解课文内容。

走进人物：学习《八角楼上》，发布任务，习得方法。

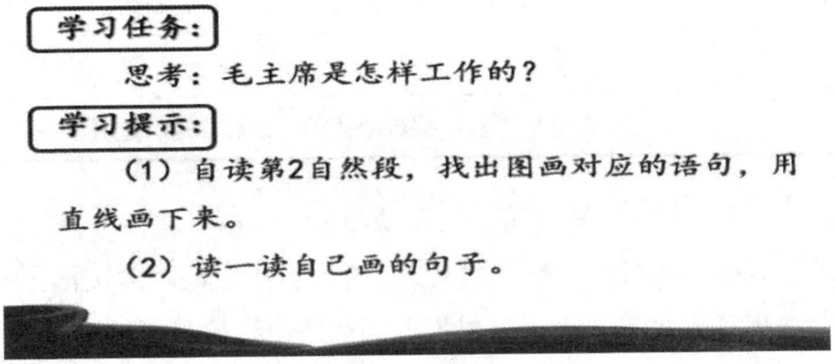

学习任务：

思考：毛主席是怎样工作的？

学习提示：

（1）自读第2自然段，找出图画对应的语句，用直线画下来。

（2）读一读自己画的句子。

图 2-26　学习任务（1）

①交流批画，质疑解疑

②运用方法，讲述画面

学习任务：

借助词句，观察插图说说毛主席是怎样工作的？

学习提示：

（1）自己先想一想，说一说，尽量讲清楚。

（2）同桌相互说一说。

图2-27　学习任务（2）

③迁移所学，积累方法

阅读《朱德的扁担》《难忘的泼水节》《刘胡兰》，继续抓住关键词语，借助插图走进革命先辈的故事，练习讲述；全班进行交流，加深理解。

（3）梳理素材：引导学生用思维导图或者表格的形式归类梳理词语，为讲故事建立素材库。

表2-11　故事素材库

类别	词语
描写环境	夜幕降临、寒冬腊月、山高路陡
描写动作	写文章、握着笔、拨灯芯、挑着粮食
描写神态	凝视、沉思、笑容满面
描写穿着	穿着单军衣、披着薄毯子、穿着草鞋、戴着斗笠

3. 环节3：亲子共读，制作革命故事清单

开展亲子活动，和家人一起走进人物，在阅读中浸润革命文化，可以围绕一个革命先辈搜集其他故事，也可以根据不同的历史阶段，了解更多的革命先辈，查找他们的故事，制作革命故事清单。通过课外搜集相关资料，开拓学生思路，丰富对革命先辈人物的认知。

①搜集课文中革命先辈的其他故事和其他革命先辈的故事。

②归类整理，用词语、句子或者语段叙述故事。

③用自己喜欢的方式制作革命先辈故事清单。

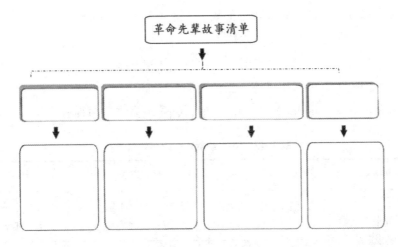

图 2-28　革命先辈故事清单

表 2-12　故事清单评价表

评价指标	评价等级		
是否归类整理清楚	归类整理得清楚	归类整理得比较清楚	归类整理得不清楚
	★★★	★★	★
故事叙述清楚	故事叙述清楚	故事叙述比较清楚	故事叙述不清楚
	★★★	★★	★

（二）活动二：讲讲革命先辈的故事

【活动目标】

1.运用从课文中习得的方法，借助插图、用上故事中的词语，讲述革命先辈故事。

2.在讲述中丰富对革命先辈的认知，激发敬仰之情。

3.交流中确定最敬仰的革命先辈，为"我最敬仰的革命先辈故事会"做准备。

【活动过程设计】

1.环节 2：讲讲革命领袖的故事

（1）小组交流，聚焦革命领袖，讨论故事清单框架。

（2）根据故事清单互相讲述，互评互助。

（3）全班分享，讲讲革命领袖的故事，感受革命领袖情怀

2.环节2：讲讲革命先烈的故事

（1）小组交流，聚焦革命先烈，讨论故事清单框架。

（2）根据故事清单互相讲述，互评互助。

（3）全班分享，讲讲革命先烈的故事，感受革命先烈精神。

表2-13　讲述革命先辈故事评价表

评价指标	评价等级		
用上故事中的词语讲完整	能用上故事的词语讲完整	选择其中一些词语进行讲解，比较完整	选择几个词语讲解，不完整
	★★★	★★	★
声音洪亮，自信大方	声音洪亮，自信大方	声音不够洪亮，比较大方	声音小，不自信
	★★★	★★	★

（三）活动三：我最敬仰的革命先辈故事会

【活动目标】

在理解课文内容的基础上，培养学生借助词句，转化语言讲故事的能力，促进学生语言的建构和思维的提升。

【活动过程设计】

1.环节1：讲述革命先辈故事

2.环节2：推荐优秀讲述者

表2-14　延说展示评价表

评价指标	评价等级		
借助清单清楚地介绍敬仰的革命先辈	介绍得清楚	介绍得比较清楚	介绍得不清楚
	★★★	★★	★
声音洪亮，自信大方	声音洪亮，自信大方	声音不够洪亮，比较大方	声音小，不自信
	★★★	★★	★

六、教学活动现场

虽然二年级第一单元和第三单元学生分别接触过借助提示、图片讲故事，但这些故事比较生活化，利于学生讲述，而本单元的故事距离学生生活比较远，学生缺乏历史背景知识，学生讲述有一定的难度，因此运用关键词句，借助插图按照一定顺序将故事或情节尽量讲完整，给学生提供有力的脚手架。

（一）调动资料，抓准补充时机

教学革命文化题材课文时，教师应根据文本特点和学情，切准补充课外资料的时机。课前，呈现与事件的历史背景、主要人物的生平有关的课外资料，能迅速拉近学生与课文之间的距离，为理解课文内容做好铺垫；课中，依据学习的重点难点，引入关键资料，帮助学生进一步理解课文语言与表达方式，感受革命形象，体会爱国情感等；课后，向学生推荐阅读与主人公或历史事件有关的文学作品及其影像的资料，进一步深化理解和丰富情感体验。下面是课中"感受主席的坚持、条件的艰苦"补充资料的课堂实录：

师：请看这幅图，看到的这些，文中是怎么写的，自读第2自然段，找出图画对应的语句，用直线画出来，自己读一读。

师：谁把你的画出的句子读给大家听。

生：这是个寒冬腊月的深夜，毛主席穿着单军衣，披着薄毯子，坐在竹椅上写文章。他右手握着笔，左手轻轻地拨了拨灯芯，灯光更加明亮了。

师：我们一起读读这两句话。读完句子，你有什么疑问吗？

生：江西的冬天是没有暖气取暖的，天特别冷了，为什么穿单军衣，披着薄毯子？

师：那我们一起回到那个年代。（出示动画，补充资料）看看能不能解决你心中的疑问？谈谈你的感受？

生：那个年代大家都吃不好，穿不暖。

师：这吃不饱，穿不暖，居无定所，就是艰苦。

师：（补充《三根灯芯》的故事）当时毛主席本来可以点三根灯芯，但他为了给部队省油，只用一根灯芯？因为灯芯拨长了费油，所以才把灯芯轻轻地拨了拨。就是在这样艰苦的条件下，毛主席心系革命夜以继日地工作。谁能用朗读把对毛主席的崇敬之情读出来？

（二）语言实践，层层渗透文化

革命文化题材课文大都是感人的故事或事件，主人公无论是熟知的伟人、英雄，还是普通的战士，他们的言行、心理活动等都值得学生细品感悟。课堂中要将人文性自然地融入到学习过程，突出语文学科的特点，甚至是通过研究语言表达来推动学生的情感体验，受到革命精神的熏陶和革命思想的启迪，将人文内涵的感受与语言文字的建构融合起来。因此在"感受毛主席的忘我"这一部分，则充分地进行言语实践，激发学生心中敬仰之情，下面是此环节的课堂实录：

师：再读读第 2 段，哪些内容是我们在看图时没有关注到的呢？

生：凝视着这星星之火，毛主席在沉思，连毯子滑落下来也没有察觉到。就在这盏清油灯下，毛主席写下了许多光辉著作，照亮了中国革命胜利的道路。

师：谁来读读这几个词"凝视、沉思、察觉"，你能结合插图说说什么是凝视，什么是沉思吗？

生：一直盯着一个事物看就是凝视，默默地思考是沉思。

师：聚精会神地看，就是凝视，静静地专注着思考，就是沉思。瞧，插图多神奇啊，可以帮助我们体会词语的意思。

师：毛主席就是一直专注地看着这星星之火。毛主席可能在想什么呢？

生：想到了革命，想到了人民，想到了怎么写出这篇文章。

师：像你们说的那样，在这么寒冷的冬夜，毛主席思考了很多问题，连毯子滑落下来也没有察觉到，此时此时，你有什么想对毛主席说的？

生：毛主席，您太辛苦了！毛主席的勤奋让我们有这样的感慨。

主席，您太认真了！忘我的工作，让我们感受到了他的伟大。

师：是啊，您忘我地工作着，太令我们敬佩了。让我们带着这份理解再读这句话。

师：作者把主席工作的细节描写得这么清楚，让我们有了身临其境的感觉，好像真的看到了毛主席静静地思考、认真工作的样子。

师：油灯的灯光就像星星闪烁的光一样，很微弱，但是一拨就更亮了，照亮了整个屋子，就是在这盏清油灯下，（引读）毛主席写下了许多光辉著作，照亮了中国革命胜利的道路。

本节课也并未止步于此，也注重了品读感悟与语言实践相结合，转化语言讲述内容，促使学生入情入境地读懂课文内容，感受人物形象，在讲述中知晓人物事迹，体会人物品格。

七、教学反思

（一）联系生活，赋予时代意义

革命文化题材课文对学生世界观和价值观的塑造起着重要作用。教学中，要努力打破时空距离，寻找文本与时代发展、学生生命成长的对接点，挖掘革命传统教育类课文的时代意义，使它们更易被学生接受，引发共鸣、共情。

《八角楼上》这篇课文学生们感受到毛主席在艰苦的条件下忘我工作的精神，从毛主席的身上学习了他的勤奋、坚持，借此让学生联系自己现阶段的生活，也要懂得面对困难，努力克服，勤奋学习，锻炼自己的意志。

（二）整体架构，明确前进方向

本单元属于"文学阅读与创意表达"学习任务群，梳理低学段的课文发现，此学段的两个学习任务"打卡红色基地""走进革命先辈的故事"具有关联性，呈现螺旋上升的设计，体现了学习任务的真实性、感受性。在"阅读并学习讲述革命领袖、革命英雄、爱国志士的童年故事，表达敬仰之情和向他们学习的愿望。"这一学习内容上，一年级从视觉上的观感到二年级通过言语实践有意识地表达，提升学生的理解与感悟能力。有了这样的梳理，我们对于此学段的学生水平发展就有了整体把控。

第五节　传统文化生活中的汉字梳理

——二年级下册第三单元"传统文化"教学设计

二年级下册第三单元，以"传统文化"为主题，编排了《神州谣》《传统节日》《"贝"的故事》《中国美食》四篇课文和一个口语交际"长大以后做什么"以及一个"语文园地"。《神州谣》指向的是中华认知，是本单元的开启。《传统节日》聚焦中国的传统节日。《"贝"的故事》展现了的"贝"字演变与表意作用。《中国美食》呈现了 11 种常见的美食。"语文园地"包含 5 个板块："识字加油站"以熟悉的实物注解新词与生字，理解词义，积累语言；"字词句运用"分为两个部分均指向运用部首检字法查字典的能力训练；"我的发现"罗列了火字旁和四点底等三组异形同义的部首的字例；"日积月累"初步地了解生肖文化；"我爱阅读"选取了孙幼军的小柳树和小枣树。单元教学中需落实一个语文要素：运用多种识字方法独立识字。

中华优秀传统文化是中华文化精神的核心。它所包含的内容十分丰富，有广博的思想、文字、语言，甚至习俗、艺术等等。中华优秀的传统文化已经逐步融入我们文化生活中的方方面面。将中华传统文化融入语文识字教学中，既可以培养学生强烈的民族精神和崇高的爱国情怀，又可以让学生在历史长河中开阔自身的认知视野，感受我国五千年的历史传承，提升其文化意识。通过本单元的学习，学生不仅获得了识字写字的知识和技能，更是在积累和梳理语言文字的过程中，培养自己喜欢汉字的情感与态度，感受到汉字在中华民族文化中的独特地位和作用。认识到识字写字与继承中华民族优秀文化的关系，增强学生对祖国语言文字的热爱和对中华民族文化的理解。

一、单元指向的学习任务群

这个单元是识字单元，单元设计的内在逻辑和对课文内容的理解要求与课文单元有所不同。作为识字单元，这一单元在识字与写字方面的语文训练要素中承载着更为重要的职能。单元在整体内容上指向汉字构字特点的发现和汉字文化内涵的感受。本单元出现的生字，大部分是形声字。四篇课文和"语文园地"围绕运用形声字的构字规律进行识字，同时促进学生了解传统文化，激发学生对中华传统文化的热爱这个角度去呈现的。

"语言文字积累与梳理"学习任务群旨在引导学生在语文实践活动中，积累语言材料和语言经验，形成良好语感；通过观察、分析、整理，发现汉字的构字组词特点，掌握语言文字运用规范，感受汉字的文化内涵，奠定语文基础。综合我校学生学情及教材的编排特色，这个单元能够更好地与"语言文字积累与梳理"这一任务群中第一学段的第二条："先认、先写基本字，学习部首检字法，尝试发现汉字的一些规律，初步学习分类整理课内外认识的字；在生活中主动识字，发展独立识字能力相契合。"

二、学习主题分析

（一）单元教学价值

1. 助读系统

本单元的人文主题是"传统文化"。语文要素是"灵活运用识字方法，学习独立识字"指向识字。

本单元课文注释大都涉及文章出处。

《神州谣》注释：本文由人民教育出版社小学语文室编写。

《传统节日》注释：本文根据传统民谣改写。

《"贝"的故事》注释：本文是自编课文。

可见，本单元的内容涉及中华传统文化各个方面，课文形式多样、内容丰富。作为统编教材最后一个识字单元，它以弘扬传统文化为主题。这四篇课文以浅显的韵文和学生生活中接触过的或常见的事物入手，了解祖国博大精深的传统文化，在丰富的内容当中，去识字写字，使学生受到传统文化的熏陶感染。三上六单元的人文主题为"祖国山河"，旨在通过领略祖国美丽风光，激发学生对于祖国大好山河的热爱。以上两个单元分别从体会传统文化和欣赏秀美山河两个角度培养学生的爱国主义情怀。

2. 课文系统

传统民谣，介绍汉字文化与中国美食四篇文章是了解祖国博大精深的传统文化的范本。在识字写字过程中，使学生受到传统文化的熏陶感染。

《神州谣》是一首篇幅短小却内涵丰富的歌谣，赞美了中华民族历史悠久、文化灿烂、山川壮美、风景如画，表达了中华儿女盼望祖国统一，为祖国繁荣昌盛共同奋斗的愿望。本课认识"州、华"等15个生字，采取多种方法识字。

《传统节日》是一首以我国传统佳节为题材的韵文。传统佳节，是中华传统文化的重要组成部分，蕴含着中华儿女的家国情怀，联结着中华儿女的精神血脉，也承载着中华民族代代相传的古老文化。本课认识"传、统"等15个生字，根据本课生字的特点，在字形、字义方面进行有针对性的识记。

《"贝"的故事》是一篇自编课文，课文介绍了"贝"字的由来、演变及发展。借助"贝"字，突显汉字文化。本课认识"甲、骨"等14个生字，采用多种方法识记字形、了解字义。

《中国美食》以图片配汉字的方式呈现菜肴名，以列举的方式呈现主食名。了解丰富的中国美食，感受中国特有的饮食文化。本课认识"菠、煎"等15个生字，以形声字为主体学习归类识字。

3. 练习系统

课后习题是我们把握教学重点的抓手，梳理本单元课后习题如下。

（1）指向单元主题

《神州谣》：朗读课文。

《传统节日》：

①朗读课文。背诵课文。

②按照时间顺序排列下面的节日，再选一两个说说你是怎样过节的。

端午节　清明节　元宵节　春节　重阳节　中秋节

③选做：我国很多民族有自己的传统节日，你知道哪些？

《"贝"的故事》：朗读课文。给家人讲一讲"贝"的故事。

《中国美食》：

读一读，说说制作哪些食物时需要用到这些方法。

炒　烤　烧　爆　炖　炸　煎　蒸　煮

（2）指向语文要素

《神州谣》：

①读句子，注意加点的词。

黄河奔，长江涌，

长城长，珠峰耸。

②读一读，记一记。

华夏儿女	炎黄子孙
神州大地	巍巍中华
民族团结	世界大同
奋发图强	繁荣昌盛

《"贝"的故事》：

①读一读，记一记。

珍贵　珍惜　　钱币　纸币　　财富　财产

赔本　赔礼　　购买　采购　　贫苦　贫穷

②看图，猜猜加点字的偏旁与什么有关。

《中国美食》：

用部首查字法查下面的字，再说说你的发现。

灶　焰　烫　煲　熏　煦

通过梳理发现，本单元四篇课文的课后习题在识字方面主要体现在对形声字形旁表义构字特点这种方法的运用。

4.知识系统

本单元的语文要素是"灵活运用识字方法，独立识字"。多种方法，是指偏旁归类识记、利用熟字识记、字理识字、生活识字、利用图片或实物识记、利用形声字特点识记等方法。通过本单元的学习，在对一年级对字的偏旁结构、构字原理有了初步了解的基础上，进一步强化形声字形旁表义声旁表音，建立汉字音形义之间的关系，学习独立识字，使学生的识字能力发展逐步提升，最终达成语文要素的有效落实。与此同时了解传统文化，激发学生对中华传统文化的热爱，实现对文化的传承。

通过以上分析，确定了本单元的教学价值就是在识字的同时了解中国传统文化，激发学生对中国传统文化的热爱，从而实现对文化的传承。

（二）单元指向学习任务群的独特价值

通过单元教学价值的分析，本单元能够落实"语言文字积累与梳理"这一任务群中第一学段的目标二：先认、先写基本字，学习部首检字法，尝试发现汉字的一些规律，初步学习分类整理课内外认识的字；在生活中主动识字，发展独立识字能力。其独特价值是，通过阅读囊括中华传统文化的各类文章，在不同语境中，引导学生发现汉字的构字规律，初步学习分类整理认识的汉字；在学习运用的过程中，学生感受汉字的文化内涵，激发对中华传统文化的热爱。

（三）单元学习主题

从内容上看，本单元选取的课文根据地理、节日、汉字文化、美食以及语文园地的生肖时辰进行设置，基本囊括了中国人对祖国山河、传统节日、汉字文化、中华美食、生肖文化的自豪感。依据本单元的编排特点和落实"语言文字积累与梳理"任务群的独特价值，确立了本单元的学习主题——传统文化生活中的汉字梳理。这样的学习主题，旨在开阔学生认知视野，感受我国五千年的历史传承，提升其文化意识，激发对中华传统文化热爱的情感。

三、学习目标

（一）预设目标

预设的教学目标是在教学活动开展之前确定的，是教学将要达成的结果的预期判断。进行单元教学前，我制定了本单元的预设目标：

1.通过阅读、访谈、信息化手段等途径，广泛了解并选择具有典型特点的传统节日，萌发热爱中国传统文化的情感。

2.通过阅读文字、观察图片、借助资料等方法，能够抓住不同传统文化的特点，在文本中识认汉字。

3.在阅读中充分积累和梳理语料素材，能够在识字过程中主动地迁移运用，掌握汉字的识字规律。

（二）学情分析

为了了解学生对本单元学习的准备状况、摸清学生现有的水平、确定学生的能力起点，对学生进行了访谈，访谈内容如下：

亲爱的同学们：

我们就要开始"传统文化"这一单元的学习了，为了更好地开展活动，现邀请你回答几个有趣的问题。请你认真思考，如实回答，谢谢你的参与。

你知道什么是传统文化吗？

咱们国家都有哪些传统文化？

你常用的识字方法有哪些？

通过访谈，发现大多数学生对中华传统文化有一定的了解，并且在平常生活中一直潜移默化地被传统文化影响着。学生一直生活在传统文化的氛围之中。不管是衣食住行，都有着传统文化的痕迹。但是学生对于什么是"传统"，什么样的文化可以被称为"传统文化"其实不太了解。学生能够通过"加一加、减一减"等识字方法进行识字；自主使用形声字猜测汉字的读音和字的意思，但对于发现不同偏旁之间内在含义还存在一定困难。因此在本单元的学习过程中，将通过课文阅读，根据文中呈现的不同传统文化类型，帮助学生进行拓展，开阔他们的视野，丰富他们对不同传统文化的认知。同时，在阅读中不断积累、梳理汉字，引导学生发现不同偏旁在字义上的内在关联，再通过查字典的方式让学生发现字义之间的内在联系，从而提升识字能力。

（三）单元学习目标

1.能够借助韵语、图片、形旁与字义的联系等多种方法独立识字，并进行语言文字的梳理和积累。

2.通过阅读各种体裁的文章，充分了解传统文化多元的特点，并根据特点进行多元的创作，在个性化的表达中突出对传统文化的热爱。

3.在阅读中通过朗读和积累词语，体会祖国山河的壮美和文化的悠久，建立自觉、自信的文化意识。

四、单元学习任务

本单元围绕"传统文化生活中的汉字梳理"这一学习主题，设计了"展示传统文化语料卡"的单元大任务，在此任务下又分成了有三个进阶性的具体活动："走进传统文化，回顾识字方法""在传统文化生活中学习语料分类""展示我的传统文化语料卡"。首先，基于课内文本开展"走进传统文化，回顾识字方法"的学习活动。从文本中初步感受传统文化的多元，在不同的传统文化生活中运用已知的识字方法积累和梳理课内的生字。接着课内延学，丰富认知，进入第二个活动"在传统文化生活中学习语料分类"，开拓学生思路，学习根据不同内容领域对语料进行分类，丰富对传统文化的认知。最后开展第三个活动"展示我的传统文化语料卡"。通过课外拓展，继续丰富语料卡的内容，把能力培养与传统文化教育相结合，借助多种形式的语言实践活动，迁移方法结合语料卡讲好中华传统文化故事。

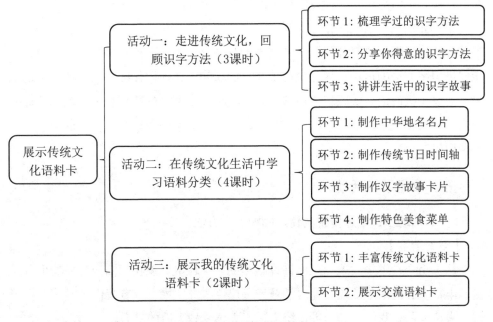

图 2-29 单元学习任务

（一）活动一：走进传统文化，回顾识字方法

这是单元学习的起始活动，通过带领学生梳理已学过的识字方法，分享自己的识字故事，充分激发学生学习本识字单元的兴趣。在阅读文本的过程中，借助

已学的识字方法初步积累语料，此活动为后续的学习活动的开展做了充分的铺垫。

（二）活动二：在传统文化生活中学习语料分类

在前期的学习中，学生已经积累一些识字的方法。本活动重在围绕四篇主体课文，引导学生运用形声字的构字规律识字。借助识字，让学生按照不同的传统文化内容领域对语料进行分类，同时丰富对传统文化的认知，感受传统文化的魅力。用多种记录方式记录不同内容领域的语料，帮助学生突破记录方式单一的难题。

（三）活动三：展示我的传统文化语料卡

本单元的大任务是"展示传统文化语料卡"，经过前面的学习，学生掌握了更多的识字方法，学习了在不同传统文化的内容领域中对语料进行分类。本活动继续拓展更多传统文化领域，帮助学生丰富语料卡的内容。学生还要对照形式多样的语料卡，进行汉字语料卡的讲解，同时借助评价量表进行评选，让跨学科学习真实发生，激发了学生的表达愿望。在这一系列的活动中，学生进一步强化了在传统文化生活中运用多种方法识字的综合能力。

本单元的几个活动间相互关联，在"了解传统文化，回顾识字方法"——"走进传统文化，学习语料分类"——"展现传统文化，丰富语料素材"的过程中，逐步促进识字方法的运用，深化对传统文化的认知。在中国传统文化生活这个情境中，通过积极的语言实践积累语言经验，体会语言文字的特点和运用规律，提升学生语言文字的运用能力，实现人文主题和语文要素的目标达成，促进学科素养的全面提升。

五、单元学习活动

（一）活动一：走进传统文化，回顾识字方法

【学习情境】

从古至今，中华大地涌现出许许多多的艺术瑰宝。现在我们依然处处可以感受到丰富多彩的中华传统文化。她就像一座巨大的宝库，等着我们去发现，去了解，去传承。让我们一起走进传统文化，去感受她无穷的魅力。

1. 环节 1：梳理学过的识字方法

（1）开启传统文化之旅

谈话交流什么是传统文化：通读单元课文《神州谣》《传统节日》《"贝"的故事》《中国美食》，说一说什么是传统文化。

（2）识认传统文化之字

① 回顾识字方法：再读单元课文，认读课文中的生字，通过加一加、减一减、换一换、生活识字等已学识字方法进行识字。

② 合作共学：同桌交流，互相检测认读字的掌握情况。

（3）绘制传统文化之卡

汉字可以带着我们去到不同的地方，感受不同的传统文化。借助读课文，我们来给这些地方制作一张卡片吧。小组分工合作，制作卡片，要包含这个文化的名称、认识了哪些字或是词语，还可以为这个传统文化配上一些图画，让你的卡片更漂亮。

2.环节2：分享你得意的识字方法

（1）诵读课文，再认生字

① 朗读课文《神州谣》《传统节日》，感受中国汉字的音韵美。

② 小组以多种方式展示诵读课文。

（2）为好的识字方法点赞

① 我得意的识字方法：每个汉字都有不同的识认方法，哪一种方法最能让人记住？哪一种方法是自己最喜欢的？先小组内分享自己最得意的识字方法，再选出最好的方法进行班级展示。

② 我为好方法点赞：小组分享后，每位同学为最好的方法点赞。旨在激发学生识字的兴趣，巩固已学的识字方法。

3.环节3：讲讲生活中的识字故事

（1）读《"贝"的故事》，讲生活中识认汉字的故事。

（2）读《中国美食》的词语，讲生活中识认美食名称的趣事。

（二）活动二：在传统文化生活中学习语料分类

【学习情境】

祖国大好河山、传统节日、汉字文化、美食是学生最了解和喜爱的传统文化内容。在本活动中，学生在熟悉的传统文化生活中，了解祖国的名山大川；认识节日的名称，探究节日名称的来历；知道汉字偏旁藏着有趣的故事；分享各种美食；制作不同形式的语料卡，积累并梳理汉字，做中华传统文化的发现者。

1.环节1：制作中华地名名片

（1）读文本，初步制作中华地名名片

用直线或圈画出景物。它们各有什么特点？用△画出来。

（2）小组交流，完善地名名片

①小组交流地名名片。

②补充完善名片的内容。

2.环节2：制作传统节日时间轴

（1）读文本，初步制作时间轴

①圈画节日名称，用直线画出节日里人们会做什么。

②借助资源包将传统节日粘贴在时间轴上。

③说一说，如何制作时间轴。

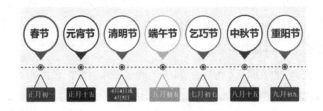

图2-30　时间轴

（2）相互交流，完善时间轴

①小组交流时间轴上的传统节日。

②补充完善时间轴上传统节日的内容。

图2-31　完善后的时间轴

（3）评选最佳时间轴

①小组派代表展示完善后的时间轴。

②结合评价量表评选最佳时间轴。

表 2–15　时间轴评价量表

评价内容	评价结果
包含节日名称、时间和习俗	
时间轴内容（古诗词、来历、故事……）	
版面美观	

3.环节 3：制作汉字故事卡片

（1）探索"贝"字家族的秘密

①读课文，借助"贝"字，了解汉字的演变过程，感受汉字文化。

②再读课文，寻找"贝"字家族宝宝。

③观看视频，呈现"贝"字家族的相关资料，说说为什么与"贝"相关的字大多和钱财相关。

（2）相互交流，制作"贝"字故事卡片

①根据"贝"的演变过程，结合"贝"字宝宝，创作"贝"字故事卡。

②我来讲"贝"字的故事，小组交流故事卡片内容。

③小组成员补充完善"贝"字卡片的内容。

（3）评选最佳故事卡片

①小组派代表展示完善后的故事卡片。

②结合评价量表评选最佳故事卡片。

4.环节 4：制作特色美食菜单

（1）情景导入，补充菜单

① 创设情景：学校的餐厅就要开业了，可是桌子上的菜单不完整，距离开张时间越来越近，请你帮助餐厅补充完整吧。

②书写生字，投影订正。

（2）归类识字，制作特色菜单

①读词语，说发现：梳理出表示烹饪方法的词语。

②出示课后第二题的 3 组词语，分组查字典，汇报发现。

③根据梳理的烹饪方法，绘制自己喜欢

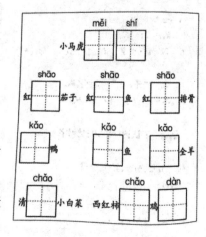

图 2-32　完善菜单

的特色菜单。

（3）分享特色菜单，评选最喜欢的菜单

①小组派代表展示特色菜单。

②结合评价量表评选最喜欢的菜单。

（三）活动三：展示我的传统文化语料卡

【学习情境】

开展展示传统文化语料卡活动，学生在不同的传统文化领域中搜寻自己感兴趣的更多名山大川、传统节日、汉字故事、美食的字词，通过询问家长、查阅资料等方式了解搜集的字词的相关内容，制作成语料卡。学生再有意识地运用制作的语料卡讲述汉字背后的传统文化，实现了拓展生字词语、内化词语的理解，感知不同传统文化领域之间的关联性。从而成了学生对传统文化的整体认识，树立了做中华优秀传统文化传承人的观念。

1. 环节 1：丰富传统文化语料卡

（1）我喜欢的传统文化

①结合之前的语料卡，学生自主选择自己最感兴趣的一个传统文化领域，完成一张图文并茂的语料卡。

 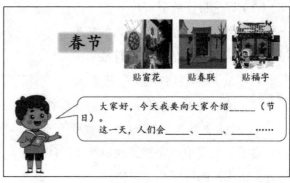

图 2-33　语料卡

②写好后自己读一读，改正错别字和不通顺的句子。结合习作评价表，进行自评。

③教师进行指导，再修改优化成果。

2. 环节 2：展示交流语料卡

（1）小组共赏，全班交流：小组分享语料卡，推选出代表，进行全班展示，依据评价表，评选出"最佳语料卡"。

（2）全班展示交流。

①借助自己语料卡上的字词，向同学介绍自己的最喜欢的传统文化内容。

②其他同学投票选出最佳语料卡。

表 2-16　语料卡评价量表

评价内容	评价结果
名称、时间、习俗和相关内容（古诗词、美食、来历、故事……）	
名称、时间和习俗	
名称和习俗	

六、教学活动现场

识字教学一般采用在游戏中识字、演示识字、字理识字等方式进行教学，从而激发低段学生识字的兴趣、提升学生积累词语的能力。为了更好地让学生在识字过程中感受中华传统文化，既要引导学生理解文本，又要激发学生主动识字的愿望，这是一个难点。教学中，教师进行了多种策略的尝试。

借助资源包，动手操作，激发主动识字的愿望

师：谁来分享一下你圈出了哪些节日？

生：我圈的节日有……

师：原来一年当中，我们的国家有这么多的传统节日呢！它们是怎么排列的呢？请你们一边读文本，一边借助资源包完成时间轴吧。

（找一对小伙伴分享小组完成的时间轴，一位学生介绍，一位学生在黑板上贴一贴。）其他同学看看他们贴的和你们小组完成的一样不一样？

师：请你带着大家来读一读这些节日吧。

生读。

师：你能谈谈这样摆的理由吗？

生：我是按照课文里的顺序来摆的，请大家跟我看，在一句话中有"春节"，所以就要贴在时间轴的最左边；第二句话中有"元宵节"，就放在春节的右边……

师：你真善于发现（你能够联系生活去思考）。同学们有什么发现吗？

生：这篇课文就是按照时间顺序，介绍了我国七个传统节日及其人们的活动。

师：在这么多的传统节日里，人们都会做些什么呢？谁来分享一下？

生：在春节人们贴窗花、放鞭炮……

师：你们知道吗，韵文中提到的这些祖祖辈辈流传下来的习惯和风俗，我们就叫它"传统习俗"。（"传统习俗"贴到黑板上）

教师创设情景，引导学生从文本中提取节日和习俗的信息，借助资源包制作时间轴，在熟悉的节日场景中主动识字。教师适时总结归纳"传统习俗"的概念，提升学生的认知。

七、教学反思

（一）单元大任务驱动小任务切入

本课教学是在单元大任务的驱动下，以课时小任务为切入点，以新颖有趣的方式让学生通过制作传统节日名片的方式，既梳理、筛选了文本内容，又关注了教学实践性，在文本教学中实时生成语料卡，创设真实的语言运用情境，指向语言运用的实践性任务，提供真实可行的阅读策略，引发学生的学习兴趣，引导学生在真实的语言情境中提高语言运用的能力。

（二）在单元大任务中多种策略融入识字教学

对于二年级的学生来说，识字依然是重点，本次教学打破以往识字单元的集中识字教学，在学习任务的驱动下识字，让学生有了新的识字体验。基于本单元生字的特点，《神州谣》和《传统节日》适合创设情景，随文识字。而《"贝"的故事》和《中国美食》不适合在随文的过程中大量识字，因此设计了以分类梳理汉字的方式，引导学生在综合运用多种识字方法的同时，按照偏旁、字族、词语属性等不同方面梳理并积累汉字。

第三章　第二学段

第二学段指的是三、四年级，通常被称为小学中段，这一学段属于低学段向高学段的过渡阶段。该学段学生在学习能力、分析能力以及抽象逻辑思维得到较大发展，学生的学习主动性有所增强，感受力、联想想象能力也得到进一步发展，开始从对事物仅形成笼统印象逐渐转变为对事物进行具体分析，可以有意识地形成一些具体的感触性认识。

第一节　设计概述

基于学生认知能力的发展，课程学习的学段要求也有所增大，这一学段的学习目标与要求见表3–1。

表3–1　第二学段学习目标

实践活动	学段要求
识字与写字	1. 对学习汉字有浓厚的兴趣，养成主动识字的习惯。累计认识常用汉字2500个左右，其中1600个左右会写。有初步的独立识字能力。能用音序检字法和部首检字法查字典、词典。
	2. 写字姿势正确，养成良好的书写习惯。能用硬笔熟练地书写正楷字，做到规范、端正、整洁。用毛笔临摹正楷字帖，感受汉字的书写特点和形体美。
	3. 能感知常用汉字形、音、义之间的联系，初步建立汉字与生活中事物、行为的联系，初步感受汉字的文化内涵。
阅读与鉴赏	1. 用普通话正确、流利、有感情地朗读课文。初步学会默读，做到不出声，不指读。学习略读，粗知文章大意。
	2. 能联系上下文，理解词句的意思，体会课文中关键词句表达情意的作用。能借助字典、词典和生活积累，理解生词的意义。在理解语句的过程中，体会句号与逗号的不同用法，了解冒号、引号的一般用法。

实践活动	学段要求
阅读与鉴赏	3. 能初步把握文章的主要内容，体会文章表达的思想感情。学习圈点、批注等阅读方法。能对课文中不理解的地方提出疑问，乐于与他人讨论交流。
	4. 能复述叙事性作品的大意，初步感受作品中生动的形象和优美的语言，关心作品中人物的命运和喜怒哀乐，与他人交流自己的阅读感受。诵读优秀诗文，注意在诵读过程中体验情感，展开想象，领悟诗文大意。
	5. 阅读整本书，初步理解主要内容，主动和同学分享自己的阅读感受。
	6. 积累课文中的优美词语、精彩句段，以及在课外阅读和生活中获得的语言材料。背诵优秀诗文 50 篇（段）。养成读书看报的习惯，收藏图书资料，乐于与同学交流。课外阅读总量不少于 40 万字。
表达与交流	1. 乐于用口头、书面的方式与人交流沟通，愿意与他人分享，增强表达的自信心。
	2. 能用普通话交谈，学会认真倾听，听人说话时能把握主要内容，并能简要转述。能就不理解的地方向人请教，就不同的意见与人商讨。
	3. 能清楚明白地讲述见闻，说出自己的感受和想法。讲述故事力求具体生动。能主动参与日常生活中的文化活动，根据不同的场合，尝试运用合适的音量和语气与他人交流，有礼貌地请教、回应。
	4. 观察周围世界，能不拘形式地写下自己的见闻、感受和想象，注意把自己觉得新奇有趣或印象最深、最受感动的内容写清楚。能用便条、简短的书信等进行交流。尝试在习作中运用自己平时积累的语言材料，特别是有新鲜感的词句。
	5. 学习修改习作中有明显错误的词句。根据表达的需要，正确使用冒号、引号等标点符号。课内习作每学年 16 次左右。
梳理与探究	1. 尝试分类整理学过的字词。尝试发现所学汉字形、音、义和书写的特点，帮助自己识字、写字。
	2. 学习组织有趣味的语文实践活动，在活动中学习语文，学会合作。结合语文学习，观察大自然，观察社会，积极思考，运用书面或口头方式，并可尝试用表格、图像、音频等多种媒介，呈现自己的观察与探究所得。
	3. 能提出学习和生活中的问题，有目的地搜集资料，共同讨论，尝试运用语文并结合其他学科知识解决问题。

　　第二学段的学生在经历了第一学段的学习之后，识字量得到了大幅度提升，相应的阅读能力、表达能力以及探究能力也得到了提升。通过比较中低两段学习目标可以发现，在"识字与写字"实践活动中，对学生的要求从"学习独立识字"变为"有初步的独立识字能力"，"初步感受"汉字形体之美也转变为"感受"，并强调能够感知音、形、义的联系等。在"阅读与鉴赏"实践活动中，不仅改"朗读"为"默读"，同时在阅读量上对中段学生的要求相较于低段学生有了很大幅度的提升，课外阅读总量从不少于5万字，提高到了不少于40万字，同时要求学生可以初步把握文章的主要内容，体会文章思想感情，深入理解文章，这些要求也明确体现出课标对提高学生阅读能力的关注。在"表达与交流"实践活动中，强调对表达与交流有更大主动性和参与度，在倾听他人讲话的同时，还能进行自我表达，并逐渐从"写话"转变为"习作"。而在"梳理与探究"实践活动中，对于学生能力水平要求的提升则更为明显，将"观察""感知"转变为"分类整理"和"尝试发现"，探究成果的呈现也由具象化的"口头或图文"变为更为抽象多样的书面表格或图像、音频等多种媒介，并进一步强化问题解决能力。

　　借助对学生个体发展特点和学段要求的分析，从而明确：相比与第一学段的单元学习目标设定，第二学段强调丰富学生的阅读经验、语言素材和学习方法，深化对语言文字的理解和体悟，感受文本中塑造的生动人物形象和优美的语言，培养较强的阅读共情能力，有效打通阅读与表达的壁垒。

第二节　鉴赏并描绘景象，表达对祖国山河的热爱

——三年级上册第六单元"祖国山河"教学设计

　　三年级上册第六单元，以"祖国河山"为主题，编排了四篇精读课文，有描写山水美景的《古诗三首》，有表现海疆风景优美、物产丰富的《富饶的西沙群岛》，有描绘南国美丽风光的《海滨小城》，还有展现北国四季迷人景色的《美丽的小兴安岭》，以及一个习作"这儿真美"和一个"语文园地"。单元教学中需要落实两个语文要素：1.借助关键语句理解一段话的意思。2.习作的时候，试着围绕一个意思写。

本单元的几篇课文从不同的角度展现了祖国山河的壮美，这份壮美横跨南北，超越时空。通过本单元的学习，学生对祖国的认知更加丰富，山河的面貌在不同时节、不同场景、不同地域中变幻多姿，由此便可感知到祖国的幅员辽阔，丰富了对祖国的直观认知。同时，学生的视角逐步开阔，不仅仅关注身边的、家乡的美景，更乐于去领略祖国各地的壮丽风光，从而扩大学生的视野范围，打开生活边界，能够让学生关注的生活领域有所拓展。低年级学生已初步具备感受身边景观之美的能力，到了本单元将引导学生多角度感受景致的情趣和文化之美，对"美"的认知层次不断加深，审美体验也逐步丰富。由此激发学生对祖国大好河山的热爱之情，并使学生由衷地生发对祖国山河的赞美之情。

一、单元指向的学习任务群

本单元的课文体裁以诗歌和写景散文为主。诗歌是用高度凝练的语言，生动形象地表达作者的丰富情感，集中反映社会生活并具有一定节奏和韵律的文学体裁；而写景散文是以描绘景物为主的，这类文章多是在描绘景物的同时抒发感情，或借景抒情，或寓情于景。这两种文学体裁都具有生动的语言、优美的意境、真挚的感情。这样的体裁编排能够更好地与"语言文字积累与梳理"和"文学阅读与创意表达"两个任务群相契合。

"语言文字积累与梳理"旨在引导学生在语文实践活动中，积累语言材料和语言经验，形成良好语感，通过观察、分析、整理，发现汉字的构字组词特点，掌握语言文字运用规范，感受汉字的文化内涵，奠定语文的基础。本单元的学习将在阅读中"鉴赏"美丽的景象，通过诵读、积累、分类整理等学习活动积累丰富语汇，发现并感受语言的表现力和创造力，提高语言运用的能力，指向了"语言文字积累与梳理"。

"文学阅读与创意表达"学习任务群旨在引导学生在语文实践活动中，通过整体感知、联想想象，感受文字语言和形象的独特魅力，获得个性化的审美体验；了解文学作品的基本特点，欣赏和评价语言文字作品，提高审美品位；观察、感受自然与社会，表达自己独特的体验与思考，尝试创作文学作品。本单元学生会阅读一系列描绘自然景观的文学作品，可以丰富知识、开阔眼界、陶冶情操，获得个性化的审美体验，提高审美品位，产生"描绘"祖国美景的愿望，并尝试表达自己对祖国壮丽山河的热爱，恰恰指向了"文学阅读与创意表达"的任务群。

"鉴赏"景象侧重于积累语言材料、丰富语汇，"描绘"景象则是尝试用文学语言表达自己对祖国山河的热爱，两者相辅相成，"鉴赏"为"描绘"奠定了基础，"描绘"是"鉴赏"的成效体现和目标达成，两者缺一不可。

二、单元学习主题分析

（一）单元教学价值分析

1.助读系统

本单元的人文主题是"祖国河山"，篇章页以一首抒发热爱祖国大好河山之情的小诗"祖国，我爱你。我爱你每一寸土地，我爱你壮美的山河。"开启单元的学习。语文要素"借助关键语句理解一段话的意思。"指向阅读，"习作的时候，试着围绕一个意思写。"指向习作表达。

本单元课文注释大都涉及景观、作者和文章出处。

《望天门山》注释：〔天门山〕今安徽东梁山与西梁山的合称。东梁山在今芜湖市，西梁山在今马鞍山市，两山隔江相对，像天然的门户。

《望洞庭》注释：〔洞庭〕即洞庭湖，位于今湖南北部。

《富饶的西沙群岛》注释：本文选自人民教育出版社（试用本）《语文第六册》，有改动。

《海滨小城》注释：本文作者林遐，选作课文时有改动。

《美丽的小兴安岭》注释：本文选自人民教育出版社（试用本）《语文第六册》。

可见，本单元中涉及的景观跨越祖国南北，各具特色，优美的语言背后饱含着作者对祖国大好河山的赞美和热爱之情。两篇传统课文的选择更是文质兼美，不仅是学生学习语言的材料，更是学生练习表达的范文，因此学习本单元能够充分激发学生热爱祖国山河的强烈感情。爱国主义是民族精神的核心，是千百年来形成的对于自己祖国挚爱的深厚情感，是中华民族生生不息、凝聚一体的精神动力，它首先表现为对家乡和祖国的热爱和深切的眷恋。通过二年级上册第四单元以家乡为主题的学习，学生认识感知身边熟悉的家乡风光并产生热爱家乡的情感，本单元拓宽学生的视野和提升认知，领略祖国壮美河山的同时把热爱家乡的情感升华为热爱祖国，潜移默化中将"乡土爱、民族爱、祖国爱"慢慢根植于优秀文化传统之中，突显民族血脉的延续和传统文化的传承。

2. 课文系统

祖国河山的面貌在不同时节、不同场景、不同地域中变幻多姿。

《古诗三首》中两首古诗词分别描写了不同地点不同时间段的自然景观。重点是理解诗词的大意，想象诗句描绘的美丽景象，理解诗词中蕴含的对祖国壮美山河的热爱和赞美之情。

《富饶的西沙群岛》介绍了位于我国南海的西沙群岛美丽的景色和富饶的物产，表达了对祖国海疆的热爱与赞美之情。课文结构清晰，以"富饶"为中心从风景优美和物产丰富两个方面，介绍了西沙群岛。第1自然段，介绍了西沙群岛的位置，点明了西沙群岛是一个风景优美、物产丰富的可爱的地方，总领全文。第2至5自然段紧紧围绕"风景优美、物产丰富"描述，分别从"美丽的海水""海底多样的生物""海岛上众多的海鸟"三个方面具体介绍出西沙群岛的景色和物产。第6自然段主要写了西沙群岛必将随着祖国建设事业的发展变得更加美丽富饶，与开头相呼应。其中第5自然段是围绕"西沙群岛也是鸟的天下"这个关键语句写的。

《海滨小城》是一篇写景美文，作者按由远及近的顺序，分别描绘了大海、沙滩、庭院、公园和街道几处地方，抓住其中景物的特点，展现了海滨小城特有的美丽景色，字里行间流露出作者对小城的热爱之情。课文围绕课题"海滨小城"，先介绍了大海和沙滩，这两者都属于"海滨"的景色；再介绍了"小城"里的庭院、公园、街道，结构清晰明了。

《美丽的小兴安岭》是一篇优美的写景文章，以季节变化的顺序，介绍了我国东北小兴安岭一年四季的美丽景色和丰富物产，表达了作者对祖国大好河山的赞美和热爱之情。全文一共6个自然段，先总地写小兴安岭树多，再按春夏秋冬四个季节的顺序分别写小兴安岭的景色和相关物产。课文最后一段进行总结：小兴安岭是一个美丽的大花园，也是一座巨大的宝库。

纵观几篇课文，都是语言生动形象，富有感染力的美文。短小的古诗、新鲜的词语、精彩的句段，利于学生习得积累和梳理语言的方法，丰富自己的语言材料，并能学以致用。此外，几篇文章虽然描写的角度各不相同，但选材内容都指向了祖国山河，尽管表达情感的方式各有侧重，但都展现了对祖国山河的无限热爱。并且，每篇文章中都隐藏着关键句，帮助学生更好地理解课文内容，学习表达。通过这一组课文的学习，学生能更好地感受文学作品语言、情感等方面的独特魅力，提升审美能力和审美品位，在运用多种形式呈现作品时，能发挥自己的创造性，个性化地表达对祖国大好河山的赞美和热爱之情。

3.练习系统

课后习题是我们把握教学重点的抓手，本单元的练习体系紧紧围绕着单元的主题"祖国河山"和语文要素"借助关键语句理解一段话的意思"进行编排，梳理如下。

（1）指向单元主题

《古诗三首》：有感情地朗读课文，想象诗中描绘的景色。背诵课文。默写《望天门山》。

《富饶的西沙群岛》：

① 有感情地朗读课文。说说从哪些方面可以看出西沙群岛风景优美、物产丰富。

② 选择你喜欢的部分，向别人介绍西沙群岛。

《海滨小城》：朗读课文，说说课文写了海滨小城的哪些景象，这些景象是什么样的。

《美丽的小兴安岭》：

① 有感情地朗读课文，注意读好文中的长句子。

② 如果到小兴安岭去旅游，你会选择哪个季节去? 结合课文内容说说你的理由。

（2）指向"语文要素"

《古诗三首》：用自己的话说出诗句的意思，想象诗中描绘的景色。

两岸青山相对出，孤帆一片日边来。

湖光秋月两相和，潭面无风镜未磨。

《富饶的西沙群岛》：从下面的图中选择一幅，写几句话。

图 3-1　小练笔

《海滨小城》：

① 有些句子很重要，可以帮助我们理解一段话的意思，你能从课文中找出来吗？

② 在课文中画出你认为写得好的句子，抄写下来和同学交流。

《美丽的小兴安岭》：

① 读下面的句子，体会加点的词语好在哪里。

春天，树木抽出新的枝条，长出嫩绿的叶子。

早晨，雾从山谷里升起来，整个森林浸在乳白色的浓雾里。

② 选做：你的家乡哪个季节最美？为什么？写一段话和同学交流。

可见课后习题再次强化了学生对祖国河山之美的认知和热爱，并创设了多种形式的口语表达与交流，为落实习作要素"习作的时候，试着围绕一个意思写"奠定基础。习题的设置紧扣人文主题和语文要素，通过描绘景色景象表达对祖国山河的热爱，体现了"认识—理解—运用"这一认知规律。

4. 知识系统

本单元的阅读要素是"借助关键语句理解一段话的意思"。所谓关键语句，是指一段话或者一篇文章中，能表达一个主要意思、一个主要观点，或者一种最紧要的情感态度的语句。而习作要求"习作的时候，试着围绕一个意思写"，这也是"借助关键语句理解一段话的意思"这一阅读方法在习作中的迁移和运用，简而言之就是在描绘景色和景象时，要有中心有重点。这样的要求旨在鼓励学生抒发自己的真情实感——表现美，从而提升学生的语用能力和思维能力，形成健康的审美情趣。

通过以上分析，我们不难挖掘出本单元的教学价值，就是通过鉴赏和描绘景色景象的方式表达对祖国山河的热爱之情。

（二）单元落实学习任务群目标的独特价值

通过对单元教学价值的分析，本单元能够落实"语言文字积累与梳理"第二学段的目标三："诵读、积累成语典故、中华文化名言、短小的古诗词和新鲜词语、精彩句段等，丰富自己的词汇，分类整理、交流，初步认识中华优秀传统文化蕴含的思想；在语言积累和运用过程中，体会同义词、反义词等词语的作用，发现、感受语言的表现力和创造力。"其独特价值在于，通过阅读和积累古诗、生动词句、优美语段等语言材料，丰富学生的语言素材，为个性化的表达奠定基础，从而提升学生的语用能力和创造力。

本单元同时能够落实"文学性阅读与创意表达"第二学段的目标二:"阅读描绘大自然、表现人类美好情感的诗歌、散文等文学作品,结合自己的生活体验,尝试用文学语言表达自己热爱自然、珍爱生命的情感。"本单元落实任务群的独特价值在于,通过阅读系列描绘祖国山河、表达对祖国热爱之情的古诗、写景散文等作品,结合自己的生活经验,在系列语言实践活动中表达自己对祖国壮丽山河的热爱与赞美。

(三)单元学习主题

依据本单元的编排特点和落实"语言文字积累与梳理""文学阅读与创意表达"任务群的独特价值,确立了本单元的学习主题——"鉴赏并描绘景象,表达对祖国山河的热爱"。这样的学习主题,旨在拓宽视域,开阔眼界,激发学生广泛了解祖国山河美景的热情,并选择具有鲜明特点的独特景观,组织与其特点相匹配的材料进行景象的描绘,从而表达出对祖国山河无限热爱的情感。

三、学习目标

(一)预设目标

预设的教学目标是在教学活动开展之前确定的,是教学将要达成的结果的预期判断。进行单元教学前,我制定了本单元的预设目标:

1.通过阅读、访谈、信息化手段等途径,广泛了解并选择具有典型特点的景观景象,萌发热爱祖国壮丽河山情感,产生表达愿望。

2.通过参观、游览、阅读文字、观察图片、借助资料等方法,能够抓住景物的特点并围绕一个意思集中呈现,突出景观景象的独特之"美"。

3.在阅读中充分积累和梳理语言素材,能够在表达和习作过程中主动地迁移运用,让语言更清楚更准确。

(二)学情分析

为了了解学生对本单元学习的准备状况、摸清学生现有的水平、确定学生的能力起点,在开启单元教学之前,对学生进行了安置性评价,评价内容如下。

亲爱的同学们:

为了更好地开展"祖国河山"这一单元的学习活动,现邀请你完成一个有趣的小调研。题目没有对错之分,希望你能认真思考如实作答,谢谢你的参与。

一、调查问卷

1.你喜欢旅游吗?

A. 喜欢　B. 一般　C. 不喜欢

2. 如果出行旅游，你更喜欢选择什么样的地方？

A. 各大一线城市　B. 沿海城市　C. 高原、边疆自然风景

D. 名山大川地区　E. 其他

3. 如果不能去旅游，你更希望通过什么方式了解一处景观？

A. 阅读文字　B. 欣赏图片　C. 观看视频　D. 听人介绍　E. 其他

二、访谈题目

我国幅员辽阔、气候多样、山河壮美，有些地方让人过目不忘、印象深刻，请你结合自己的经验来谈一谈：

1. 如果让你化身为"祖国美丽风光推荐者"，你会推荐哪个"好地方"？

2. 你是通过什么途径知道这个地方的？

3. 这是个怎样的"好地方"？你想从哪些方面进行介绍？

访谈发现虽然学生们对祖国壮丽河山充满了向往，但因疫情防控的原因，学生几乎三年没有外出旅游，使得他们的眼界受到限制，缺乏真切的生活经验，因此对于祖国自然景观的知识储备比较匮乏；而在介绍这些美丽景观时，对其特点概括比较单一，所积累的词语无法准确表现景观的独特之处，可见语言的积累和运用能力不足；大部分学生往往通过多个内容表现景观的多个特点，围绕一个特点进行多角度的介绍难度较大，思维方式比较"局限"，思维能力和品质有待提升。因此在本单元学习的过程中，将通过课文阅读，根据文中罗列的景观类型，帮助学生进行拓展，开阔他们的眼界，建立逻辑关联的通道，丰富学生对祖国山河不同地域美的认知；在阅读中不断积累、梳理、整合丰富的语言材料，丰富素材，培养良好的语感，提升表达能力；同时，在准确概括地方特点的基础上，能围绕特点确定多元的描写角度，达成语用能力、思维能力、审美能力的全面提升。

（三）单元目标

1. 借助阅读经验、生活经验等拓宽视野，丰富对祖国壮美河山的认知，萌发热爱祖国壮丽河山情感，产生表达愿望，能选择具有特点的景象进行推荐。

2. 通过多种途径充分了解景观特点，并围绕这个特点进行多角度多元化的介绍，在个性化的表达中突出景观的独特之"美"。

3. 在阅读中通过主动的积累、梳理和整合，丰富语言素材，能够在表达和习作过程中主动地迁移运用，让语言更清楚准确。

四、单元学习任务

围绕单元学习主题——"鉴赏并描绘景象，表达对祖国山河的热爱"和"语言文字积累与梳理""文学阅读与创意表达"两个学习任务群的内容，创设了"向你推荐一个好地方，最佳推文选"的单元大任务，研发了三个紧密切合、逐步进阶的具体活动："寻访作家眼中的好地方""捕捉我眼中的好地方""展现我推荐的好地方"。三个活动与教材内容切合，能够有效促进学生参与学习的积极性与主动性，凸显了学生的主体地位，关注了学生个性化、多样化的学习和发展需求。为了更好地完成单元学习任务，我们将情境任务做了活动分解，设计了结构化的活动链。同一任务下的多项学习活动相互关联、逐步递进，带领学生开启一段畅游祖国大好河山的寻"美"之旅。

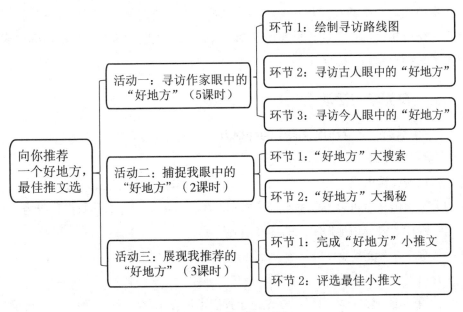

图 3-2 单元学习任务

（一）活动一：寻访作家眼中的"好地方"

这是单元学习的起始活动，首先创设学习情境，学生明确本单元的学习任务"向你推荐一个好地方，最佳推文选"，产生阅读期待，激发学生学习本单元的兴趣。在鉴赏和品读文本的过程中，学生领略了祖国河山的壮美，积累了丰富的语言材料，提升了语感和审美品位，同时习得了推荐方法，并在"争当推荐官"系列活动中，迁移运用积累的语料，进行个性化表达。此活动为后续的学习活动的开展做了充分的铺垫，在整个单元的学习历程中极为重要，占据了更多的课时量。

（二）活动二：捕捉我眼中的"好地方"

充分调动学生的生活经验，捕捉学生眼中的美景，为推荐一个好地方准备素材。在前期的学习中，学生已经积累了丰富的语言素材，也习得了推荐的方法，本环节重在帮助学生丰富认知、拓宽眼界，选择值得推荐的那个"好地方"，帮助学生突破选材的难题。

（三）活动三：展现我推荐的"好地方"

本单元的大任务不仅是推荐一个好地方，还要进行推文选，学生将通过图文并茂的方式完善自己的小推文，借助评价量表进行评选。推文集的汇编，让跨学科学习真实发生，同时进一步激发了学生的表达热情。在这一系列的活动中，学生逐步提升了运用恰当的语言材料鉴赏并描绘景象的综合能力。

本单元的几个活动间相互关联，在"领略美—捕捉美—展现美"的过程中，逐步深化对祖国河山不同地域美的认知，实现人文主题和语文要素的目标达成，促进了学科素养的全面提升。

五、单元学习活动

（一）活动一：寻访作家眼中的好地方

【学习情境】

俗话说，读万卷书，行万里路。我们既可以来一次说走就走的旅行去饱览祖国的大好河山，也可以跟随书本来一次别开生面的游览。那么让我们化身为"小游客"跟作者去寻访他们眼中的"好地方"吧。

1.环节1：绘制寻访路线图

开启寻"美"之旅

① 单元通读，自主识字：首先，让我们走进作家眼中的"好地方"，通读单元课文《古诗三首》《富饶的西沙群岛》《海滨小城》《美丽的小兴安岭》，读准字音，读通句子。

② 多元识字，合作共学：认读课文中的生字新词，尝试通过联系上下文、查工具书、联系生活、结合插图等方法进行理解和识记；小组交流，互学互助；语境中看拼音写汉字，检查字词掌握情况。

《富饶的西沙群岛》：瑰丽无比、蠕动、一簇红缨、栖息……

《海滨小城》：镀上、凤凰树、榕树……

《美丽的小兴安岭》：淙淙、浸在、葱葱茏茏……

③ 整体感知，交流分享：跟随作者我们一起游历了祖国的奇山秀水，这些地方给你留下了怎样的印象？可以借助文中的词句进行概括，也可以用自己的语言来表达。

（2）绘制寻"美"之路

① 制作"好地方"名片：阅读也可以带着我们去旅行，借助阅读，来给这些"好地方"制作一张名片吧。小组分工合作，制作名片，要包含这个地方的名称、位置、特点以及能表现其特点的好词佳句，还可以为这个地方选择两张喜欢的照片。可参考老师提供的样例，也可自行设计。

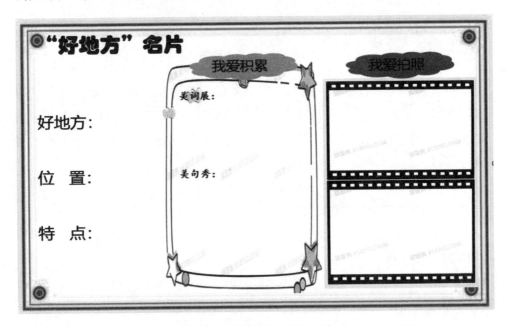

图 3-3　"好地方"名片（1）

② 绘制"好地方"路线。

在祖国地图上相应的位置贴上"好地方"名片。

根据地理位置和景区特色，想一想哪些地方适合在一次旅行中游览，尝试设计出路线图和旅游小攻略吧，如："海景小攻略"等。可参考老师提供的样例，也可自行设计。

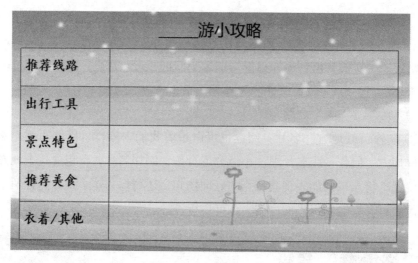

<table>
<tr><td colspan="2" align="center">＿＿＿游小攻略</td></tr>
</table>

推荐线路	
出行工具	
景点特色	
推荐美食	
衣着/其他	

图 3-4　旅行小政略

③ 发表寻"美"感言：选择自己喜欢的"旅游小攻略"，踏上我们的寻"美"之路，借助"好地方"名片，来一场说走就走的旅程。旅途中你见到了怎样的美景，有怎样的感受，请同学们借助我们积累的好词佳句，发表此次的寻"美"感言。

2. 环节2：寻访古人眼中的好地方

（1）诵读诗句初识"好地方"

① 自读《古诗三首》，借助拼音读正确、读流利，读出停顿和节奏，注意生字在词语中的正确读音。

② 借助注释、工具书以及查找的资料等多种方法理解诗句意思，体会作者情感。感受古诗中景象的独特之美，并补充到名片上。

③ 带着理解，想象诗中描绘的景色，有感情地朗读诗句。

（2）展开想象介绍"好地方"

① 我为美景配诗：都说画中有诗，美丽的景象，配上精彩的诗句，才能让这些"好地方"更吸引人。出示图片，请你为美景配诗，并从景物、色彩、构图等角度阐明匹配理由。

② 我为古人代言：古诗言简义丰，与我们现代人说话方式完全不同，所以这些诗人想为自己聘请一位代言人，帮他们介绍介绍这些"好地方"。请你选择一首古诗，化身为诗人的代言人，对照图片用自己的话介绍介绍诗中的"好地方"，小组推选出代表进行全班展示。

（3）古诗配画再现"好地方"

① 我为古诗配画：也有人说诗中有画，古诗生动形象、意境优美，请你为喜欢的诗句配上一幅画吧，把这幅画绘制在"好地方"名片上。

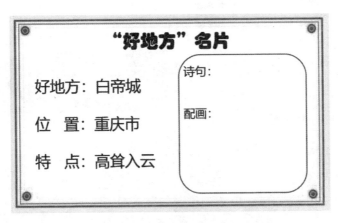

图3-5 "好地方"名片（2）

②"好地方"名片展。

全班召开名片展的分享会，并借助评价表评选出最佳"好地方"名片。

表3-2 "好地方"名片评价表

标准	星级	条件
诗句选择典型		能选择古诗中最经典的诗句，或是最能体现景观特点的诗句。
诗画契合度高		绘制的图画，能充分展现诗句的意境。
布局合理色彩和谐		构图饱满，布局合理，配色和谐美观。

评选出优秀作品，召开"好地方"名片展示会。依照所选古诗分区域展示名片，旨在引导学生感受不同人对同一首诗、同一句诗的不同理解和呈现。

3.环节3：寻访今人眼中的"好地方"

（1）梳理整合素材库

本单元我们一起畅游了南国海疆的美，游览了奇山秀水的美，领略了北国风光的美。这份美跨越南北，穿越时空，各具特色，截然不同。前期我们积累了丰富的词句，为了能更好地推荐自己喜欢的美景，成为"小小推荐官"，接下来就让我们为不同的美景匹配一个专属的素材库吧。梳理积累的词语，归类整合。

图 3-6　完善素材库

（2）探秘富饶的西沙群岛

①共学得法：读《富饶的西沙群岛》，说说从哪些地方可以看出西沙群岛风景优美、物产丰富。一起完成思维导图。

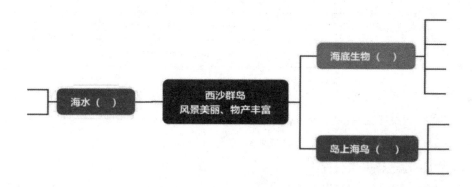

图 3-7　《富饶的西沙群岛》思维导图

②争当"推荐官"：西沙群岛风景优美、物产丰富，具有南国海疆的独特风貌，如果邀请你做这里的"小小推荐官"，你会怎样把它推荐给别人呢？请你选

择喜欢的部分，借助导图，快来试一试吧。

③借助评价量表，进行师评、互评，明确推荐要求，提升表达能力。

表3-3　"小小推荐官"星级榜

能围绕一个意思进行介绍	☆一星推荐官
能围绕一个意思进行介绍，借助文中的词句，把景物特点说清楚	☆☆二星推荐官
能围绕一个意思进行介绍，借助文中的词句，把景物特点说清楚，表达流畅，自然大方	☆☆☆三星推荐官

（3）海滨小城自由行

①自学迁移：自主阅读《海滨小城》，思考：课文介绍了海滨小城的哪些景象，这些景象是什么样的。再自主合作，绘制《海滨小城》思维导图。

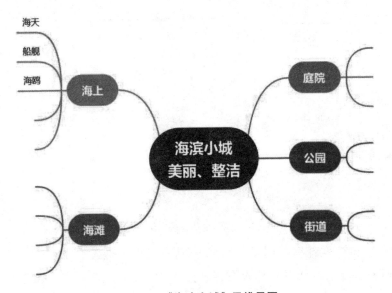

图3-8　《海滨小城》思维导图

②自主推荐：选择喜欢的部分，借助思维导图，化身"小小推荐官"，把喜欢的内容推荐给大家。并借助"小小推荐官"星级榜进行评价。

（4）游览美丽的小兴安岭

【学习情境】

同学们，争当"小小推荐官"系列活动又要开始了，此次活动，邀请你们为小兴安岭的四季进行推荐。

① 争当初级推荐官：用朗读的方式推荐喜欢的季节。读好文中的长句子，想象画面，读出自己的感受。

② 争当高级推荐官：要想成为高级推荐官，必须了解所选季节的特点。默读所选季节的自然段，圈画关键词句，想一想这是个怎样的季节。完成"推介提示卡"。

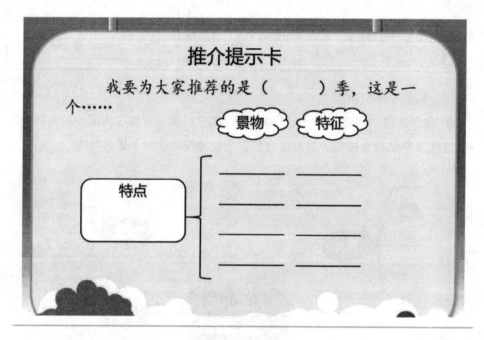

图3-9　推介提示卡

③ 全班交流，抓住关键语句感受季节的特点，修改完善推介卡。

④ 竞选高级推荐官：同学们都已经成为"小小推荐官"，在此基础上如果能做到表达流畅、体态自然大方，就能成为"高级推荐官"，请同学们借助推介提示卡，用一段话把喜欢的季节推荐给大家。借助评价表，评选高级推荐官。

表 3-4　"高级推荐官"星级榜

能围绕一个意思进行介绍。	☆一星推荐官
能围绕一个意思进行介绍，借助文中的词句，把景物特点说清楚。	☆☆二星推荐官
能围绕一个意思进行介绍，借助文中的词句，把景物特点说清楚，表达流畅，自然大方。	☆☆☆三星推荐官
表达流畅，体态自然大方。	☆☆☆☆高级推荐官

（二）活动二：捕捉我眼中的"好地方"

【学习情境】

本单元我们一起畅游了祖国的大好河山，感受到了祖国的地大物博，多姿多彩。让我们带着一双善于发现的眼睛，捕捉更多的美，展现祖国更多的美。

1. 环节 1："好地方"大搜索

（1）明确景观的分类

通过小视频和资料，了解景观的分类知识。自然景观，指天然景观和人为景观的自然方面的总称。借助思维导图进行梳理，并把本单元的景观进行归类。

（2）拓展延伸

联系自己的生活、阅读经验等补充相应类型的景观，并拓宽景观类型。

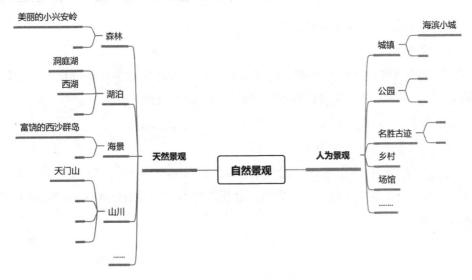

图 3-10　单元思维导图

2. 环节 2："好地方"大揭秘

（1）记忆唤醒：借助上一学习活动的成果，从导图中选择自己最喜欢的一处景观，和学习伙伴交流分享，说明喜欢的理由。

（2）揭秘推荐的"好地方"：自主完成"好地方"大揭秘记录单，主动迁移运用素材库中积累的好词佳句。全班进行交流分享，并根据同学们的意见修改完善，梳理习作内容，理清习作思路，形成习作提纲，搭建习作支架。

表 3-5 "好地方"大揭秘单

这个"好地方"是：	
它的特点是：	
典型景物	特征
我的感受	

（三）活动三：展现我推荐的"好地方"

【学习情境】

有山皆图画，无水不文章，美好的地方都让人心生向往。请你化身"小作家"，用文字的形式，把自己喜欢的"好地方"，介绍给大家。

1. 环节 1：完成"好地方"小推文

（1）我来推荐"好地方"

① 结合"好地方"大揭秘记录单，以"这儿真美"为题，完成一篇图文并茂的小推文。注意要围绕一个意思写，运用素材库中积累的好词好句，并配上美丽的图片。

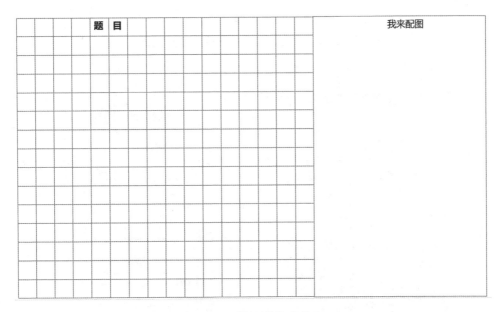

图 3-11　"好地方"小推文

② 写好后自己读一读，改正错别字和不通顺的句子。结合习作评价表，进行自评。

表 3-6　习作评价表

评价标准	等级
语句通顶，表达准确，标点使用正确。	
能围绕一个意思，从多个方面进行介绍。	
能抓住景物特点，运用积累的好词好句。	
图文契合度高，能凸显景观特点。	

③ 全班分享，共赏"好地方"，教师进行习作指导，在修改的过程中优化成果。

2. 环节 2：评选最佳小推文

（1）互相评价，习作共赏：和同学交换习作，认真阅读，依据评价表，进行评价，提出修改意见，共同提升。

（2）小组共赏，全班交流：小组分享习作，推选出代表，进行全班展示，依据评价表，评选出"最佳小推文"。

（3）汇编成册，制作推文集：小组合作分工，按照不同的景观类型，分类整理小组作品，设计封面页、目录页、内页，制作《向你推荐一个"好地方"》推文集。可参考老师提供的样例，也可自行设计。

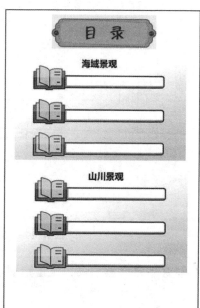

图 3-12 《向你推荐一个"好地方"》推文集

（4）全班展示交流。

六、教学活动现场

写景散文的教学，多采用抓特点、品语言、想画面等方式进行教学，从而引导学生提升学生的语用能力和审美经验。为了更好地帮助学生捕捉小兴安岭四季的特点，我们借助在品读关键词句时，既要引导学生深入理解文本，又不能脱离美的意境，这是个挑战。教学中，教师进行了多种策略的尝试。

（一）借助媒体材料，形象直观感悟

在品读春天这个自然段时，为了帮助学生感受春天的生机勃勃、万物复苏之美，抓住关键句"春天，树木抽出新的枝条，长出嫩绿的叶子"，通过换词比较"抽出"与"长出"的不同，并借助视频感受作者用词的准确与生动，以下是此环节的课堂实录：

师：谁愿意分享你喜欢的季节？

生：我喜欢春季，"春天，树木抽出新的枝条，长出嫩绿的叶子"，从树木抽出新的枝条、长出嫩绿的叶子，知道了春天植物都开始生长了，感受出了春天的生机勃勃。

师：漫山遍野的树木都开始生长了，让我们感受到了春天的生机，我们都来看看这句话，你能为"抽出"换个词吗？

生：长出。春天，树木长出新的枝条，长出嫩绿的叶子。

师："长出"也是符合句子意思的，作者为什么要用"抽出"呢？我们亲眼看一看树木抽枝发芽的样子，边看边思考。（师播放小视频）

生：换成"长出"就跟后面的"长出"重复了；而且"抽出"能感受出树木长得很快。

师："抽出"让语言变得丰富，更让我们感受到树木长势之快，这就是春天的力量呀！谁来读一读？

借助多媒体视频资料，不仅没有脱离开春天美好的意境，而且更加形象直观地展现了春天的特点，调动起学生的兴趣，深化了学生的理解，帮助积累准确生动词句的同时，为建构语言提供了材料。

（二）以读代讲，想象画面感悟

在教学夏天的小兴安岭这一自然段时，很多同学都关注到了描写树木的这句话"夏天，树木长得葱葱茏茏，密密层层的枝叶把森林封得严严实实的，挡住了人们的视线，遮住了蓝蓝的天空。"其中"封"字使用得十分巧妙，凸显了树木的郁郁葱葱。此处，渲染走进夏天的情境，进行引读，学生在反复的朗读中，眼前的画面逐步清晰，从而体会"封"用词的精准。以下是本环节的课堂实录：

师：此时，走进小兴安岭，抬头向上看，我看到的是——

生接读：密密层层的枝叶把森林把森林封得严严实实的，挡住了人们的视线，遮住了蓝蓝的天空。

师：再往前走，抬头向上看，你看到的也是——

生接读：密密层层的枝叶把森林封得严严实实的，挡住了人们的视线，遮住了蓝蓝的天空。

师：继续往前走，我们看到的还是——

全班接读：密密层层的枝叶封得严严实实的，挡住了人们的视线，遮住了蓝蓝的天空。

师：你的眼前到底是怎样的一番景象啊？

生：树木的枝叶又密又厚，一层压着一层，都看不到天空了，我从来都没见过这么茂密的树木。

师：（出示小兴安岭夏天树木的图片）一个"封"字，就把这样的景象展现在了我们面前。枝连着枝，叶叠着叶，目之所及，全是一片枝繁叶茂，谁能把这绿色海洋般的小兴安岭读出来？

在教师激情语言创设的一个个美景中，学生读得书声琅琅，读得畅快淋漓，读出了形，也读懂了"封"。在这"景我相融、文我相通"的境界里，实现了语言的理解和感悟，体会到了夏天不一样的美。

七、教学反思

（一）透过关键词句，捕捉季节特色

前测中发现学生对于小兴安岭四季的美理解得比较笼统，不够具体，不能抓住季节的特点不同的美。因此抓住关键语句帮助学生感受四季不同的美，是本课的重点内容。在课堂教学中，采取了多种形式的策略，如换词对比、观看视频、情景引读、想象带入等，在不失美感的情景中让学生真切地感受四季截然不同的美。

（二）基于学情设计，扩大教学功效

在单元前期的学习中，《富饶的西沙群岛》和《海滨小城》中都有关键语句帮助学生理解一段话的意思，而本文每个季节都没有这种概括性的关键语句。在阅读感悟的教学环节中，让学生带着问题"这是个怎样的季节？"边阅读边思考边圈画关键词语，可谓一举两得，既指学生前测中的突出问题"不能感受到每个季节不同的美"又为后续的推荐提供了语言支撑，帮助学生提炼出每个季节的特点，围绕这个季节的特点，抓住景物展开推荐。实现了一个环节多种功用，提高了课堂时效。

第三节　用文学语言，描述对自然的观察与发现

——三年级下册第四单元"观察与发现"教学设计

三年级下册第四单元以"观察与发现"为主题，编排了两篇精读课文、一篇

略读课文，有揭示花朵分时开花奥秘的《花钟》，有验证蜜蜂能力、体现法布尔善于思考、严谨求实的科学态度的《蜜蜂》，有表达作者对小虾喜爱之情的《小虾》，还有培养学生留心观察的习惯、有序表达能力的习作"我做了一项小实验"和一个"语文园地"。单元教学中需要落实两个语文要素：1. 借助关键语句概括一句话的大意。2. 观察事物的变化，把实验过程写清楚。

本单元的几篇课文分别从植物生长、动物生活、实验过程三个不同角度介绍了通过留心观察、用心思考获得的各种发现。《花钟》通过观察比较，发现了植物不同的开花时间；通过思考，找到了不同植物开花时间不同的原因；《蜜蜂》通过观察与实验，发现了蜜蜂具有辨认方向的能力；《小虾》则描写了作者通过长期观察思考，细致了解了小虾的生活习性。同时，单元课文也与习作要素存在一定的关联性。阅读铺路，从读到写，阅读与写作勾连，给学生提供了实验表达的密钥：有序、准确、生动。教材旨在引导学生知道细致的观察可以对事物有更多的了解，进而感受观察的乐趣，培养学生做生活的有心人，养成认真观察、留心周围事物和勤于思考的好习惯。

一、单元指向的学习任务群

本单元的几篇课文体裁不同，以不同的方式展现"观察与发现"的方法。《花钟》语言生动形象，语言形式丰富；《小虾》语言生动具体，富有情趣，很具画面感；《蜜蜂》语言表述十分严谨、客观。几篇文章以多样化的语言，呈现一个个"从看世界到文学表达"的全过程。这样的体裁编排能够更好地与"语言文字积累与梳理"和"实用性阅读与交流"两个任务群相契合。

"语言文字积累与梳理"旨在引导学生在语文实践活动中，积累语言材料和语言经验，形成良好语感，通过观察、分析、整理，发现汉字的构字组词特点，掌握语言文字运用规范，感受汉字的文化内涵，奠定语文的基础。本单元的学习将在阅读中关注不同作家在表述"观察与发现"时语言表达方式的不同，学习本态动词、本态颜色的变式化描写。通过阅读积累新鲜词语、精彩句段、制作花钟卡、绘制实验记录册等学习活动积累丰富语汇，在语言积累和运用过程中，体会同义词、反义词、新鲜词句的作用，发现、感受语言的表现力和创造力。指向了"语言文字积累与梳理"的任务群。

"实用性阅读与交流"任务群旨在引导学生在语文实践活动中，通过倾听、阅读、观察、获取、整合有价值的信息，根据具体交际情境和交流对象，清楚得体表达，有效传递信息，满足家庭生活、学校生活、社会生活交流沟通的需要。本单元学生会通过关联阅读不同作家展现"观察与发现"的文学作品，感受作家眼中大自然的奇妙与美好，感知不同作家叙写"观察与发现"方式的不同。教学中创设学习情境，引导学生在好奇心的驱使下借助不同形式的学习单、观察记录单、实践研究卡、观察手记等形式，留心观察、细致观察，展示自己观察自然、探索科学世界的收获与新的发现，指向了"实用性阅读与交流"的任务群。

用不同形式进行语言积累，丰富学生对新鲜词语的辨识度，借助不同的学习活动学习作家多样化表达、感知作家表述"观察与发现"之法、感受作家对生物的喜爱之情，并借助"观察记录单"去发现大自然"静态的特征""动态的变化"并探究"现象背后的原因"，以"观察日记创作营"的活动尝试用文学语言描述自己在观察中的所见所想以及新的发现、新的感悟。感受大自然的奇妙与美好，萌发对大自然的喜爱之情、对科学世界的探究之趣。

二、单元学习主题分析

（一）单元教学价值分析

1. 助读系统（单元说明）

本单元的人文主题是"观察与发现"，篇章页以"看，花儿在悄悄绽放。听，蜜蜂在窃窃私语……自然界如此美妙，留心观察，会有新的发现"开启单元的学习，我们可以从中提取两个关键词"留心观察""新的发现"，这是三年级上册第五单元"留心观察"的延续和发展。观察要伴随着思考、想象，才能有新的发现。语文要素"借助关键语句概括一段话的大意。"指向阅读，"观察事物的变化，把实验过程写清楚。"指向习作表达。

本单元课文注释主要涉及大自然中的动植物、作者和文章出处。

《花钟》注释：本文选自人民教育出版社义务教育课程标准实验教科书《语文三年级上册》，有改动。

《蜜蜂》注释：本文作者是法国的法布尔，选作课文时有改动。

《小虾》注释：本文作者青莽，选作课文时有改动。

可见，课本插图为学习课文营造了一种氛围和情境，几篇文章既有对植物的细致观察，又有对动物的生动刻画及对实验的有序记录，各具特色，生动优美和精准的语言背后展现了大自然的奇妙和有趣，旨在培养学生做生活的有心人，养成认真观察、留心周围事物和勤于思考的好习惯。因此学习本单元，学生可以通过作家细腻的笔触感知生物的特点，体会大自然的奇妙和作家的语言风格，从而提高自己的表达能力和写作水平。

2.课文系统

本单元的课文通过对不同生物的观察共同体现了大自然的奇妙和有趣，以"观察与发现"为核心，在落实单元语文要素，表达"观察与发现"时又各有侧重。

《花钟》主要写了一天之内不同的花会在不同时间开放的现象，并探究和分析了这一现象产生的原因，揭示了花朵分时开放的奥秘。文章先概括地写观察后的发现：一天之内，不同的花开放的时间是不同的。接着按时间顺序列举了牵牛花、蔷薇等九种花的不同开放时间，描绘出一天之内百花争艳的盎然生机。除此之外，课文还列举了不同植物开花时间不同的两种原因：一是与温度、湿度、光照有关，二是跟昆虫的活动时间有关。最后介绍了一位植物学家根据花的不同开放时间修建了一座"花钟"，其做法很有趣。

《蜜蜂》作者是法国的昆虫学家、文学家法布尔，课文以第一人称写了他为验证蜜蜂具有辨认方向的能力而做的一项实验，第一部分交代了法布尔做实验的目的，第二部分写了实验的经过，第三部分写了实验得出的结论，其中重点介绍了实验的经过，体现了法布尔善于思考、严谨求实的科学态度。

《小虾》以第一人称叙述了"我"养虾过程中的所见所闻和所感，交代了"我"产生养虾想法的原因，描述了小虾的样子，观察了解到的小虾的生活习性，写了小虾活动时的样子，小虾被激怒后的样子，写出了小虾的有趣和可爱，表达了作者对小虾的喜爱之情。

本单元几篇课文语言生动形象，富有感染力。课文在描写花朵绽放姿态时、小虾习性与姿态时将本态词语进行多样化表达，语言读来富有情趣，充满新鲜感，在记录"蜜蜂实验"时，运用了很多"精准"的词语，有利于学生习得积累和梳理语言的方法，丰富自己的语言材料，并能学以致用。

"借助关键语句概括一段话的大意"是基于低年级"提取信息，了解内容"和三年级上册"借助关键语句理解一段话的意思"的阅读经验，从"理解"到"概括"的提升，旨在提高学生提取关键信息的能力，培养初步概括的能力。《花钟》既要承接第三单元找出关键语句，并直接利用其概括段意，又要学习通过转化、改造关键语句来概括段意。《蜜蜂》延续改写关键语句的训练，通过增加要素、改写摘句，完成蜜蜂实验的示意图，把蜜蜂的实验过程写清楚。《小虾》则对已学方法进行巩固,"交流平台"为学生梳理和总结了借助关键语句概括一段话的方法。

"观察事物的变化,把实验过程写清楚。"三篇课文在这一语文要素方面也互为补充。

《花钟》:归纳现象—揭示原因—实际运用

《蜜蜂》:实验目的—实验经过—实验结论

《小虾》:养虾原因—描写外形—观察习性

《蜜蜂》一文先介绍实验目的,再详细叙述实验过程,最后写得出的结论,用词准确,条理清晰,为本单元的习作"我做了一项小实验"准确有序地记录实验过程提供了很好的范例。《花钟》第1自然段归纳现象写花开,表达同一个意思,语言形式却丰富多样。《小虾》语言生动,描写细致,给人以身临其境之感。两篇课文生动的表达则为描述实验过程提供了另一种思路。

表3-7　三篇文章观察路径及相同点

课文	观察路径	相同点
《花钟》	溯源式观察	从一个现象当中生疑、追问、观察、记录、产生新发现,最后再把这些观察与发现清楚地呈现出来。
《蜜蜂》	实验式观察	
《小虾》	互动式观察	

本单元三位作者观察的方法和角度、看世界的方法不一样,但是他们有一个共同的特点,即:不肯放过看到的某一个现象,从这一现象当中生疑、追问、观察、记录、产生新发现,最后再把这些观察与发现清楚地呈现出来。通过这一组课文的学习,聚焦作者的言语表达,感悟文章丰富的情感,领会作者的观察方法和探究思路,学习作者是如何将观察与发现描写出来的,从而引导学生留心观察,善于发现,在欣喜、感动、沉思中,将涌动的情感自然地表达出来,正是本单元的学习价值所在。

3.练习系统

课后习题是我们把握教学重点的抓手,本单元的练习体系紧紧围绕着单元的主题"观察与发现"和语文要素"借助关键语句概括一段话的大意"进行编排,梳理如下。

（1）指向单元主题

①《花钟》：

a. 朗读课文。背诵第 1 自然段。

b. 课文用不同的说法来表达鲜花的开放。填一填，体会一下。

牵牛花吹起了紫色的小喇叭。

蔷薇＿＿＿＿＿＿＿＿＿＿＿　　睡莲＿＿＿＿＿＿＿＿＿＿＿

万寿菊＿＿＿＿＿＿＿＿＿＿　　紫茉^{mò lì}莉＿＿＿＿＿＿＿＿

月光花＿＿＿＿＿＿＿＿＿＿　　昙^{tán}花＿＿＿＿＿＿＿＿＿＿

c. 小练笔：仿照课文中表达鲜花开放的语句，写一写你喜欢的花。

牡丹花　　　向日葵^{kuí}　　　蝴蝶兰^{lán}

图 3-13 《花钟》小练笔

②《蜜蜂》：读一读，注意加点的部分，说说你从中体会到了什么。再从课文中找出类似的语句，和同学交流。

《小虾》：把课文中写得细致生动的语句抄写下来。

（2）指向语文要素

《花钟》：默读第 1~2 自然段，分别说说这两段话的大意。

《蜜蜂》默读课文，把下面的图补充完整。

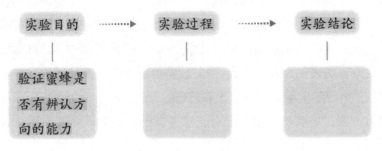

图 3-14 《蜜蜂》填图题

《小虾》：默读课文，说说第 3 自然段主要写了什么。

可见，课后习题再次强化了作者是如何描写对大自然的"观察与发现"，课后每个习题的编排，紧扣语素铺开，创设了多种形式的表达与交流，层层递进，并为落实习作要素"观察事物的变化，把实验过程写清楚"奠定基础，体现了"认识—理解—运用"这一认知规律。

4. 知识系统

本单元的阅读要素是"借助关键语句概括一段话的意思"。所谓关键语句，是指一段话或者一篇文章中，能表达一个主要意思、一个主要观点，或者一种最紧要的情感态度的语句。"概括"的方法和途径分两种：一种是能够直接从段落中找出关键语句，这样便可以直接利用关键语句概括大意，另一种是找不到直接可以利用的关键语句，这时需要对关键语句进行改造、转化，或者摘词、改写关键语句，概括段落大意。

习作要求"观察事物的变化，把实验过程写清楚"，这也是"借助关键语句概括一段话的意思"这一阅读方法在习作中的迁移和运用，简而言之就是在叙述实验过程时，要有中心有重点。这样的要求旨在引导学生借助图表整理小实验的主要信息，学习按一定的顺序写清楚小实验的过程，从而进一步体会留心观察、细致观察带来的好处和快乐。

通过以上的分析，我们不难挖掘出本单元的教学价值，即引导学生知道细致的观察和记录可以对事物有更多的了解和发现，进而体会观察带来的乐趣，感受大自然的奇妙和美好，从而培养学生做生活的有心人，养成认真观察、留心周围事物和勤于思考的好习惯。

（二）单元落实学习任务群目标的独特价值

通过单元教学价值的分析，本单元能够落实"语言文字积累与梳理"第二学段的目标三："诵读、积累成语典故、中华文化名言、短小的古诗词和新鲜词语、精彩句段等，丰富自己的词汇，分类整理、交流，初步认识中华优秀传统文化蕴含的思想；在语言积累和运用过程中，体会同义词、反义词等词语的作用，发现、感受语言的表现力和创造力。"其独特价值在于，通过诵读、积累与梳理等学习方式，引导学生增强语言积累和梳理的意识，教给学生语言积累和梳理的方法，注重积累、梳理与运用相结合，建立自己的文学语言资料库，并能学以致用。

本单元同时能够落实"实用性阅读与交流"第二学段的目标二："学习阅读

说明、叙写大自然的短文，感受、欣赏大自然的奇妙与美好。学习用日记、观察手记等，展示自己观察自然、探索科学世界的收获。"本单元落实任务群的独特价值在于，通过阅读一系列展现"观察和发现"叙写大自然的文学作品，结合自己的生活经验，感受和欣赏大自然的奇妙与美好，鼓励学生用观察记录单、观察日记等展现自己对大自然的观察与发现，运用多种形式呈现作品，引导学生留心观察、主动阅读，有创意地表达自己观察自然、探索科学世界的收获。

（三）单元学习主题

丰富多彩的大自然，有看不完的新鲜事，有探究不尽的奥秘。向日葵为什么围着太阳转？螃蟹为什么总是横着走？为什么蝙蝠能在黑夜自如地飞行？……走进大自然，留心观察，心中会产生很多疑问。奇特美丽的花钟，自己会飞回家的蜜蜂，还有小朋友养虾、观察虾的经历，本单元的课文向学生展现了一个个生活中的"实验"，给学生解决生活中的问题带来了启发。

依据本单元的编排特点和落实"语言文字积累与梳理""实用性阅读与交流"任务群的独特价值，确立了本单元的学习主题——"用文学语言，描述对自然的观察与发现"。这样的学习主题，旨在拓宽视域，开阔眼界，引导学生知道留心观察、细致的观察可以让我们对事物有更多的了解和发现，进而感受观察的乐趣，并借助"观察记录单"将自己在观察中的发现与思考，运用文学语言清楚地描绘出来，从而表达出我们对大自然的热爱之情。

三、学习目标

（一）预设目标

预设的教学目标是在教学活动开展之前确定的，是教学将要达成的结果的预期判断。进行单元教学前，教师制定了本单元的预设目标：

通过阅读文字、观察图片等方式，循序渐进地学习"借关键语句删减、合并、扩充"等概括段落大意的方法，并在阅读实践中运用巩固。

通过阅读文字、观察图片、借助资料、细致观察等方法，读懂课文内容，并借助"观察记录单"记录自己的发现和想法，能懂得观察事物的变化，感受观察和发现带来的乐趣。

在阅读中通过主动积累、梳理和整合，丰富语言素材，能在表达和习作过程中主动地迁移运用，让语言更清楚、更准确、更生动，按顺序把实验过程说清楚、写清楚，能够表达自己当时的想法或感受并能用修改符号修改自己的习作。

（二）学情分析

为了了解学生对本单元学习的准备状况、摸清学生现有的水平、确定学生的能力起点，在开启单元教学之前，我对学生进行了安置性评价，评价内容如下：

亲爱的同学们：

为了更好开展"观察与发现"这一单元的学习活动，现邀请你完成一个有趣的小调研。题目没有对错之分，希望你能认真思考如实作答，谢谢你的参与。

（一）调查问卷

1. 你喜欢大自然吗？

A. 喜欢　　B. 一般　　C. 不喜欢

2. 你有观察植物的经历吗？

A. 有　　　B. 没有

3. 你有观察动物的经历吗？

A. 有　　　B. 没有

4. 你有观察自然现象的经历吗？

A. 有　　　B. 没有

5. 请你用直线画出段落中的关键句，并借助关键句说说这段话的大意。

鲜花朵朵，争奇斗艳，芬芳迷人。要是我们留心观察，就会发现，一天之内，不同的花开放的时间是不同的。凌晨四点，牵牛花吹起了紫色的小喇叭；五点左右，艳丽的蔷薇绽开了笑脸；七点，睡莲从梦中醒来；中午十二点左右，午时花开花了；下午三点，万寿菊欣然怒放；下午五点，紫茉莉苏醒过来；月光花在七点左右舒展开自己的花瓣；夜来香在晚上八点开花；昙花却在九点左右含笑一现……

（二）访谈题目

日出日落、蛙鼓蝉鸣、杏花春雨、笋芽破土……美妙的大自然，令我们心醉神迷，也带来了许多启示，请你结合自己的经验来谈一谈：

1. 在观察过程中，你有过哪些新的发现或疑问？

2. 让我们走进美丽的校园去发现奇妙与美好吧。（带学生走进校园，来到花圃、树下进行观察）

①你观察到了什么？说说你有什么发现？

②用一段文字，描写你观察到的事物。

通过访谈发现学生都特别喜欢大自然，对大自然有一种天然地喜爱之情。从学生的观察现状来看：大多数学生有过观察动物、植物、某种现象的经历，对观察有着浓厚的兴趣。访谈中我们发现：学生观察动物、植物的居多，对自然现象主题的观察探索涉及较少。受社会发展的影响，城市里的三年级学生亲密接触小动物、亲近大自然的机会没有我们想象的那么丰富，这使得他们缺乏真切的生活经验。虽然通过前期所学，学生掌握了一定的观察方法，观察时调动多感官包括：视觉、嗅觉、触觉进行观察，但一些学生的观察仍呈现"碎片式"、无意识的观察；多数学生观察到了校园内植物的静态特征，但没有关注到动态的变化，部分学生在观察中有新的发现，但是没有追问原因。

从"表达观察结果"的现状来看：学生在用一段文字把观察的事物呈现出来时，不能有意识地借助关键句概括所描写的事物，且描述有些无序、不够具体、不够生动、不够丰富，所积累的词语无法准确而生动地描述事物的特点，可见语言的积累和运用能力不足。另外，访谈数据显示学生还不能提炼具有概括性或提示性的关键语句，从而概括出一段话的大意。

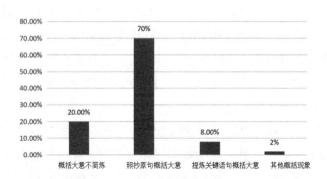

图 3-15　调查问卷结果

因此，在本单元学习的过程中，学生将通过课文阅读，还原作者观察和创作的过程，学会通过增删、整合、重组、改写关键句来概括一段话的大意，根据文中呈现的观察方法和记录方法，打开思路，带着习得的方法走进大自然去观察与发现，建立逻辑关联的通道，感知大自然的奇妙与美好；在阅读中不断积累、梳理、整合丰富的语言材料，培养良好的语感，提升表达能力；同时能在多角度、长时间、细致观察的基础上，尝试有序观察，在习以为常的现象中驻足、提问、溯源、记录并创意表达，达成语用能力、思维能力、审美能力的全面提升。

（三）单元目标

1.借助关键语句概括一段话的大意，读懂课文内容。

2.通过多种途径观察事物的变化，做内容完整的观察记录。

3.体会并积累课文中生动、准确的词句，借鉴课文表达，撰写观察日记。

四、单元学习任务

围绕单元学习主题——"用文学语言，描述对自然的观察与发现"和"语言文字积累与梳理""实用性阅读与交流"两个学习任务群的内容，创设了"观察日记创作营"的单元大任务，研发了四个紧密切合、逐步进阶的具体任务："读课文，树立榜样""看生活，确定方向""秀记录，丰富观察""谈创作，展现表达"。四个任务与教材内容切合，引领学生带着既有观察经验，跟随作者去认识世界、观察世界、表达世界，经历了一个个完整的"从看世界到表达世界"全过程，在此过程中反思和改进自己的方法，并在积极实践后，将所见、所感、所想进行创意的、文学性的表达，实现从反思、到实践、再到转化的认知重构过程。这样的学习任务，能够有效促进学生参与学习活动的积极性与主动性，凸显了学生的主体地位，关注了学生个性化、多样化的学习和发展需求。

为了更好地完成单元学习任务，我们将情境任务做了分解，设计了结构化的活动链。学习过程中，力求引导学生在语文实践活动中睁开观察、发现的眼睛，通过阅读与思考，学会留心观察自然生物，学会记录实验过程，学会在观察中主动思考、提出问题，从习以为常的事物中发现自然界的奇妙之处，并在文本阅读中寻找解决问题的方法并尝试在实践中运用。同时，充分借鉴作者的表达方法，积累文学语言，制作观察记录单，创作观察日记，学会运用准确生动、清楚丰富的语言讲述大自然那些有趣的现象和奥秘，获得个性化的审美体验，感受大自然的奇妙与美好。同一任务下的多项学习活动相互关联、逐步递进。

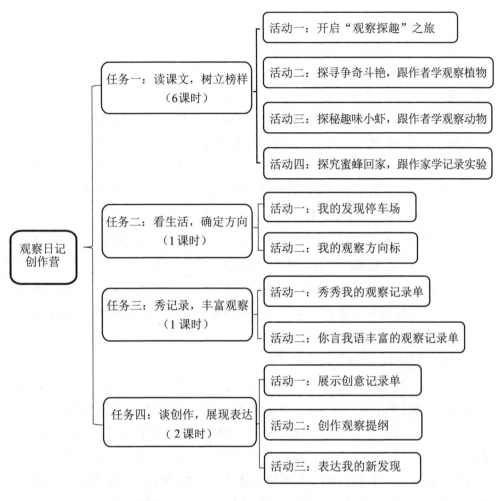

图 3-16　单元学习任务

（一）任务一：读课文，树立榜样

这是单元学习的起始活动，首先创设学习情境，学生明确本单元的学习任务"观察日记创作营"，产生阅读期待，激发学生学习本单元的兴趣。在品读文本的过程中，学生以"我最想向谁一样去观察？"这一视角，跟随作者去更新自己的思考方式、认知世界的方式和表达世界的方式，积累了丰富的语言材料，提升了语感和审美品质，同时习得了将观察与发现进行文学性表达的方法，也习得了推荐方法，并在"寻找榜样"系列活动中，绘制个性化观察记录单，迁移运用积累的语料，进行个性化表达。此任务为后续的学习活动的开展做了充分的铺垫，在整个单元的学习历程中极为重要，占据了更多的课时量。

（二）任务二：看生活，确定方向

充分调动学生的生活经验，捕捉生活中的奇妙动植物和有趣现象，确定自己观察和记录的方向。在前期的学习中，学生在品读文本和观察与记录的过程中，感受到了大自然的奇妙与美好，积累了丰富的语言材料，提升了语感和审美品质，更新了认知，同时运用习得的观察方法和记录方法，走进生活、走进大自然去观察、探究与发现，产生了许多探究问题和新的发现。本环节重在帮助学生丰富认知，拓宽眼界，确定自己所要观察的事物或现象和打算尝试的小实验是否有价值、有意义，帮助学生知晓观察的可行性和对现代生活的关联价值。

（三）任务三：秀记录，丰富观察

展示观察记录单，在集体交流中，学生发现了同伴的"观察与发现"有的是对已有现象的新发现；有的是对某句谚语的新思考；还有的是对某个已知结论的验证，拓宽了观察视野。在相互交流和评价中，学生丰富和修改自己的观察记录，产生了自觉观察的意识，并对这个世界保有好奇、保有怀疑，养成认真观察、留心周围事物和勤于思考的好习惯。

（四）任务四：谈创作，展现表达

本单元的大任务"观察日记创作营"不仅是个性化"观察记录单"的展示，还要进行创意表达的呈现。学生在丰富观察记录单之后进行展示，并借关键句列出提纲，确定表达内容。最后根据单元所学，从提纲中选择一个段落进行创作，关注段落内在结构，尝试运用有序、清晰的科学化表达和灵活、多样、生动、创造性的文学化的语言来丰富自己的表达。借助评价量表润色自己的作文，修改语句。创作过程分享会，让学习真实发生，进一步激发了学生的表达热情。在这一系列的活动中，学生进一步强化了运用文学语言材料描绘对大自然的观察与发现的综合能力。

本单元的几个任务间相互关联，在"跟作者学观察、学表达—走进生活去观察—展现观察记录—创作观察日记"的过程中，逐步重构自己的观察认知，探寻大自然的奇妙与美好，实现人文主题和语文要素的目标达成，促进了学科素养的全面提升。

五、单元学习活动

（一）任务一：读课文，树立榜样

【学习情境】

我们生于大自然，长与大自然，你一定感受到了大自然的鸟语花香，多彩芬芳。当然，你也一定发现了很多奇妙的现象。这个单元我们就跟随作家们走进大自然，去发现有趣的动植物，去探究奇妙的自然景象。让我们以作家为榜样，学习他们的方法，记录下我们的观察与发现吧。

1. 学习活动一：开启"观察探趣"之旅

（1）单元通读，自主识字

看，花儿在悄悄绽放。听，蜜蜂在窃窃私语……自然界如此奇妙，让我们跟随作者走进大自然去探秘吧！通读单元课文《花钟》《蜜蜂》《小虾》，读准字音，读通句子。

（2）多元识字，合作共学

认读课文中的生字新词，尝试通过联系上下文、查工具书、联系生活、结合插图等方法进行理解和识记；小组交流，互学互助；语境中看拼音写汉字，检查字词掌握情况。

《花钟》：争奇斗艳、芬芳、艳丽、苏醒、欣然……

《蜜蜂》：辨认、检查、沿途、确实、记忆、尽管……

《小虾》：互相追逐、搏斗、空隙……

（3）整体感知，交流分享

跟随作者我们一起观察了美丽的植物、可爱的动物，这些动植物给你留下了怎样的印象？可以借助文中的关键词句进行概括，也可以用自己的语言来表达。

2. 学习活动二：探寻争奇斗艳，跟作者学观察植物

（1）跟随作者学观察，探究花开原因

① 绘制花种图谱

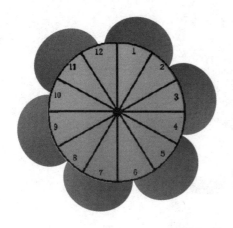 

图 3-17 "花钟"图

② 绘制"花仙子"观察记录单

表 3-8 "花仙子"观察记录单

时间	花名	开花样子	我的想法	探究原因
凌晨四点	牵牛花	吹起了紫色的小喇叭		
五点左右	蔷薇	绽开了笑脸		
七点	睡莲	从梦中醒来		
中午十二点左右	午时花	开花了		
下午三点	万寿菊	欣然怒放		
下午五点	紫茉莉	苏醒过来		
七点左右	月光花	舒展开自己的花瓣		
晚上八点	夜来香	开花		
九点左右	昙花	合笑一现		

（2）跟随作者学表达，展现"花之舞"

① 诵读美文积累观察素材库

图 3-18 "花钟"素材卡

图 3-19　"花儿朵朵"素材卡

②学作者，尝试表达

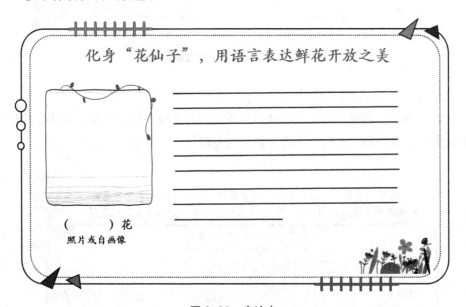

图 3-20　表达卡

（3）多维融合，课后延展，实践提升——创作"小博士"观察记录单

留心身边事物，细心观察，用心比较，动脑设计记录方式，搜索词句，丰富自己的积累，努力去描写不同植物的"绿"……

· 推荐阅读，积累"绿"的多样化表达

推荐阅读作家宗璞《西湖的"绿"（节选）》，边读边想象画面。读完后先概括第 2 自然段的大意；再摘抄文中不同的描写"绿"的语句，多读几遍。

· 同种颜色，不同地点、不同时间的新发现

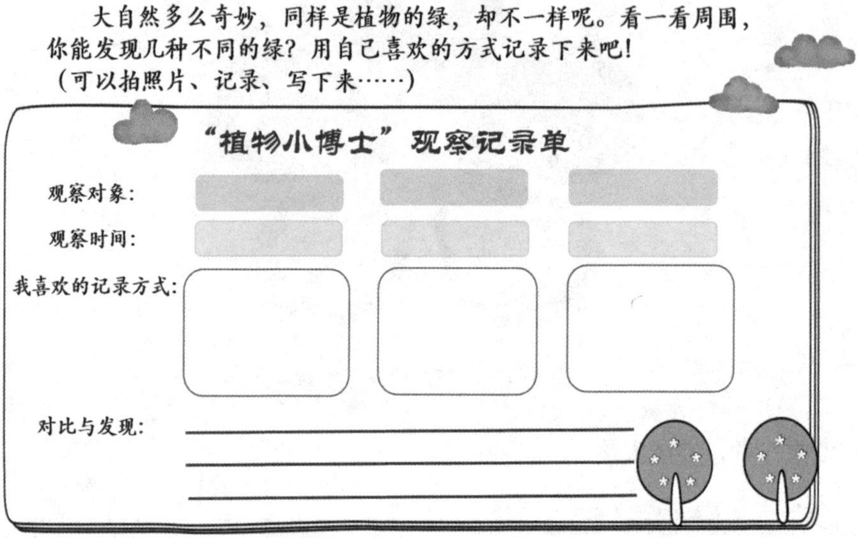

大自然多么奇妙，同样是植物的绿，却不一样呢。看一看周围，你能发现几种不同的绿？用自己喜欢的方式记录下来吧！（可以拍照片、记录、写下来……）
“植物小博士”观察记录单
观察对象：
观察时间：
我喜欢的记录方式：
对比与发现：

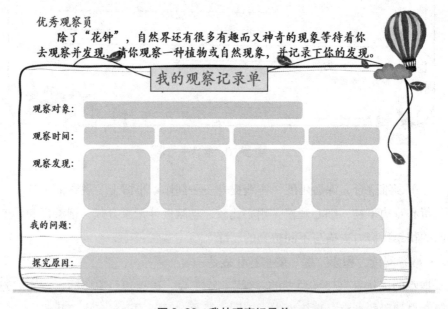

图 3-21 “植物小博士”观察记录单

· 同一现象，持续性观察

自主选择一种感兴趣的植物或自然现象留心观察、细致观察，设计个性化观察记录单并完成填写，你一定会有新奇的发现。

优秀观察员
除了“花钟”，自然界还有很多有趣而又神奇的现象等待着你去观察并发现，请你观察一种植物或自然现象，并记录下你的发现。
我的观察记录单
观察对象：
观察时间：
观察发现：
我的问题：
探究原因：

图 3-22 我的观察记录单

3. 学习活动三：探秘趣味小虾，跟作者学观察动物

【学习情境】淘气的猫、忠诚的狗、勤劳的蜜蜂、斑斓的蝴蝶……大千世界有很多很多可爱的小生灵。今天我们要认识的小动物是——小虾。

（1）揭秘作者眼中的趣味小虾

① 初识小虾，引发期待

·了解内容：

生长环境：小虾养在哪里？

外形特点：不同的小虾是什么样子的？

·聚焦样子：借助插图，读句子，区分"千年虾"和"才长大的小虾"，说清理由并给小虾取名字。

这些小虾，有的通体透明，像玻璃似的，这是才长大的；有的稍带灰黑色，甚至背上、尾巴上还积着泥，长着青苔，这是老的，大家叫它千年虾。

② 细读小虾，感悟"有趣"

·借助观察记录单，向作者学观察

观察方面		观察到的现象	观察的方法
样子			
习性	悠闲		
	生气		
	搏斗		
照顾			
我的发现和疑问			

图 3-23　"小虾"观察记录单

• 细读文本品味语言，向作家学描写

品味"姿态各异"：从小虾的姿态、动作等角度，说清小虾有趣的理由，表达清晰完整。结合语句，同桌互相说说想当哪只小虾，深入体会小虾的不同姿态、不同个性。读出小虾的不同姿态。

体会"生气"：交流圈画出的小虾身体部位和生气时的动作。发现动词叠用的妙处并尝试迁移。发现作者是分部位来写小虾动作的，体会作者细致的观察。

根据动词做动作。

进行比较阅读（比较叠用和不叠用的效果）。同桌分别做动作，体会不同。

边读边做动作，体会动词叠用的生动有趣。

师生共同评价。（评价标准：能在朗读的过程中添加动作、表情，读出小虾的有趣）

学着说说这样的词，积累独特的语言。

探究：小虾真的会生气吗？发现描写中加入想象的效果。

作者为什么能把小虾写得这么有趣？

用心饲养：作者这么喜欢小虾，到底是怎么照料小虾的呢？通过阅读、交流，感受作者观察的细致和字里行间流露出的喜爱之情。

• 拓展阅读，感受不同作家对虾的喜爱

细心观察、用心饲养，才将小虾的生活习性介绍得这么详细清楚。准确恰当地运用词语，按照一定的顺序来写。文章字里行间流露出对小虾的喜爱，才如此生动感人。齐白石爷爷笔下的"虾"又是怎样的呢？

齐白石画虾

齐白石为了画好虾，在案头的水盂里养了长臂青虾，经常观察虾的形态并写生。起初他画的虾，仅仅逼真罢了。后来，他在观察虾的过程中，将虾的进退，游得急缓，甚至斗殴等情态统统收于笔端。七十岁以后，他画虾已基本定型，但仍在不停地改进。八十岁以后，他画虾已是炉火纯青，成就了千百幅带给我们高雅艺术产受的珍贵作品。

• "虾趣"素材卡：积累文中写得细致生动的语句

图 3-24 "小虾"素材卡

③ 寻找关键，概括大意

默读第 3 自然段，思考哪句话提示了段落的主要意思。

回顾《花钟》一课概括段落大意的方法。

朗读语文园地"交流平台"中的三个语段，比较不同文本，发现关键语句可能在一段话中的不同位置。

（2）探秘我发现的趣味小虾

① 关联生活，交流新发现

· 阅读板书，借助"观察记录单"，总结作者的写作奥秘。

· 关联生活，借助课前"体验项目""小动物"观察记录单，交流新发现：它们什么时候最有趣？

图 3-25 体验项目

127

表 3-9 "小动物"观察记录单

观察方面		观察到的现象	我的想象和思考
	样子		
	习性		
	其他		
科学小知识			

② 借学习支架，表达动物之趣

· 借助动物观察记录单，着仿照课文的写法来写一写。

· 借助习作星标评价表，完成自我评价，并评价同桌作品。

表 3-10 制作星标评价表

评价任务	评价方式	评价标准	星级评定
仿照课文的写法写一写生活中观察过的小动物	自评 同桌评 教师评	能围绕关键语句写出小动物的特点	
		能通过细致观察，分部位写出小动物的动作	
		能运用丰富的想象让小动物活灵活现起来	
总评：1 星为合格；2 星为良好；3 星为优秀			

· 尝试二次修改

4. 学习活动四：探究蜜蜂回家，跟作家学记录实验

【学习情境】

蜜蜂，勤劳又可爱。5月20日，是"世界蜜蜂日"，蜜蜂能独享这个节日，说明它本领非凡，它究竟有哪些本领呢？今天，让我们穿越时空，来到100多年前，走进法布尔的实验室去一探究竟吧。

（1）开启"实验探秘"之旅

① 初识作者

· 阅读资料袋，初步了解作者及其作品。

资料袋

法布尔（1823—1915）是法国著名的昆虫学家、文学家。课文节选自他的《昆虫记》。这部作品用优美生动的语言，记录了他对昆虫的观察和发现，兼具科学和文学价值。

法布尔曾经说过："在对某个事物说'是'以前，我要观察、触摸，而且不是一次，是两三次，甚至没完没了，直到没有任何怀疑为止。"

图 3-26　资料袋

② 整体感知实验方案

·实验目的：法布尔为什么要做这个实验？

·实验过程与实验结果。

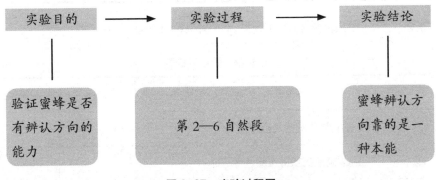

图 3-27　实验过程图

（2）争当"法布尔小助手"

【学习情境】

穿越 100 多年前，来到法布尔实验室。听，法布尔在招募小助手呢。

小朋友们，我的实验室正在招募小助手，你愿意加入，和我一起研究蜜蜂吗？

① 观看法布尔实验全过程——厘清实验步骤，练习清楚表达

·抓关键词概括实验过程

自读课文第 2 至 7 自然段，利用抓住关键词语的方法，概括实验过程中的每个步骤。

小组合作学习，修改概括实验步骤。

合作学习要求：议一议，跟小伙伴一起讨论、修改自己概括的实验步骤；说一说，选出一份相对完善的，合作说说，准备汇报。

表3–11　蜜蜂辨认方向实验报告（1）

实验目的	实验经过	实验结论
验证蜜蜂是否有辨认方向的能力		蜜蜂有辨认方向的能力，靠的不是超常的记忆力，而是一种无法解释的本能。

集体交流，提出问题和修改意见，依据星标评价表给出"概括星"。

表3–12　星标评价表

评价维度	自评	他评
能完整地概括实验过程		
能准确地概括讲实验过程		
能简洁地概括讲实验过程		
你一共得了（　　　）颗		

小结：抓住关键语句、整合信息，有的时候还需要用自己的话来概括，就能把实验的过程概括得准确、简洁、完整。

· 按顺序讲清实验过程

借助"首先……接着……然后……最后……"这样表示顺序的连接词介绍实验过程，表述得当、言之有序。

② 向实验室请教实验细节——体会法布尔的善观察、爱思考

· 大胆质疑：默读 2—6 自然段，对法布尔的做法提出疑问，用"？"批注。

· 细心求证：引导学生敢于质疑，大胆且有依据地猜测。

法布尔（　　　　），我猜是为了（　　　　　　　　　）

· 集体探究："小助手"答"记者"问。

【学习情境】

法布尔先生的这个实验引起了很多关注。许多人都希望了解实验的具体情况，因此法布尔先生准备召开记者招待会。作为法布尔的"小助手"，要认真倾听"记者"的问题，准确地答疑解惑哦。

预设：

· 法布尔先生为什么要在自家的草料棚里捉蜜蜂做实验呢？

是为了便于观察和统计实验结果。

· 法布尔先生为什么要走 4 公里路才放飞蜜蜂，走 400 米不是更方便吗？

如果走 5 公里，蜜蜂还回得来吗？

走了"4 公里路"，是为了更确切地证实蜜蜂有辨认方向的本领

· 法布尔先生为什么要把蜜蜂做上白色记号？做黑色记号行不行？

"白色记号"更醒目，更便于观察，保证统计结果的准确性。

· 法布尔先生为什么叫小女儿在蜂窝旁等着？如果我们现在做这个实验，可以怎样记录时间？

"叫小女儿在蜂窝旁等着"是为了准确计算蜜蜂回家的时间。

如果是现在做这个实验，可以用计时器、秒表、定位器等等。

· 法布尔先生为什么要捉 20 只左右的蜜蜂？少捉几只不可以吗？

为什么要放在纸袋里？放布袋子行吗？

· 点拨提升：出示资料，感受法布尔的严谨

实验步骤的每一个环节都非常严密，细节很用心，体现了法布尔严谨的思维和求实的态度。

法布尔先生带着蜜蜂走 4 公里路，还因为……

资料一

蜜蜂的有效活动范围只在离蜂巢半径4公里左右，若未飞到距离，蜜蜂会继续往前飞行，若超出4公里距离过多，蜜蜂会无法飞达。

科学实验让我们认清了自然界的真实状况，所有的一切都是有依据的，绝非偶然现象。

法布尔先生捉 20 只左右的蜜蜂，还因为……

资料二

蜜蜂是群居动物，大致都是20只左右共同进行采蜜活动。

图 3-28 资料

③帮实验室记录实验变化——学会记录，感受文章语言的准确性

·借助实验过程记录单，学习长时间观察、观察与思考相结合。

表 3–13　"蜜蜂辨认方向"实验报告（2）

实验目的	实验经过					实验结论
验证蜜蜂是否有辨认方向的能力。	实验步骤： 第一步，捉蜜蜂，放进袋，让小女儿等。 第二步，走4公里，做记号，放蜜蜂。 第三步，等蜜蜂，做观察，检查数量。 实验过程记录单：					蜜蜂有辨认方向的能力，靠的不是超常的记忆力，而是一种无法解释的本能。
	观察时间	数量变化	观察到的	想到的	我的思考	

· 关注"模糊"词语，体会用词准确。

聚焦关键词，体会严谨：

讨论："左右""好像""大概""几乎"这些词，到底准不准确。

· 读词，发现共同之处

· 比较两组句子，思考表达的意思有什么不同？

· 课文中还有哪些语句也能体现法布尔的严谨？和伙伴交流这类"模糊"词语的妙用。

这些词看似模糊，却表现了法布尔严谨的态度，实则是一种准确的表达，有时表示对数量的估计，有时表示作者的猜测、推断，在我们无法精准统计的时候，可以使用这类词语。

阅读资料，体会严谨：关联阅读《米诺多蒂菲家族》片段，联系课文内容，了解法布尔进行了长时间的观察，体会他的严谨。

第二天，非常满意的答案出来了。场地上只有两个洞穴，两对夫妇如原先一样重新相聚在一起，两只雄性都各自找到了自己的结发妻子。

次日，我又做了第二次实验，然后又做了第三次实验，结来都一样：用针尖做了记号的一对在一个洞中，没做记号的另一对则在通道尽头的另一个洞穴里。

我又重复做了五次实验，它们每天都得重新开始组建家庭

——《米诺多蒂菲家族》

前后对比，体会严谨：对比实验之初法布尔用到的"好像、大概"等词语，讨论反差原因，师生合作朗读，体会法布尔用词的严谨。

20只左右被闷了好久的蜜蜂向四面飞散，好像在寻找回家的方向。这时候刮起了狂风，蜜蜂飞得很低，几乎要触到地面，大概这样可以减少阻力。

在回家的路上，我推测蜜蜂可能找不到家了。

这样，20只左右的蜜蜂，至少有15只没有迷失方向，准确无误地回到了家。尽管它们逆风而飞，沿途都是一些陌生的景物，但它们确确实实飞回来了。

再次出示小资料，体会法布尔的科学精神和准确、优美、生动的语言特点。

回读课文，自主体会法布尔的善于观察、善于思考，严谨认真。

• 总结实验，按要素说清实验方案。

实验结论：我们和法布尔一起经历了这样一步一步的观察与实验，最后得出结论——蜜蜂辨认方向靠的不是超常的记忆力，而是一种无法解释的本能。

回读全文：利用课后的实验记录图表，把法布尔所做的实验说清楚，将语言的实践与内容的感悟巧妙地结合在一起。

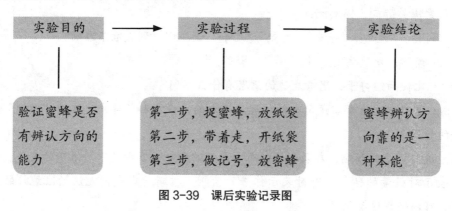

图3-39　课后实验记录图

（3）争当高级"法布尔小助手"，培养科学精神

一名优秀的"小助手"，不仅能清楚有序地记录实验步骤、用科学语言描述实验过程、了解法布尔的语言表达特点和精神品质，还要了解法布尔其人、其书，传承他的科学精神。

① 绘制实验记录"精准"词汇素材卡。

图 3-30 蜜蜂词句素材卡

② 制作蜜蜂科普卡：查找资料，了解更多关于蜜蜂的知识，选择感兴趣的写下来。

③ 创作"小助手"实验记录单：关联语文园地"词句段运用"，仿写法布尔观察和思考的语句，写下自己在生活中的观察和思考，并尝试实验。

④ 推荐阅读《昆虫记》。

（4）师从法布尔——像科学家一样记录实验

① 做一个有趣的小实验

交流实验集锦，激发习作热情

同学们，世界上什么最神奇？科学的力量最神奇。科学，能让太阳为人类烧水、煮饭，能让机器人代替潜水员到海底探险。科学，能让远隔重洋的亲人面对面地对话……科学能够改变世界，能够创造未来。伟大的科学家都是从一个个小实验开始的，今天，我们也像法布尔一样，记录一个科学小实验。

你做过或者了解过哪些实验？（交流或播放科学实验集锦）

预设：会魔法的纸片、带电的报纸、会游泳的鸡蛋、海底火山、跳舞的小人。

② 实验过程说清楚

• 教师示范"海底火山"实验，学生重点观察实验步骤。

老师边做实验，边口述实验步骤。

• 借助记录表，信息整理好。

填写实验记录单，借助记录单，说步骤。

图 3-31 实验记录单

· 巧借连接词，步骤说清楚。

图表中实验步骤连接词：第一步、第二步、第三步……

教材中实验步骤连接词：先……接着……然后……最后……

连接词拓展：一开始……紧接着……之后……最后……

首先……再……随后……最后……

有了这些连接词，我们就能把步骤说得特别清楚有序。

唤醒实验回忆，激发表达动机。

· 借助动词串，动作说连贯（写清楚）。

回顾法布尔的实验步骤，巧用动词串，分解动作，把实验步骤说连贯。

（捉蜜蜂—放纸袋—带着走—开纸袋—做记号—放蜜蜂）

修改完善记录单，和同桌说一说实验过程

③捕捉变化，融入心情，实验过程写生动。

· 抓住变化，发挥想象。

小组合作做实验，观察神奇变化。

四人小组内互相说说变化。

回顾法布尔观察方法（看到的＋想到的），集体交流，丰富实验记录素材库。

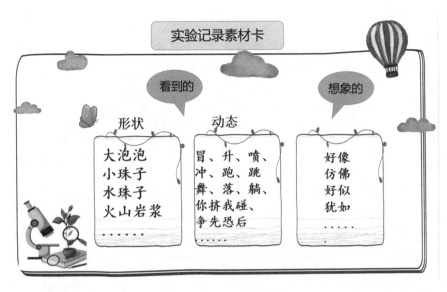

图 3-22　实验记录素材卡

- 一波三折写心情（写生动）。

导语：这么有趣的实验，怎样才能写具体、写生动，让读者也能感受到实验的价值呢？要写出实验时心情的起伏变化。

感知心情的起伏变化：

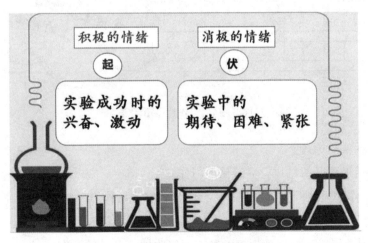

图 3-33　实验时心情变化

- 用文字还原神奇实验。

习作片段小实践——把实验过程写清楚。

习作片段小实践

用上"连接词"将实验"过程写清楚",抓住"形状、动态",发挥"想象",融入"心情变化",将实验"过程写生动",将实验"神奇写出来"!

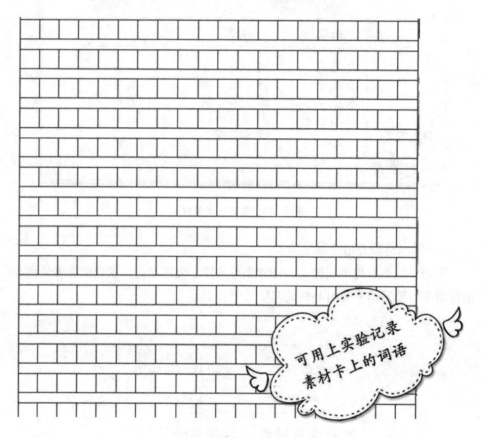

可用上实验记录素材卡上的词语

图 3-34　习作片段小实践

④ 揭示实验原理。

⑤ 课后增添开头结尾,完善修改习作。

·给习作片段取题目、加开头、补结尾,完成习作。

·用好"习作评价单",将实验过程写精准、写清楚。

对照评价标准,在逐项评价的基础上修改加工自己的习作。

表3-14　"我的实验"习作评价单

要求	表现	评价
目的清楚	写了做实验的目的	
过程清楚	习作由"实验目的—实验步骤—实验结论"三个部分组成	
	按步骤写清楚实验经过 （用上先后连接词，实验过程说清楚。）	
	写了实验中的发现	
	捕捉实验中的变化，融入心情，实验过程写生动	
结果清楚	写了通过实验得出的结论	

（二）任务二：看生活，确定方向

1.学习活动一：我的发现停车场

（1）班级头脑风暴：结合我的观察记录，交流我的新发现、提出的新问题，将"发现条"贴在黑板上。

（2）集体交流，拓宽思路。

预设：

为什么蚯蚓下雨天会爬出地面？

为什么母鸡不打鸣，只有公鸡打鸣？我很想去探究一下。

蚂蚁是怎么知道快要下雨的呢？

同一棵树的两片叶子真的不同吗？

人造雪是怎么形成的？

我想知道"花青素"的秘密。

红豆、黄豆、绿豆到底谁先发芽？

牛奶里的气色旋风怎么来的？

为什么清明时节真的会"雨纷纷"呢？

为什么太阳在一天之内形状大小和温度不一样？

2.学习活动二：我的观察方向标

将问题归类，明确观察点的价值、意义、可行性。

图 3-35　习作评价单

（三）任务三：秀记录，丰富观察

1.学习活动一：秀秀我的观察记录单

（1）展示个性化观察记录单

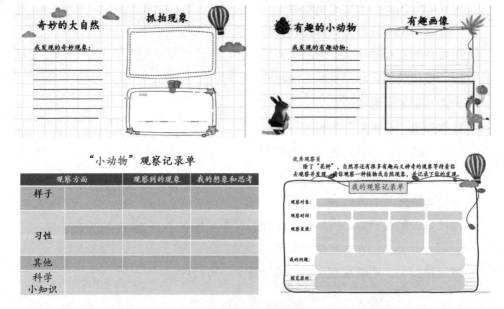

图 3-36　观察记录单

（2）比一比谁有一双慧眼，给独特的发现点个赞。

2.学习活动二：你言我语丰富的观察记录单

（1）互相评价，学习共赏：和同学交换观察记录单，认真阅读，依据评价表，进行评价，提出修改意见，共同提升。

（2）小组共赏，全班交流：小组分享观察记录单，推选出代表，进行全班展示。

（四）任务四：谈创作，展现表达

1.学习活动一：展示创意记录单

（1）展示我的新记录：小组内交流修改完善后的"观察记录单"。

（2）组内欣赏，班级交流：依据评价表，评选出优秀"观察记录单"。

2.学习活动二：创作观察提纲

奇妙有趣的植物，构成了美丽的大自然；小动物一直以来都是我们的好朋友，有的乖巧可爱，有的活泼好动，有的聪明伶俐……自然界神奇的自然现象，让世界变幻多姿；你做过的小实验，新奇而有趣。

我们用"观察记录单"记录下了这些美好和奇妙，用观察记录"词语素材卡"，积累了优美而生动的文学化语言，相信你一定想要大展身手来描述你的"观察与发现"啦。

写作文前，我们先来列一个提纲。

3.学习活动三：表达我的新发现

（1）理思路，列提纲：结合观察记录单，列提纲。

（2）创作观察日记：

① 创作：从提纲中选择重点段落，用文学语言描述"观察与思考"，完成一段图文并茂的小观察日记。注意要围绕一个意思写，运用"词语"素材库中积累的好词好句，并配上美丽的图片。

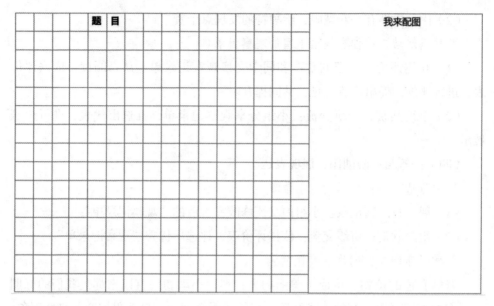

图 3-37　观察日记

② 自改：写好后自己读一读，改正错别字和不通顺的句子。结合习作评价表，进行自评。

表 3-14　习作评价表

评价标准	等级
1.语句通顺，表达准确，标点使用正确。	
2.能围绕一个意思，写清楚、写生动。	
3.能抓住 事物特点，运用积累的好词好句。	
4.写出观察中发现的变化、产生的想法和思考。	

③ 共赏：小组分享观察日记，推选出代表，说说推荐理由。

（3）汇编成册，制作"观察日记"小集子：小组合作分工：按照不同的类别，分类整理小组作品，设计封面页、目录页、内页，制作《小日记，大世界》日记集。可参考老师提供的样例，也可自行设计。

（4）多学科融合，多维度展现我的观察与发现：为观察日记配图，还可以录制视频，制作成"科普小宣传片"

（5）全班展示交流。

六、教学活动现场

在本课的教学中，以争当"法布尔小助手"这一学习情境出发，整合品读、概括、讨论、复述等多个环节，梳理实验过程，感受言之有序，落实语文要素，提升学生语文素养。

（一）在真实情境中，完成文本阅读与要素落实

师：实验开始了。请同学们默读第 2—7 自然段，来争当"法布尔小助手"，边读边理一理，法布尔为了完成实验，做了哪些事情。

生：我在我家草料棚的蜂窝里捉了一些蜜蜂，把它们放在纸袋里。

生：我叫小女儿在蜂窝旁等着……放了出来。

师：你们找到了文中的一些关键句子，我们先来看第一句："一天，我在我家草料棚的蜂窝里捉了一些蜜蜂，把它们放在纸袋里。"

师：读读这句话，圈一圈法布尔做了几件事。

生：两件事。第一件事情是捉了一些蜜蜂，第二件事情是放在纸袋里。

师：不错，你们抓住了关键词语。能不能只用几个字就把这个步骤说得更简洁一些？

生：捉蜜蜂，放纸袋。

师：在长长的句子中找到关键词语，进行提炼，就能概括法布尔所做的事情。用这样的方法读读第二句话，先圈一圈，想一想，用简洁的语言来概括法布尔还做了什么。想好以后，小组讨论交流，把小标题写在板贴上。

师：老师采访一下你们小组，你们是怎样得出这个答案的？

生：我们组在这句话中圈出的关键词是"走了 4 公里路、打开纸袋、做了白色记号、放了出来"。把这 4 个步骤概括在一起，就可以说是走了 4 公里路、开纸袋、做记号、放飞蜜蜂。

师：其他小组有补充的吗？

生：我们组认为让女儿在蜂窝旁等待的步骤是不可以少的，因为如果不让女儿在蜂窝旁等着，那法布尔后面统计的时间和数据就不太准确了。所以，我们概括为"等蜜蜂"。

师：请把你们的小标题贴在黑板上。

师：实验到这里就结束了吗？接下去读一读，法布尔还做了什么？试着用刚才的方法概括。

生：法布尔回到家以后继续等待，并且记录了蜜蜂回来的时间和只数。我们概括的小标题作为观察并统计。

师：你们真是合格的小助手，步骤找齐了，概括得也很恰当。能不能就看着这几个小标题，把法布尔的实验过程连起来讲清楚？老师送给大家一组表示先后顺序的连接词——"先、再、接着、然后、最后"，可以合理选用，有条理地说一说。（生交流）

师：你们抓住了关键语句，讲清楚了一个一个的实验步骤，真有条理。

在真实情境下，生生互动、师生交流，"借助关键语句概括一段话的大意"就真正在课堂中得到了落实，学生的学习过程被打开，语文能力得到了切实提高。

（二）在进阶任务中，提升思维与语用能力

师：上节课，我们共同设计了大致的实验记录单，课后同学们根据我们课上的学习自主梳理了实验过程部分，每个人都有自己的特色，接下来，就让我们小组合作，完善我们的记录单，并推选组内最佳记录单进行班级展示。

生：我们小组是按照地点变化的顺序记录的。请大家看我们的实验过程记录单。我家草料棚的蜂窝里捉了一些蜜蜂，走了4公里路，打开纸袋放蜜蜂，在回家的路上思考，没等我跨进家门，小女儿就冲过来高声喊道，最后，我检查蜂窝时，发现了十五只身上有白色记号的蜜蜂。

师：他们画出了实验地图，让我们更为直观地看到了法布尔做实验的路线，并在每个地点写清了法布尔的具体做法，步骤清晰，数据翔实。

师：谁还有补充。

生：我们小组是按照按时间顺序进行梳理的。我们抓住"两点四十""将近两点钟""傍晚""第二天"这几个时间词梳理自己的观察记录，体会到了法布尔对实验进行了持续性的观察和条理的记录。

生：另外，我们按时间顺序梳理了法布尔做法及观察到的和想到的，感受到法布尔细致入微的观察，并对观察到的现象进行了深入的思考。

师：是啊，正是因为他能够边观察边思考，并把自己的所思所想真切地记录了下来，他的文章读起来才会让人倍感亲切、自然！法布尔的科学小品文，记录的不光有昆虫，还有人物的思想。

师：观察记录单，说说还有哪些疑问？

生：为什么要提20只左右的蜜蜂？少提几只不可以吗？

生：为什么要把蜜蜂放在纸袋里？放入料袋子行吗？

生：法布尔先生为什么要走 4 公里路才放飞蜜蜂呢？

生：法布尔在第一天傍晚的时候已经亲自看到三只蜜蜂飞回来了，为什么第二天还要去检查蜂窝？

生：为什么法布尔检查是十五只蜜蜂飞回来了，最后却说是至少 15 只飞回来？

师：请"法布尔小助手"们，结合课文内容、课外知识帮法布尔答记者问吧。

生生互动：我查阅了资料，蜜蜂的有效活动范围只在离蜂梁半径 4 公里左右若未飞到距离，蜜蜂会继续往前飞行，若超出 4 公里距离过多，蜜蜂会无法飞达。

生：蜜蜂是群居动物，大致都是 20 只左右共同进行采蜜活动。所以是 20 只左右。

师：感谢你们，带着我们通过联系上下文，结合课外知识走进了法布尔的内心，明白了他每一步的意图。明白了他每一步的背后是他缜密、细致、周到的思考。

生："至少、大概"这些词语看似很模糊，实则是一种准确的表达形式，这里恰恰表现了法布尔对科学的负责，求实的态度。

师：这是一次多么严谨、科学的实验啊！一环不能少，一步不能乱！实验步骤记录得清晰、简洁、严密，是法布尔昆虫记的一大特点。

师：对比《花钟》《小虾》的记录单，你发现本课的记录单和之前的记录单有哪些异同？

生：3 份记录单都呈现出了作者进行了持续的观察。

生：《花钟》《小虾》主要记录了观察到的，《蜜蜂》除了观察到的，还写了做法、想到的。《蜜蜂》是一个实验记录单，所以清晰、有条理地记录了实验目的、实验过程、实验结论。

师：观察对象不同、观察目的不同，我们的观察记录单也是有所不同的。观察记录单不仅是记录还能表达出观察者丰富的情感。

通过分别指向观察、记录、表达三个层面环环相扣的学习任务，引导学生大胆质疑，细心求证，培养学生严谨求实的科学态度，初步了解法布尔其人、其作品，并学习他观察、记录的方法。关联单元大任务，在对比与探究中，发现动物、植物、实验3种观察记录单的异同，为学生课后走进生活中去观察与发现搭建了思维支架。

七、教学反思

（一）搭建支架，发现言语表达智慧

紧扣单元学习主题，跟随作者去更新自己的思考方式、认知世界的方式和表达世界的方式，积累丰富的语言材料，提升语感和审美品质。本课教学，依托任务情境争当"法布尔小助手"，围绕着法布尔实验过程的具体步骤，进行概括的训练。由以第一句为例，圈一圈概括法布尔的实验步骤。到放手让学生自主学习，小组讨论概括法布尔接下来的实验步骤。最后，给学生一把有序表达的拐杖——"先、再、然后、接着、最后"，说一说法布尔的实验过程，使多个步骤更加有条理。同时，引导学生关注"模糊"词语，体会作者表达的准确性。

（二）问题引路，导向科学思维发展

语文大单元教学追求以学科核心素养为纲，以学生的学习为中心和主线的设计理念，改变了知识分点学习、能力分项训练的思路，注重学生语文素养的整体提高。学生学习语文的过程是语文素养发展的过程，也是精神成长的过程。

本节课，引导学生对法布尔的实验过程和实验结论进行大胆质疑，在学生互动中，关联课内文本和课外资料，细心求证，初步了解法布尔其人、其书、其观察和记录之法，培养了学生严谨求实的科学态度和主动探究的意识，从司空见惯的事物中发现自然界的奇妙之处，并运用所学的观察记录之法，主动寻找解决问题的方法并尝试在实践中运用，实现了一个环节多种功用，提高了课堂时效。

第四节　借助批注分析人物形象，丰富对成长的认知

——四年级上册第六单元"成长故事"教学设计

统编版小学语文教科书四年级上册第六单元以"成长故事"为主题，编排了《牛和鹅》《一只窝囊的大老虎》《陀螺》三篇精读课文、口语交际《安慰》、习作《记一次游戏》和"语文园地"。单元内容聚焦童年趣事，不仅有童年的欢乐，还有经历挫折带来的成长，让人回味，引人深思。单元教学中需落实两个语文要

素：1.学习用批注的方法阅读。2.通过人物的语言、动作、神态体会人物心情。

　　本单元的几篇课文都是从感悟童年成长的角度进行呈现，主要聚焦成长中的挫折和窘窘。通过本单元的学习，学生对成长的认知更加丰富，成长的味道是多样的，不仅有成功的甜，还有挫折的酸、窘困的涩。低年级学生对于成长已经有了初步的认知，感受到了童年的快乐和美好，童真和童趣，到了本单元将引导学生多角度感悟成长，丰富学生理解成长的角度和深度，从一篇篇童年故事中见他人、见自己、见当下、见未来，获得成长的启示。

一、单元指向的学习任务群

　　本单元的课文以记叙文为主，记叙文是以记人、叙事、写景、状物为主，以写人物的经历和事物发展变化为主要内容的一种文体形式。这类文章以事感人，以形象取胜，最重要的是写某一件具体的事情、一个具体的物品或者人，所以会带有非常浓厚的个人主观感情色彩，追求一种更加真切、具体的感受。这样的编排能够很好地与"语言文字积累与梳理"和"文学阅读与创意表达"两个任务群相契合。

　　"语言文字积累与梳理"旨在引导学生在语文实践活动中，积累语言材料和语言经验，形成良好语感，通过观察、分析、整理，发现汉字的构字组词特点，掌握语言文字运用规范，感受汉字的文化内涵，奠定语文的基础。本单元的学习将在阅读中"品读"成长的烦恼，通过分析、积累、整理等学习活动丰富语汇，发现并感受语言的表现力和创造力，提高语言运用的能力，指向了"语言文字积累与梳理"。

　　"文学阅读与创意表达"旨在引导学生在语文实践活动中，通过整体感知、联想想象，感受文学语言和形象的独特魅力，获得个性化的审美体验；了解文学作品的基本特点，欣赏和评价语言文字的作品，提高审美品位；观察、感受自然与社会，表达自己独特的体验与思考，尝试创作文学作品。本单元学生将阅读富有想象力和表现力的成长故事，让学生通过欣赏富有童趣的语言和形象，产生抒写自己成长趣事的愿望，表达自己的实情实感，指向了"文学阅读与创意表达"的任务群。

二、单元学习主题分析

（一）单元教学价值分析

1.助读系统（单元说明）

本单元的人文主题是"成长故事"，篇章页以冰心的一首表达对童真、童趣、童心的珍爱的小诗"童年啊！是梦中的真，是真中的梦，是回忆时含泪的微笑。"开启单元的学习。语文要素"学习用批注的方法阅读"及"通过人物的动作、语言、神态体会人物的心情"指向阅读，习作"记一次游戏，把游戏过程写清楚"指向习作表达。

本单元的注释涉及了作者、文章出处。

《牛和鹅》注释：本文作者任大霖，选作课文时有改动。

《一只窝囊的大老虎》注释：本文作者叶至善，选作课文时有改动。

《陀螺》注释：本文作者高洪波，选作课文时有改动。

课文从学生的实际出发，记录发生在童年生活中的囧事，披露他们的内心世界，旨在引导学生从面对事情不固守思想、换角度看问题、正确面对挫折、快乐中悟出道理等不同角度丰富学生对成长的认知，感悟童年成长。

2.课文系统

记叙文《牛和鹅》故事性强，以儿童的视角，用儿童特有的语言，讲述了作者孩童时期在乡村经历的一个故事，自然朴素，充满童真与童趣。特别是"我"被鹅追赶，被咬住的动作和心理描写跃然于纸上，让人哭笑不得。文章富有童真童趣的同时，也蕴含着深刻的哲理。作者从金奎叔叔帮"我"赶走鹅之后，对"我"说的一番话，不仅让"我"不在害怕鹅，同时给人以生活的启示：看待周围的事物，从不同的角度出发就会得到不同的结果。

记叙文《一只窝囊的大老虎》是作者叶至善回忆童年生活写下的一篇耐人寻味的文章，按照事情发展的顺序记叙了作者童年时，一次班级演出上台扮演老虎的故事。看似简单平实的童年故事，却蕴含着细腻的生命体验，生活中经历过许许多多的事情，不论是高兴的还是难过的，不论是好事还是傻事，无论是成功还是失败，都是我们美好的回忆。要学会处处留心生活，及时记录点点滴滴。

《陀螺》是一篇回忆性散文。课文以"陀螺"为线索，主要叙述了自己的一只其貌不扬的陀螺战胜大陀螺的事情，并从中悟出了一个深刻的道理，体会到了成长的快乐，表达了对陀螺的喜爱之情。玩具总是伴随着游戏留在童年记忆里，这其中不仅仅是情感的体验，同时也是一种深深的感悟。《陀螺》一课，虽然文字浅显易懂，但却耐人寻味。作者通过描述一只其貌不扬的陀螺战胜大陀螺的事情，悟到了一个深刻的道理："人不可貌相，海水不可斗量。"从而也使读者认识到玩具在儿童成长过程中的作用，并结合自己的生活体验获得独特的感受。

几篇课文语言生动，童趣十足，以儿童的视角，用儿童特有的语言，讲述了孩童时期经历的挫折和囧事，通过对文中人物的动作、语言、神态的描写来体会人物的感情，学习表达。几篇课文虽然内容浅显易懂，但都蕴含深刻的道理，读后给人以启发和思考。通过这几篇课文的学习，学生能够更好地感受文学作品语言、情感、人物形象等方面的魅力，同时丰富对成长的理解，表达自己的个性化感受。

3. 练习系统

课后习题为我们把握教学重点提供抓手，本单元的练习体系紧紧围绕着单元的主题"成长故事"和语文要素"学习用批注的方法阅读"及"通过人物的动作、语言、神态体会人物的心情"。

课后练习可以大致分为两类，分别列举如下：

（1）第一类 指向课文的批注方法

《牛和鹅》：结合课文中的批注，想想可以从哪些角度给文章做批注。

《一只窝囊的大老虎》：默读课文，在你不理解的地方做批注，和同学交流。

《陀螺》：默读课文，在你体会深的地方做批注。

（2）第二类 指向课文的情感体验

《牛和鹅》：一边默读，一边画出相关词句，体会"我"见到鹅和被鹅袭击时的心情；说说为什么"直到现在，我还记着金奎叔的话"。

《一只窝囊的大老虎》：

① 从开始对演出充满期待，到最后疑惑不解，"我"的心情有怎样的变化？为什么会有那样的变化？结合课文相关语句，填写下面的表格。

表 3-15 "我"的心情变化

"我"的心情	原因
期待表演	想在台上露脸，获得大家的掌声。
有些担心	
……	

② 结合生活经验说一说："我"的演出窝囊吗？可以怎么开导"我"？

《陀螺》:

①读句子体会"我"心情变化的过程。

因此,曾有很长一段时间我的世界堆满乌云,快乐像过冬的燕子一般,飞到一个谁也看不到的地方去了。

这消息曾使我一些天处于恍 惚的状态,老想象着那只陀螺英武的风姿。

尤其当我看到这枚"鸭蛋"的下端已嵌上一粒大滚珠时,更是手舞足蹈,恨不得马上在马路上一显身手!

这使我士气大减,只是在一旁抽打,不敢向任何人挑战。

这真是个辉 煌的时刻!我尝到了胜利的滋味,品到了幸运的甜头。

②说说你对"人不可貌相,海水不可斗量"的理解。

4.知识系统

本单元要落实"学习用批注的方法阅读""通过任务的动作、语言、神态体会人物的性情"两个阅读训练要素。本单元的三篇课文都是分享童年经历和故事的,与学生容易产生共鸣,所以也很容易通过故事中同龄人的动作、语言、神态体会人物的心情。既然是学生容易产生共鸣的故事,阅读过程中的情感和思维活动也就更容易活跃,批注也就有了情感和思维基础。由此促进学生理解:第一,批注能够促进对文本内容的理解;第二,人物的心情可以通过外显行为(动作、语言、神态等)来表现。

通过以上分析,本单元的教学价值,就是通过借助批注分析人物形象,丰富学生对成长的认知。

(二)单元落实学习任务群目标的独特价值

通过对本单元教学价值的分析,本单元能够落实"语言文字积累与梳理"第二学段的目标三:"诵读、积累成语典故、中华文化名言、短小的古诗词和新鲜词语、精彩语段等,丰富自己的语汇,分类整理、交流,初步认识中华优秀传统文化蕴含的思想;在语言积累和运用过程中,体会同义词、反义词等词语的作用,发现、感受语言的表现力和创造力。"其独特价值在于,通过阅读和积累古诗、生动词句、优美语段等语言材料,丰富学生的语言素材,并将其加以归纳、分类、整理,使之形成条件化知识,应用到新的更广泛的语境中,为个性化的表达奠定基础,从而提升学生的语用能力和创造力。

本单元能够落实"文学阅读与创意表达"第二学段第三条的目标:"阅读富有想象力和表现力的儿童文学作品,欣赏富有童趣的语言与形象,感受纯真美好的童心，学习用口头或者图文结合的方式创编儿童诗和有趣的故事，发展想象力。"通过创设真实的学习情境，设计富有挑战的学习任务和语文实践活动，引导学生在主题情境中主动阅读。学生能够在阅读中体会人物心情，感受文字语言和形象的独特魅力，学习表达方法，进而能够运用方法表达自己独特的体验与思考，实现创意表达。

（三）单元学习主题

依据本单元的编排特点和落实"语言文字积累与梳理""文学阅读与创意表达"任务群的独特价值，确立了本单元的学习主题——"借助批注分析人物形象，丰富对成长的认知"。此学习主题的确立，旨在引导学生学习运用批注的阅读方式，关注人物动作、语言、神态，分析人物的形象，从而多角度地丰富对于"成长"的理解和认知。

三、学习目标

（一）预设目标

预设的教学目标是在教学活动开展之前确定的，是教学将要达成的结果的预期判断。进行单元教学前，我制定了本单元的预设目标：

1. 综合运用多种识字方法独立识字"襟、撇"等35个，会写"跪、预"等41个生字。联系上下文和生活实际理解"重整旗鼓、哄堂大笑"等词语的意思。

2. 在读懂他人笔下的成长活动中阅读三篇课文，多角度、有层次地批注体会人物心情的变化，感悟童年生活中的苦与乐，丰富对成长的认知。

3. 创设情景，在角色扮演的活动中唤起同理心，设身处地选择合适的方法进行安慰，借助语调、手势表达情感，学会安慰。

4. 按顺序把游戏过程和印象深刻的部分写清楚，并把自己的想法和感受写出来。

（二）学情分析

为了找准学生学习本单元的能力和情感起点，教师在开启单元教学之前，对学生进行了访谈，访谈内容见表3-16。

表 3-16　学生访谈表

访谈内容	访谈结果	学生需求	教学策略
1.在阅读过程中,你会边阅读边批注吗?	93.4%的学生在自己阅读时以读为主,不进行批注。	学生没有形成"不动笔墨不读书"的意识。	通过结合联系生活经验、链接资料、课文插图、关键词句、边思边疑等启发学生加强批注式阅读、点评时批注,提高学生批注能力。
2.阅读时你会在哪些地方做批注?会批注那些内容?	76.7%的学生会在阅读时画出好词好句,很少在旁边写下感受或疑问。	学生找不准批注的位置,一般进行旁批,很少设计眉批和尾批,批注的方式多为疑问式,缺少分析式、概括式及评价式的批注。批注的内容集中为对个别词语、句子的理解,很少涉及文章写法、自己的认识和思考。	
3.你有没有对文章进行二次阅读并批注的习惯?	25%的学生会进行二次阅读,其中只有8%的学生曾经批注过。	学生不能把散点的批注结合起来,生成新的认识和思考进行重读重批,进行二次批注的习惯尚待养成。	
4.童年给你的感受是怎样的?	90%的同学认为童年是快乐的,印象最深的事多为快乐的,如过生日、做游戏、去旅行等。	绝大多数同学印象深刻的事情是快乐,很少有同学会关注自己遇到的困难、挫折和烦恼。课间学生对成长的认知是单一的。	

访谈发现,四年级的学生已经初步具备了简单批注感受的能力,但"不动笔墨不读书"的习惯还没有形成,批注的角度较单一,缺少关联批注的意识,致使学生的理解不够深入。这是学生学习的难点之一,要通过联系生活经验、连接资料、插图、关键词语等方式启发学生思考,加强批注式阅读、点评式批注提高学生的批注能力。

大多数学生认为成长是快乐的,但学生对成长的认知单一、片面,不够丰富;对"成长本来就会遇到挫折和困难,要正确对待"更是缺少认知,这也是学生学习的难点,也是精神生长点。

（三）单元目标

1.通过综合运用多种识字方法,独立识记"襟、撇"等35个生字,会写"跪、预"等41个生字。运用联系上下文和生活实际的方法理解"重整旗鼓、哄堂大笑"等词语的意思。

2.通过边阅读边批注，梳理批注方法的途径，了解批注的方法和角度。

3.通过关注人物动作、语言、神态描写，理解和感悟人物心情，学习表达方法，在习作过程中迁移运用。

四、单元学习任务

围绕单元学习主题——"借助批注分析人物形象，丰富对成长的认知"和"语言文字积累与梳理""文学阅读与创意表达"两个学习任务群的内容，创设了"'童年照相馆'——记下我的成长瞬间文艺展"的单元大任务，设计了三个进阶性的具体任务："品味作家笔下的童年旧事""书写童年游戏的深刻体会""珍藏成长路上的温暖荧光"。三个任务与教材内容相契合，充分调动学生学习单元内容、参与学习活动的积极性与主动性，突出学生在学习活动中的主体地位，尊重学生身心发展的特点，关注学生个性化的发展需求。为了更好地完成单元学习任务，我们将情境任务进行活动分解，形成了结构化的活动链。同一学习任务下的多项学习活动相互关联，逐步递进，多角度地丰富学生对于成长的理解和认知。

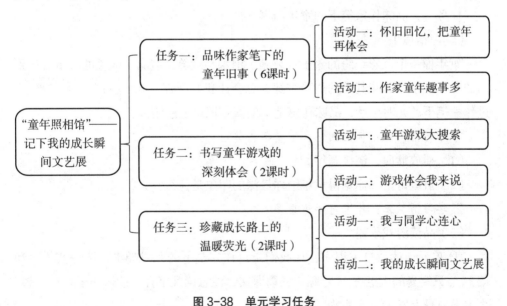

图 3-38　单元学习任务

（一）任务一：品味作家笔下的童年旧事

这是本单元学习的起始活动，首先创设学习情境，学生明晰本单元的学习任务"'童年照相馆'——记下我的成长瞬间文艺展"，激发学生学习本单元的兴趣。产生阅读期待，在品读和鉴赏文本的过程中，学生品味作家笔下的童年旧事，习得作家表达成长感悟的方法。此任务为后续学习活动的开展做了铺垫和方法的借鉴，在整个单元的学习历程中至关重要。

（二）任务二：书写童年游戏的深刻体会

充分调动学生已有的游戏经验，回忆游戏经历，为抒写游戏体会做好准备。在前面的学习中，学生已经习得作家抒写童年游戏经历、表达成长感悟的方法，本环节重在帮助学生选择素材，丰富认知。

（三）任务三：珍藏成长路上的温暖萤光

本单元的大任务是"'童年照相馆'——记下我的成长瞬间文艺展"，于学生而言，成长不仅应该关注自己，同样应该关注他人。在这一任务中，学生将探究如何通过关注他人的语言、动作、神态读懂他人的心情，走进他人的内心深处，触摸心结，进行有效的安慰。在帮助他人成长的同时，自己也获得精神成长，多角度地丰富学生对于成长的认知。

五、单元学习活动

任务一：品味作家笔下的童年旧事

【学习情境】

童年像一个五彩缤纷的盒子，装满了泪水与欢笑，装满了成长的故事。读别人的童年趣事，品味其中的酸甜苦辣，总会让我们会心一笑、心有所动。请你走进作家笔下的儿时生活，品味作家笔下的童年旧事，感悟成长。

1. 学习活动一：怀旧回忆，把童年再体会

（1）播放歌曲，链接童年。

（2）班级讨论：你觉得童年给你最深的印象是什么？

2. 学习活动二：作家童年趣事多

（1）品读游戏乐趣。

① 单元通读，自主识字：让我们走进作家笔下的儿时趣事，读一读《牛和鹅》《一只窝囊的大老虎》《陀螺》三篇课文，注意读准字音，读通句子。想一想，小主人公身上发生了哪些故事。

② 归类理解，合作共学：认读文中的生字新词，尝试通过做动作、联系上下文、联系生活、结合插图等方法进行理解和识记。

《牛和鹅》：扳牛角、捶牛背。

《一只窝囊的大老虎》：豁虎跳、霉浆糊。

《陀螺》：冰凌儿、角锥、顶不济。

③ 整体感知，交流分享：我们跟随作家的笔触回味了他们的童年趣事，这些事情给你留下了怎样的印象？

（2）体会心情变化。

① 共学得法：读《牛和鹅》，想想故事是怎样发展的，作者的心情发生了哪些变化。梳理故事情节，"画"出人物心情。

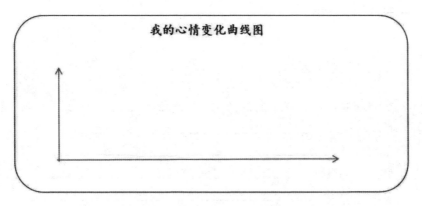

图 3-39　"我"的心情变化曲线图

② 自学迁移：自主阅读《一只窝囊的大老虎》《陀螺》，小组合作，"画"出小主人公的心情变化曲线图。

（3）"批注"大识别。

① 我来填一填：《牛和鹅》一文中，一共有 7 处批注，结合这些批注，我知道了，除了以前学习的"圈画"等符号批注，还可以进行文字批注。我们可以从……等角度给文章做批注。

② 我来说一说。

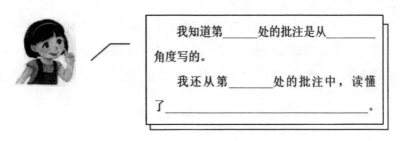

图 3-40　我来说一说

③我来练一练

默读《一只窝囊的大老虎》，尝试在不理解的地方做上批注。（可以是不懂的词句，也可以是对课文内容及文章的写法的不理解。）

默读《陀螺》，边默读边进行批注。挑选你最满意的一处批注，一起"晒一晒"，看看谁的批注最精彩，并把你喜最欢的批注记录在单子上。

④我来晒一晒

挑选你最满意的一处批注，一起"晒一晒"，看看谁的批注最精彩，并把你最喜欢的批注记录在单子上。

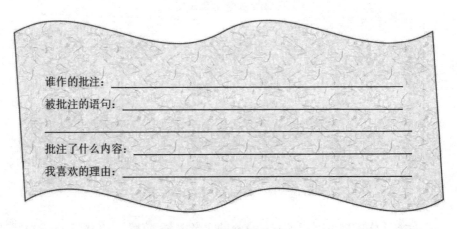

图 3-41　我最喜欢的批注

（二）任务二：书写童年游戏的深刻体会

【学习情境】

从小主人公的身上，每个人都能读到自己的影子。童年生活中必不可少的一定是游戏，联系自己的童年故事，回忆一次游戏，把它记录下来，用文字的形式和大家分享。

1.学习活动一：童年游戏大搜索

（1）记忆唤醒：在记忆中搜索印象深刻的一次游戏，和学习伙伴进行交流。

（2）过程回放：梳理游戏的经过，回味当时的心情，绘制成心情变化曲线图，如果有能力，你还可以用照片和绘画的形式记录下美好的瞬间，并配上文字说明。

妙招一：

图 3-42　"我"的心情变化曲线图

妙招二：

我的心情：＿＿＿＿	我的心情：＿＿＿＿	我的心情：＿＿＿＿	我的心情：＿＿＿＿
文字描述：＿＿＿＿	文字描述：＿＿＿＿	文字描述：＿＿＿＿	文字描述：＿＿＿＿

图 3-43　"我"的心情变化瞬间

2. 学习活动二：游戏体会我来说

（1）绘制解说卡

游戏乐园的游戏一定让你印象深刻吧？你在游戏前做了哪些准备？游戏中你做了什么？游戏结束后你有什么想法？请你完成游戏解说卡。

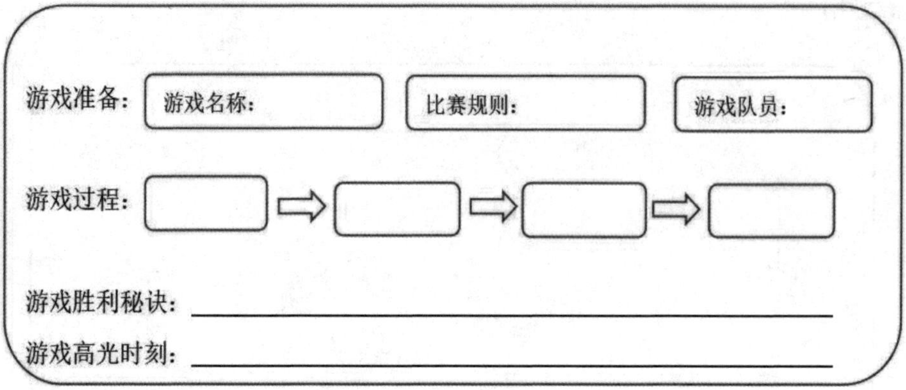

图 3-44　游戏解说卡

（2）快乐习作营

① 借助解说卡把游戏过程写清楚，还可以写写自己的心情。

② 写完后自己读一读，用修改符号改正其中的错别字和不通顺的句子，结合习作评价表进行自评。

表 3-17　"记一次游戏"习作审稿单

审稿要素	审稿内容	自评	伙伴互评
把游戏过程写清楚	游戏环节介绍清晰、完整		
	抓住人物的动作、语言、神态等来表达人物心情		
	写出了内心的想法和感受		
修改意见			

③ 用"批注"的形式小组互评，结合习作评价单给他人评星。

表3-18　小组互评表

记一次游戏	批注栏

（三）任务三：珍藏成长路上的温暖荧光

【学习情境】

本单元学习主题是"成长故事"，在三篇课文的学习中，我们抓语言、动作、神态，体会了小主人公的心情，见证了他们的成长。在成长中，你会遇到哪些烦恼，此时你最渴望得到什么？

1.学习活动一：我与同学心连心

（1）争做小小心理师

① 自学：默读三个情境，想一想他们分别遇到了什么事情，心情怎样，纠结在哪里，你想怎样安慰他？

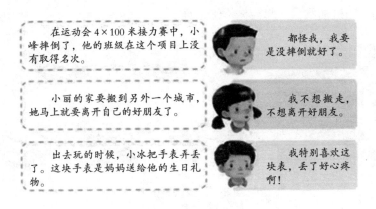

图3-45　情境图

②共学：借助表格和小组成员交流所得。

表 3-19　小小心理师

情境	事件	纠结之处	心情	如何安慰
运动会				
要搬家				
丢手表				

③面对同学此时的难事，作为好朋友，你会如何开导他？

④谁的安慰最暖心、最有效？讨论形成安慰评价表。

表 3-20　争做最佳陪伴者

评价维度	评价内容	评价等级
有方向	了解情况，耐心倾听，找到问题	
有方法	运用合适的方式（劝解、建议……）	
有温度	使用恰当的表情、语气、动作	

（2）争做最佳陪伴者

①成长过程中有乐事，有趣事，有难事……有的事情，大家愿意拿来分享，也有些事，大家可能一时之间难以面对。在我们的成长纪念箱中就有这样的事情，由同学随机抽取，一起为你排忧解难。

图 3-46　成长纪念箱

2.学习活动二：我的成长瞬间文艺展

（1）收集素材，布置展板

图3-47　素材库

六、教学活动现场

口语交际的教学应在具体的口语交际情景中，培养学生倾听、表达和应对的能力，让学生具有文明交流的素养。

师：瞧，这三位同学遇到了不顺心的事情，需要你们的安慰，请你默读三个情境，想一想他们分别遇到了什么事情，心情怎样，纠结在哪里，你想怎样安慰他？

生1：我们组想说一说第一个情境：运动会。事件是小峰在运动会4×100米接力赛中摔倒了，他的班级在这个项目上没有取得名次。他此时的心情是：难过、懊恼、内疚。我觉得他的纠结之处就在于他觉得如果自己没有摔倒，那么他们班就会在这个项目中取得名次，他觉得因为自己的失误使班级没有获得荣誉，觉得愧对班级。

生2：我们组想要这样安慰他：小峰，你不要难过，比赛中摔倒不是你的错，那只是个意外。这次没有获得名次没有关系，我们以后再一起继续努力，争取在别的项目中为班级争光。

师：请你关注小峰的语言和神态并进行推测，他还可能在纠结什么？

生3：我觉得小峰还有些害怕，因为这是一个团体项目，因为他摔倒了，可能导致队友的努力也付之东流了。小峰害怕看到队友失落的样子，也害怕同学的责备。

师：他无法面对自己的队友和同学，但是结果已经不能改变，他愧疚、难过，可能需要几天才能够走出心底的阴霾。此时，你又想怎样安慰他呢？

生4：我想对小峰说：小峰，你不要难过，比赛中摔倒不是你的错，那只是个意外。我们都看到你之前为了这次接力赛一直在努力练习，我们大家都不会怪你的。

师：对于此时的小峰来说，你们的开导和劝解如同春风一般，吹散了小峰内心的烦恼，相信小峰在听到你们的安慰后，心情一定会有所好转。而我们在进行安慰时，不能盲目地说上一通，而是要走进他人的内心，找到他人的心结。

师对照板书总结：同学们，你们看，在进行安慰的时候要关注他人的语言、动作、神态，体会他人的内心，触摸心结所在，这样才能够"对症下药"，进行有效的安慰。

七、教学反思

（一）紧扣单元学习主题，落实单元语文要素

前测发现学生批注角度单一，缺少关联批注的意识，致使对人物形象的理解不够深入。通过三篇主体课文的学习，学生习得关联人物语言、动作、神态等多角度体会人物心理的方法。作为口语交际课，本课的教学重点是引导学生将所学方法进行实践应用，分析人物，从而选择恰当的安慰方式进行安慰，使学生的语文学习从方法的习得走向实践运用，在这一语言实践过程中，继续丰富对"成长"的认知。

（二）创设有效交际情境，激发学生表达欲望

丰富多彩的生活给口语交际教学提供了活水源泉。教师要善于捕捉现实生活中的种种现象，诱导学生随机训练，因势利导，因地制宜，在教学中创设有效的口语交际情境，引导学生身临其境，充分调动学生的参与意识。因此，在进行教学情境的选择时，我对学生进行了调研，选择学生真实的烦恼作为课堂活动的素材，帮助学生解决自己的烦恼，从学生的实际需求出发。课堂上，以活动板块学习如何有效安慰，从发现问题、分析问题到解决问题，符合学生的认知。教学情境的创设，有助于沟通语文学习和生活经验的管道，激发学生的学习主动性、积极性和创造性，丰富语文课程的知识含量和文化背景。

第五节　用不同的结构方式，表达对动物的喜爱之情

——四年级下册第四单元"作家笔下的动物"教学设计

四年级下册第四单元以"作家笔下的动物"为主题，编排了三篇精读课文，有老舍先生的《猫》《母鸡》、丰子恺先生的《白鹅》、一篇习作"我的动物朋友"和一个"语文园地"。此外，在阅读链接中还加入了夏丏尊和周而复先生的《猫》和俄国叶·诺索夫的《白公鹅》的文章或片段。以上作品均表达了作家对动物的喜爱之情。单元教学中需要落实两个语文要素：1. 体会作家是如何表达对动物的感情的；2. 写自己喜欢的动物，试着写出特点。

本单元的几篇课文内容不同，写作角度不同，但都跟动物有关。有同一作家笔下不同的动物的特点，有不同作家对同一动物的不同感情，几篇课文的语言富有浓郁的生活气息，作家将笔触落于细微之处，通过对点滴小事生动具体的描写，笔下的动物特点生动而鲜明，形象呼之欲出。在生活化的场景和语言中体会动物的特点，进而感受人与动物和谐相处的美好意境。围绕这样的主题编排组织单元学习内容，意在让学生进行比较阅读，体会不同作家对动物的喜爱之情。四年级学生在这个阶段对小动物的喜爱越来越强烈，在学习过程中，可以帮助他们认清"动物的角色"，认清"动物"在作家眼里的样子。通过与作家笔下的动物的对话通过阅读，学生体会人在与动物的和谐相处中所产生的情感并激发自身观察、了解小动物的热情，从而在生活中去爱护动物，与动物朋友和谐共处。

一、单元指向的学习任务群

本单元三篇作品出自老舍和丰子恺两位同时代的语言大师。老舍和丰子恺一北一南，生活习惯、语言习惯的迥异体现在两人文章中，一个是京味十足，一个则是在深厚的古代文学功底中糅合进了些许的江浙味道。老舍的《猫》《母鸡》写在抗战结束不久，他回到北京的丹柿小院，生活刚刚复归平静。丰子恺的《白鹅》则写于"抗战胜利后八个月零十天"（《白鹅》原文首句）。尽管世事无常，人生百味，生活中不乏艰辛困苦、郁闷烦躁的时候，两位大师却依然能被一只猫、一只鸡、一只白鹅的日常所感动，对动物高度的细节描写和幽默风趣的语言

背后，透露出的是文学大师对生活高度一致的真挚的热爱和由衷的感悟。这样的体裁编排能够更好地与"语言文字积累与梳理"和"文学阅读与创意表达"两个任务群相契合。

"语言文字积累与梳理"旨在引导学生在语文实践活动中，积累语言材料和语言经验，形成良好语感，通过观察、分析、整理，发现汉字的构字组词特点，掌握语言文字运用规范，感受汉字的文化内涵，奠定语文的基础。本单元的学习将在阅读中关注同一作家对不同动物的语言表达特点，关注不同作家对同一动物的文章结构段落特点。通过诵读、摘抄精彩句段、积累四字词语、制作手记，制作写真集等学习活动积累丰富语汇，在语言积累和运用过程中，体会同义词、反义词、褒义贬用等词语的作用，发现、感受语言的表现力和创造力。

"文学阅读与创意表达"旨在引导学生在语文实践活动中，通过整体感知、联想想象，感受文字语言和形象的独特魅力，获得个性化的审美体验；了解文学作品的基本特点，欣赏和评价语言文字作品，提高审美品位；观察、感受自然与社会，表达自己独特的体验与思考，尝试创作文学作品。本单元学生会通过对比阅读中外名家笔下的动物朋友，感受动物们身上散发的作家眼中独有的特点。教学中可以利用不同形式的学习单、思维导图，创设不同的情境，感受不同的文章结构，不同的表达方式，感受作家对动物的喜爱之情。结合自己养小动物的经验或熟悉小动物的生活体验，尝试用文学语言表达自己热爱动物、珍惜生命的情感。

用不同形式进行语言积累，丰富孩子对词语的感情色彩的辨识度，用不同的教学支架感受作家对动物的喜爱之情，并以制作动物写真集的活动尝试运用自己的生活体验，表达自己对动物的喜爱，体会人与动物、自然相处的意义。

二、单元学习主题分析

（一）单元教学价值分析

1.助读系统（单元说明）

本单元的人文主题是"作家笔下的动物"，篇章页以吴冠中的名画《鹅》为引，辅以文字：奔跑，飞舞；驻足，凝望。可爱的动物，我们的好朋友。开启单元学习。语文要素"体会作家是如何表达对动物的感情的。"指向阅读，"写自己喜欢的动物，试着写出特点。"指向习作表达。

本单元课文注释主要涉及动物肖像、作者及出处。

篇章页注释：（图）吴冠中。

《猫》注释：本文作者老舍，选作课文时有改动。

《母鸡》注释：本文作者老舍，选作课文时有改动。

《白鹅》注释：本文作者丰子恺，选作课文时有改动。

可见，课本插图和人文主题给我们呈现了一幅人与动物同乐的画面，亲切自然、和谐美好。本单元着重刻画了作家笔下的各种个性鲜明的动物，表达了作者对于他们浓浓的喜爱，所选的三篇课文也都来自老舍和丰子恺先生的名篇佳作，《猫》与《母鸡》各有特点，作家老舍用拟人化的手法和口语化描述，将性格古怪的猫和慈爱尽职的母鸡刻画得栩栩如生，可亲可爱。而《白鹅》为我国"古典文人"作家丰子恺所写，将鹅的高傲描写得淋漓尽致。因此学习本单元学生可以通过作家细腻的笔触体会每一种动物的特点和性格，体会动物的可爱和作家的语言风格，从而提高自己的表达能力和写作水平。

2. 课文系统

作家笔下不同动物性格的迥异，但都惹人喜爱。

《猫》是老舍先生的经典文章，课文细致、生动地描述了猫的古怪性格和它满月时的淘气可爱，全文字里行间流露出作者对猫的喜爱之情。课文先从三个方面具体表现猫的性格古怪：讲它既老实又贪玩，既贪玩又尽职；讲它高兴时和不高兴时截然不同的表现；讲它"什么都怕"，但又那么"勇猛"。这三个方面的表现，看起来相互矛盾，但都是事实，所以说猫的性格实在有些古怪。再讲它小时候十分淘气。表现在：一是刚满月，腿脚还站不稳时就爱玩；二是稍大一点胆子越来越大，也就更加淘气。选编这篇课文的目的：一是让学生继续感受人与动物和谐相处的美好意境，体会作者对生活的热爱；二是引导学生感受作者用具体事实表现动物特点的描写方法。

《母鸡》是老舍先生另一篇脍炙人口的佳作，描写了作者对母鸡看法的变化，表达了对母爱的赞颂之情。课文以作者的情感变化为线索，前后形成了鲜明的对比。前半部分写了母鸡的无病呻吟、欺软怕硬和拼命炫耀，再现了一只浅薄、媚俗的母鸡；后半部分则描写了母鸡的负责、慈爱、勇敢和辛苦，塑造了一位"伟大的鸡母亲"的形象。作者对母鸡的情感由"讨厌"转变为尊敬。本文的语言风格比较口语化，直白自然，散发着浓郁的生活气息，读起来令人感到亲切舒服。学习这篇课文的重点在于引导学生自读自悟，体会母爱的伟大，并通过比较老舍两篇文章的特点，感悟作者的语言风格，加强语言实践。

《白鹅》是一篇极富情趣的文章，在作者丰子恺眼里这白鹅俨然就是一位高傲而固执、忠诚而可爱的朋友，字里行间每每渗透着那份欣赏和爱怜。文中重点刻画白鹅的性格高傲，从一开始抱回家的印象"左顾右盼，好一个高傲的动物"到"鹅的高傲更表现在它的叫声、步态、吃相中"过渡句统领全文，接着分别从"严肃郑重"的叫声、"大模大样"的步态、"从容不迫"的吃相，具体细致刻画了鹅的高傲。从作者的描述中，不难让我们感觉到这种高傲不令人讨厌，而是可爱有趣、让人发笑的。

本单元课文主要是围绕"动物"这个专题进行编排的。主要由《猫》《母鸡》《白鹅》三篇课文组成。这几篇课文同样写动物，由于作者的观察角度不同，心理体验不同，因此，运用的表达方法也有所不同，语言也各具特色，但是这些作品主题思想统一，情感基调一致，都是表达对动物的喜爱之情。通过这一组课文的学习，聚焦作家的言语表达，进行横向比较，发现不同作家的语言特色，感悟文章丰富的情感，学习作者是如何写出动物的特点，体会作者对动物的喜爱之情，理解到本单元的主题思想是对动物的热爱与歌赞，像朋友一样和他们嬉闹玩耍，获得快乐的成长体验，培养向真向美的心灵。

3. 练习系统：

课后习题是我们把握教学重点的抓手，本单元的练习系统紧紧围绕着单元的主题"作家笔下的动物"和语文要素"体会作家是如何表达对动物的感情的"进行编排，梳理如下。

（1）指向单元主题

《猫》举例说说可以从哪些地方看出作者非常喜欢猫，再把你的体会有感情地读出来。

《母鸡》：默读课文，画出"我"对母鸡的态度前后变化的句子。说说为什么有这样的变化。

《白鹅》：朗读课文，体会语言的趣味。

（2）指向语文要素

《猫》：

① 默读课文，说说课文围绕猫的可爱讲了哪几层意思。

② 读一读，体会这段话的表达特点，再照样子写一写。

《母鸡》：

① 老舍先生用词很严谨，他写母鸡"负责、慈爱、勇敢、辛苦"，母鸡真的

就是这样。结合课文内容说一说。

②《猫》和《母鸡》都是老舍先生的作品。比一比，说说两篇课文在表达上有哪些相同和不同之处。

《白鹅》：

① 课文里有许多表现鹅高傲的词语，如"引吭大叫""傲然""架子十足"。找一找，分类抄下来，再体会作者是如何把"高傲"写清楚的。

叫声：_____

步态：_____

吃相：_____

② 读句子，回答括号里的问题。

a.鸭的步调急速，有局促不安之相；鹅的步调从容，大模大样的，颇像京剧里的净角出场。（把鹅和鸭的步调进行比较，这样写有什么好处？）

b.因为附近的狗，都知道我们这位鹅老爷的脾气，每逢它吃饭的时候，狗就躲在篱边窥伺。（把鹅称作"鹅老爷"，你从中体会到了什么？）

可见课后习题再次强化了作家是如何表达对动物的情感的，课后每个习题的编排，紧扣语素铺开，层层递进。为落实习作要素"写自己喜欢的动物，试着写出特点"奠定基础。

4. 知识系统

本单元的阅读要素是"体会作家是如何表达对动物的感情的"。关键词是"体会"，体会就是用于人对某种事物的感受，需要学生在阅读中感受作家对所写动物的感情是怎样的，是喜爱，还是讨厌？同时还需要学生学会作家是怎么写出这些可爱的动物的，找到每一篇课文作者在表达方法上的独特性。

《猫》作为单元起始课，就承担着这样的教学价值，课后习题让学生学习"举例说说作者喜欢猫"，体会作者丰富的事例表面上说猫的缺点实际上暗含着喜爱之情。让学生初步体会"明贬实褒"的作用，品味富有情趣的语言。《母鸡》作为本单元第二篇课文，担负着强化或者拓展单元语文要素的重任。作者着重写了自己对母鸡由"厌"到"敬"的情感态度变化，运用了先抑后扬的写法。在"明贬实褒"基础上进一步拓展，引导学生关注语言表达上。《白鹅》中的反语在表达情感方面的独特作用。对"明贬实褒"表达方式的巩固，也是体会"反语"可以使语言变得幽默风趣的好文章。

本单元的习作要求"写自己喜欢的动物，试着写出特点。"既要体会作家笔下动物的不同特点，感受作家对动物的情感，又要习得表达情感的方法，发展语言能力，全面促进学生语文素养的提升。是从积累到表达、从输入到输出，经历"激发兴趣，学习方法，迁移运用，实践输出"的过程，逐步完成制定的任务群，符合学生的学习特点和认知规律。

通过以上的分析，我们不难挖掘出本单元的教学价值，学习多角度表达对动物的喜爱之情。

（二）单元落实学习任务群目标的独特价值

通过单元教学价值的分析，本单元能够落实"语言文字积累与梳理"第二学段的内容三："诵读、积累成语典故、中华文化名言、短小的古诗词和新鲜词语、精彩句段等，丰富自己的词汇，分类整理、交流，初步认识中华优秀传统文化蕴含的思想；在语言积累和运用过程中，体会同义词、反义词等词语的作用，发现、感受语言的表现力和创造力。"其独特价值在于，通过诵读、积累与梳理等学习方式，重在引导学生增强语言积累和梳理的意识，教给学生语言积累和梳理的方法，注重积累，梳理与运用相结合，建立自己的创意语言资料库，并能学以致用。

本单元同时能够落实"文学性阅读与创意表达"第二学段的内容三："阅读富有想象力和表现力的儿童文学作品，欣赏富有童趣的语言与形象，感受纯真美好的童心。学习用口头或者图文结合的方式创编儿童诗和有趣的故事，发展想象力。"本单元落实任务群的独特价值在于，通过阅读名家作品，感受作家笔下栩栩如生的动物，感受独特的审美情趣，鼓励学生用日记、手记等展示自己对动物的观察，运用多种形式呈现作品，引导学生主动阅读，有创意表达对动物的喜爱之情。

三、单元学习目标

（一）预设目标

预设的教学目标是在教学活动开展之前确定的，是教学将要达成的结果的预期判断。进行单元教学前，我制定了本单元的预设目标：

1. 品读文本，用准确的词语概括作者对动物的喜爱之情。

2. 抓住细节，梳理作者表达喜爱之情的表达方法。

3. 对比阅读，丰富描写动物的视角。

4. 积累语言，模仿和借鉴文中描写动物的语言和方法，运用到习作中。

（二）学情分析

为了了解学生对本单元学习的准备状况、摸清学生现有的水平、确定学生的能力起点，在开启单元教学之前，对学生进行了安置性评价，评价内容如下：

亲爱的同学们：

为了更好开展"作家笔下的动物"这一单元的学习活动，现邀请你完成一个有趣的小调研。题目没有对错之分，希望你能认真思考如实作答，谢谢你的参与。

一、调查问卷

1. 你喜欢动物吗？

A. 喜欢　　B. 一般　　C. 不喜欢

2. 你有养动物的经历吗？

A. 有　　　B. 没有

3. 你从哪个渠道熟悉你喜欢的动物？

A. 家庭　　B. 图书　　C. 电视网络　　D. 动物园　　E. 其他

4. 你读过哪些作家笔下描写动物的文章？

———————————————————————————————————————

二、访谈题目

动物是人类的朋友，是大自然中重要的一部分。在我们的生活中，常常能见到许多动物的身影，它们给予我们温暖和力量，带给我们感动和希望。请你结合自己的经验来谈一谈：

1. 如果我们要制作动物明星写真集，你会选择哪个动物？

2. 你想从哪些方面介绍你的动物朋友？

3. 作家笔下动物中的哪些事情令你感动，带给你温暖和力量？

通过访谈发现学生都特别喜欢动物，对动物有一种天然地喜爱之情。作为生活中熟悉的动物，因为时代的发展、大自然的退化，人类与它们的距离渐渐地远去。对于现在四年级的孩子来说，他们知之甚少。或许有的孩子与动物有亲密接触过，或许有的孩子只是远远观望过，也或许有的孩子只是听说过，从电视、电脑中看到过。我们不得不承认一个现实：孩子与动物之间并没有我们想象的那么亲密！其次，生活在城市的孩子和动物相处的生活经验非常有限，对动物特点的了解比较浅显。如对家鹅、母鸡、猪、狗等动物的叫声、动作、样子和生活习性并不是非常熟悉。孩子们生活经验中的动物的形象，与作家笔下的动物形象很难进行比照，作家那种文人心态以及成人化的审美情趣，对孩子来说既好懂也不好懂。从语文要素和习作的主题来说，看似与生活有联系，但其实有"鸿沟"。如何感知动物的特点以及作家在其身上蕴含的情感？如何去书写"我的动物朋友"？无疑是摆在孩子面前的难题。

（三）单元目标

1. 借助创设资料库的情境，积累词语，梳理高频词，用准确的词语概括动物的特点和作者对动物的喜爱之情。

2. 能够在具体的任务情境中。借助课文插图、圈点批画、对比阅读等，进行批注式阅读和语言实践，梳理作者表达喜爱之情的表达方法。

3. 结合自己的观察和体验，对比阅读，丰富描写动物的视角，确定自己喜欢的动物朋友。

4. 创设动物明星写真集的真实情境，激发介绍动物朋友的兴趣，学习迁移运用作家的表达方法，写出动物朋友的独特之处。

四、单元学习任务

围绕单元学习主题——"用不同的结构方式，表达对动物的喜爱之情"和"语言文字积累与梳理""文学阅读与创意表达"两个学习任务群的内容，创设了"制作动物明星写真集"的单元大任务，研发了五个紧密切合、逐步进阶的具体任务："跟随作家去选材，确定我的动物朋友""跟随作家学观察，制作观察手记""跟随作家学特点，制作摘抄卡""跟随作家学结构，制作结构图""跟随作家润语言，制作写真集"。五个任务与教材内容切合，为了更好地完成单元学习任务，学习过程中力求引导学生在语文实践活动中，通过阅读名家名篇、学会观察动物，积累文学语言，感悟动物形象的独特魅力，制作写真卡，获得个性化的审美体验，表达自己独特的体验与思考，尝试创作文学作品。同一任务下的多项学习活动相互关联、逐步递进。

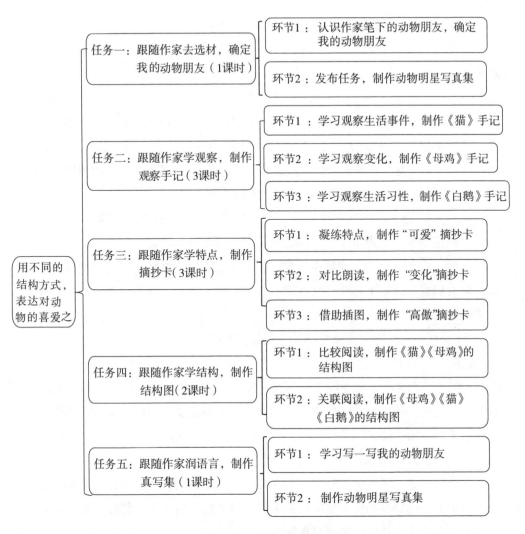

图 3-48　单元学习任务

（一）任务一：跟随作家去选材，确定我的动物朋友

　　这是单元学习的起始活动，首先明确本单元的学习主题"作家笔下的动物"，创设学习情境，明确本单元的学习任务"制作动物明星写真集"。本单元的三篇名家名作都是描写动物的，都是从自身的生活中观察到动物们身上突出的特点，写出了对动物朋友的喜爱之情，也从动物身上陶冶了情操，给学生做了很好的示范。在通过初读课文、学习词语、梳理结构的基础上，明确作家写作的角度，尝试学习作家的选材方法，确定自己的动物朋友，激发学生想细致观察动物的兴趣，从而确定自己的动物朋友。

（二）任务二：跟随作家学观察，制作观察手记

三篇精读课文、两篇阅读链接及课文插图，都从不同角度，运用不同形式，展现了作者观察动物的兴趣，作家们能从自己熟悉的动物身上，发现它们各方面的特点，三年级时学习过以"观察"为主题的单元，有了一定的观察能力和观察方法。三年级以连续观察动植物为主，本次四年级教学以观察动物的具体事例为主，找到动物身上独有的特点，利用制作观察手记的形式，积累词语，梳理自己观察的动物朋友身上有趣的特点，常做的事情，有趣的画面，帮助学生积累素材。

（三）任务三：跟随作家学特点，制作摘抄卡

在作家的笔下，性格古怪的猫，慈爱尽职的母鸡，高傲的白鹅，无不性格鲜明，栩栩如生，可爱可亲。几篇课文都用了口语化的语言，勾勒了生活中最常见的画面。此环节旨在引导学生梳理作家眼中动物的性格特点，通过摘抄卡的形式，学生积累作家笔下每个动物各自特点的词语、语句，体会表达对动物的喜爱和赞美之情。

（四）任务四：跟随作家学结构，制作结构图

《猫》和《母鸡》是同一作家写的不同的动物，《白鹅》及其课后"阅读链接"中的《白公鹅》，是不同作家写同一种动物。几篇课文在结构上有相同之处也有不同之处，利用制作结构图，帮助学生厘清整篇文章的层次结构，从整体上感知作者的布局谋篇。

（五）任务五：跟随作家润语言，制作写真集

在学生完成了《我的动物朋友》作文之后，跟随老舍学习用具体事例写出特点，跟随丰子恺学习明贬实褒的写作手法，润色自己的作文，修改语句。并完成本单元的大任务"制作动物写真集"。

本单元的几个任务间相互关联，在"走近作家—学观察—学特点—学结构—润语言—制作写真集"的过程中，逐步深化对动物的喜爱之情，表达自己热爱自然，珍爱生命的情感。

五、单元学习活动

（一）任务一：跟随作家去选材，确定我的动物朋友

【学习情境】

奔跑，飞舞；驻足，凝望。可爱的动物，我们的好朋友，这个单元我们就学习有关动物的文章，首先我们走进大作家笔下的动物朋友，看看他们都喜欢哪些

动物，又是怎样与它们成为朋友的，他们与动物又有哪些情感让人们感动。让我们也学着作家的写作手法，记录下自己的动物朋友吧。

通过通读本单元的课文及阅读链接，完成表格梳理。

1.环节1：认识作家笔下的动物朋友，确定我的动物朋友

表 3-21　不同作家笔下的动物朋友

作家	朋友
老舍	猫、母鸡
夏丏尊	猫
周而复	猫
丰子恺	白鹅
叶·诺索夫	白公鹅
我	

2.环节2：发布任务，制作动物明星写真集

回忆一下你的动物朋友的样子和与动物朋友之间有趣的事，确定你最终想介绍的动物朋友，我们要制作班级的动物写真集，让我们的生活充满动物朋友带来的快乐。

图 3-49　动物明星写真集（1）

（二）活动二：跟随作家学观察，制作观察手记

【学习情境】

孩子们，让我们走进大作家老舍、丰子恺两位先生的名篇《猫》《母鸡》《白鹅》，跟随他们独特的眼光一起去欣赏他们笔下可爱的小动物，看看他们笔下的猫、母鸡、白鹅身上都有哪些特点，又发生了哪些有趣的事。让我们也学着他们

观察的角度，留下我们的观察手记吧。

1. 跟随作家学观察，制作学习手记

（1）单元通读，自主识字：首先，让我们走进作家眼中的"动物朋友"，通读单元课文《猫》《母鸡》《白鹅》，读准字音，读通句子。

（2）多元识字，合作共学：认读课文中的生字新词，尝试通过联系上下文、查工具书、联系生活、结合插图等方法进行理解和识记；小组交流，互学互助；语境中看拼音写汉字，检查字词掌握情况。

《猫》：屏息凝视、温柔可亲、无忧无虑、枝折花落……

《母鸡》：负责、慈爱、勇敢、辛苦……

《白鹅》：傲慢、步调从容、从容不迫、供养不周……

（3）整体感知，交流分享：跟随作者认识了这么多动物朋友，这些动物给你留下了怎样的印象？可借助文中的词句进行概括，也可用自己的语言来表达。

2. 环节1：学习观察生活事件，绘制《猫》手记

在学生初读完课文，学习了生字词的基础上，深入学文，跟着作者老舍学习观察。老舍先生就是通过观察猫的日常生活中有趣的事例来写猫的可爱，表达对猫的喜爱之情。本环节学生通过制作"猫"的手记作为支架，学习老舍的写作方法。以下为教学设计。

一、复习检查，导入新课

1. 导语：同学们，动物是我们的好朋友，这个单元我们要制作动物明星写真集，为我们的动物朋友制作独一无二的手记。这节课我们将深入学习老舍是如何把大猫的古怪写出来的以及如何把他喜爱大猫的情感表达出来的。

2. 课前检测：请同学们拿出检测单，完成读一读，写一写，注意读准字音、规范书写。

贪玩尽职	屏息凝视	无 忧(yōu) 无 虑(lù)
生气勃勃	枝折花落	花草 遭(zāo) 殃(yāng)

3. 小结：这篇课文结构清晰，围绕着"可爱"分别描写了大猫的古怪和小猫的淘气。

二、品读课文，感受写法

（一）品读大猫的"古怪"，学习老舍的表达方法

1.导语：老舍特别喜欢猫，是出了名的爱猫党，接下来就让我们走进大猫，深入探究作者是如何把大猫的古怪写出来的，以及如何把他喜爱大猫的情感表达出来的。

2.出示学习提示。

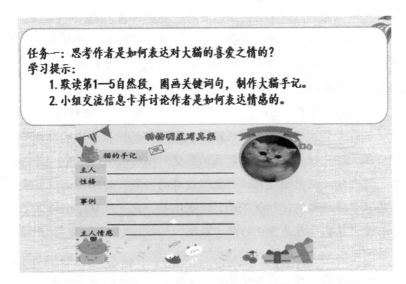

图3-50　学习提示（1）

3.交流汇报。

汇报一：走进大猫的"老实—贪玩—尽职"的古怪

（1）品读古怪

预设1：请大家跟我们看第2自然段，我们小组认为大猫的性格有老实、贪玩和尽职。你看它会找个暖和的地方睡大觉、无忧无虑，什么事也不过问，特别懒、特别会享受，是一只什么都不操心的猫。

预设2：它一出去玩就是一天一夜，谁叫也不回来，给我的感受是特别贪玩、很固执、很倔强的一只猫。但是它抓老鼠的时候屏息凝视，非把老鼠等出来不可，给我的感受是特别尽职、很有耐心的一只猫。

预设3："屏息凝视"就是屏住呼吸，聚精会神地看。大猫却能一口气坚持几个小时，非把偷粮食、搞破坏的老鼠给逮出来不可。这可真是一只古怪、让人琢磨不透的大猫。

小结：你看作者用词多准呢，就通过几个词语就让我们感受到大猫既老实又贪玩还尽职尽责的性格特点！这只猫的性格真是让人琢磨不透，真是一只古怪的大猫啊！

（2）感悟写法

导语：面对这只古怪的猫，作者又是如何把对它的喜爱之情写出来的？

预设1：老舍仔细观察了大猫的日常表现，发现了它老实、贪玩、尽职的特点，多角度介绍了大猫的性格。老实、贪玩、尽职是反义词

点评：其实作者在描写大猫的性格时，就是通过一正一反又一正，正反之间形成了鲜明的对比，并借助了相关的事例，写出大猫性格的多面性。虽然大猫也有缺点，但是瑕不掩瑜，作者依然喜爱它！

预设2：老舍还用了一些语气词，"啊""吧""吗"，这些语气词很有亲和力，一下子拉近了作者和我们读者之间的距离，和我们娓娓而谈他家的大猫，虽然这只大猫性格很古怪，但字里行间又让我们感受到他对大猫的喜爱。

小结：作者就是运用语气词，并借助这样的句式，好像跟你拉家常，很有亲和力，对这只古怪的猫啊，打也不是，骂也不是，就是很口语化的语言，却流露着对猫的喜爱，其实这就是老舍的语言风格。

（3）仿写练笔

练一练：让我们也用上这些语气词，说说自己喜欢的动物朋友吧！

我的动物朋友是_____。

说它_____吧，的确是啊，可是_____。

说它_____吧，的确是啊，可是_____。

小结：听了你们的介绍，我们发现好多小动物都是有多面性的，这就需要我们长期、细致的观察，我们也可以借助这样的口语化的语言说出他们的可爱之处，并把我们的喜爱之情表达出来。

汇报二：走进大猫的"高兴——不高兴"的古怪

品读古怪

预设1：请大家跟我们看第3自然段。我们发现大猫的性格是高兴的时候温柔可亲、不高兴的时候很冷漠。温柔可亲的表现是在"蹭"等一系列动词上，可以感受到它特别黏人，但是它要是不高兴的时候，又是一声不吭，凡人不理，感觉猫这种动物真是太让人捉摸不透，古怪之极。

预设2：作者还运用了比喻的修辞手法，把猫的脏脚印比作是小梅花，极具想象力，把他的稿纸弄脏了也不生气，让我感受到作者对大猫的喜爱。

预设3：稿纸明明被弄脏了，可作者却把它看成小梅花，仿佛给自己的作品

画了一幅插图，多么充满生活的情趣啊！相信老舍对猫的爱一定也是爱到骨子里了，才能如此包容它！

预设 4：我还从它有时候特别勇敢，有时候又特别胆小，也感受到了大猫的古怪。

小结：不管大猫高兴还是不高兴，作者都喜欢它！作者观察他们的表现，通过生活中的事例，才能发现他们的可爱之处，并把对大猫的喜爱之情表达出来。

这篇课文通篇都没有"喜爱"这个词，课文的字里行间处处洋溢着老舍对猫的喜爱之情，他这一生养了好多只猫。闲暇之余他也养花、养鱼。在老舍的《我的理想家庭》中谈道，"其他的地方就都种着花草——没有一种珍贵费事的，只求昌茂多花。屋中至少有一只花猫，院中至少也有一两盆金鱼；小树上悬着小笼，二三绿蝈蝈随意地鸣着"。这是多有生活情趣的一位作家啊！

（二）朗读小猫的"淘气"，感悟老舍的写作风格

1. 导语：老舍笔下的小猫更让人喜爱，接下来就让我们走进小猫，深入探究作者是如何把小猫的淘气写出来的以及如何把他喜爱小猫的情感表达出来的。

2. 出示学习提示。

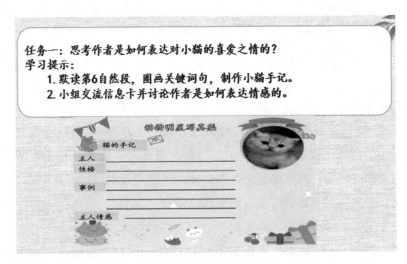

图 3-51　学习提示（2）

3. 交流汇报。

预设 1：我认为小猫的性格是非常淘气的，一根鸡毛，一个线团，就让它特别开心，嬉闹的猫把家里搞得枝折花落，老舍并不生气，反倒觉得它们生气勃

勃，天真可爱。

预设2：老舍笔下的猫不像猫，倒像一个小孩子，老舍把猫当作小孩子来写，用拟人化的手法写出了它的淘气、可爱，表达了对猫的喜爱之情。

4. 指导朗读。

小结：同学们，老舍笔下大猫是古怪的，小猫是淘气的，作者就是运用了口语化的语言，生活化的事例，巧妙的拟人和比喻，把对它们的喜爱表达得淋漓尽致！我们为大猫和小猫都制作了独一无二的手记，请各小组把你们的手记粘贴到动物明星写真集中。让我们也学着老舍的写作手法，观察自己的动物朋友，尝试着制作"我喜爱的动物"手记。

三、作业：制作"我喜爱的动物"手记

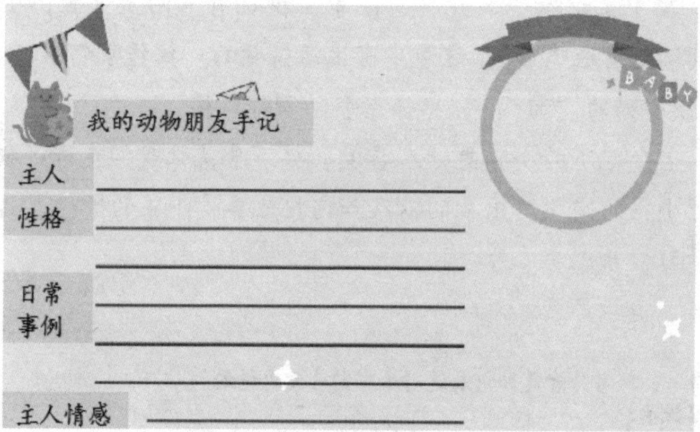

图 3-52　动物明星写真集（2）

3. 环节2：学习观察生活习性，绘制《母鸡》手记

在学生学习了《猫》一课的基础上，再次跟着老舍先生走进《母鸡》一课，同样利用制作"母鸡"的观察手记为教学支架，学习作者通过"我"态度前后变化的对比，来表达对母鸡的喜爱之情。

学习要求：制作"母鸡"的观察手记

思考："我"对母鸡的态度前后有哪些变化？作者是如何表达对母鸡的情感的？

学习提示：

（1）自由读课文，圈画关键词句，批注你的感受。

（2）小组交流自学成果，共同制作母鸡的观察手记。

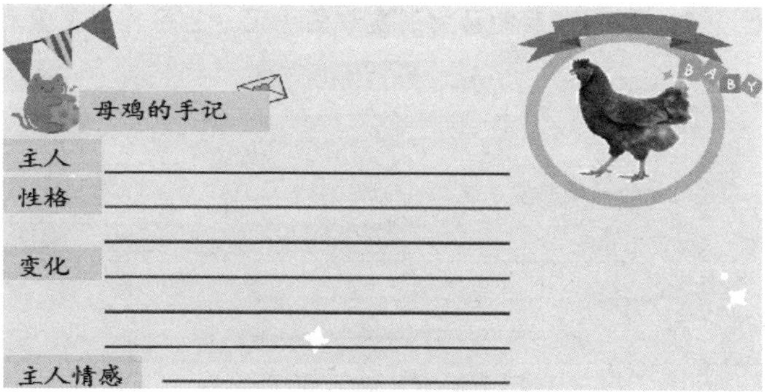

图 3-53　动物明星写真集（3）

4. 环节 3：学习观察生活习性，绘制《白鹅》手记

同样的策略学习制作"白鹅"的观察手记，学习丰子恺先生善用明贬实褒的写作手法。

学习要求：制作"白鹅"的观察手记

思考：作者是如何把"高傲"写清楚的？又是如何表达对白鹅的情感的？

学习提示：

（1）自由读课文，圈画关键词句，批注你的感受。

（2）小组交流自学成果，共同制作白鹅的观察手记。

图 3-54　动物明星写真集（4）

5.周期性作业：制作"我的动物朋友"的手记，为习作积累素材

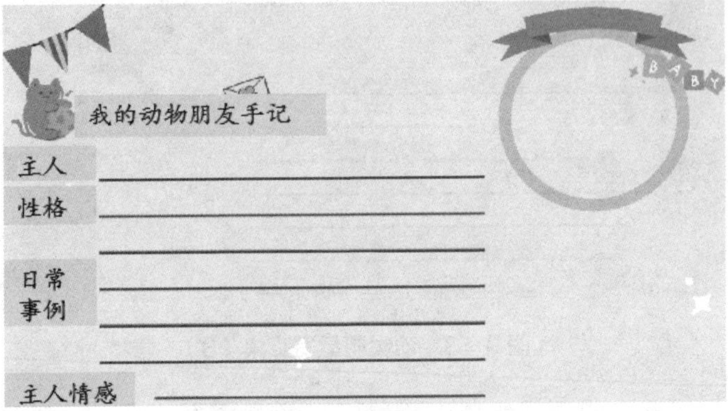

图 3-55　动物明星写真集（5）

（三）活动三：跟随作家学特点，制作摘抄卡

【学习情境】

本单元我们学习了同一作家写不同的动物，也学习了不同作家写同一种动物。在他们的笔下，性格古怪的猫，慈爱尽职的母鸡，高傲的白鹅，无不性格鲜明，栩栩如生，可爱可亲。让我们再次走进这些生灵独特、惹人怜爱的小动物吧，把描写它们特点的词语摘抄下来，加以运用吧！

1.环节 1：凝练特点，制作"可爱"摘抄卡

学习要求：凝练描写猫的词语，制作"可爱"卡片

思考：作者是如何围绕"可爱"把"大猫的古怪""小猫的淘气"写清楚的？

学习提示：

（1）自由读课文，圈画关键词句，梳理词语。

（2）小组交流自学成果，共同制作词语卡片。

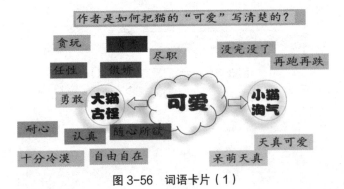

图 3-56　词语卡片（1）

2. 环节 2：对比朗读，制作"变化"摘抄卡

学习要求：对比朗读，制作变化卡片

思考："我"对母鸡态度前后的变化有哪些？把这样的词句积累下来。

学习提示：

（1）自由读课文，画你印象深刻的语句。

（2）小组交流自学成果，共同制作语句卡片。

图 3-57　问句卡片（1）

3. 环节 3：借助插图，制作"高傲"摘抄卡

学习要求：借助插图，制作"高傲"卡片

思考：作者是如何把"高傲"写清楚的？把这样的词句积累下来。

学习提示：

（1）自由读课文，画你印象深刻的语句。

（2）小组交流自学成果，共同制作词句卡片。

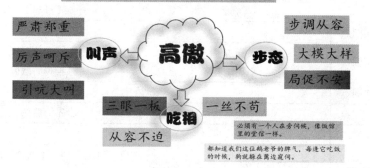

图 3-58　问句卡片（2）

4.周期性作业：制作"我的动物朋友"的词语卡

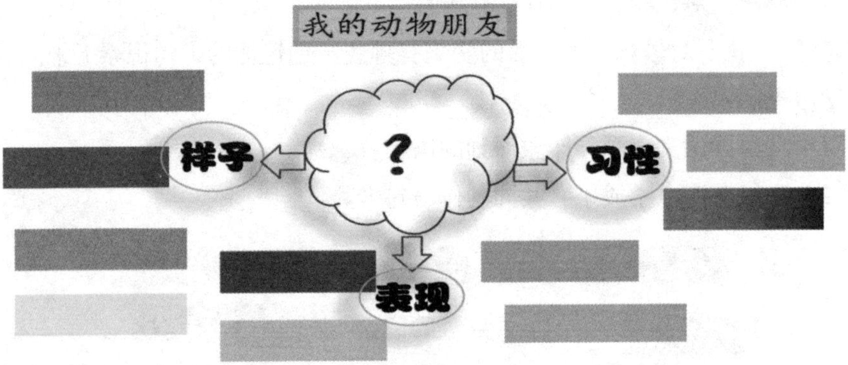

图 3-59 词语卡片（2）

（四）任务四：跟随作家学结构，制作结构图

【学习情境】

同学们，本单元几篇课文各有特点，各有不同的结构安排，也都写出了不同动物的特点，进而让读者感受到了人与动物和谐相处的美好意境。让我们来体会不同情境下，内容的选取、表达方式的不同，对动物特点的情感表达也各有不同。

1.环节1：比较阅读，制作《猫》《母鸡》的结构图

学习要求：比较阅读，制作《猫》《母鸡》的结构图。

思考：《猫》和《母鸡》都是老舍先生的作品，比一比这两篇课文有哪些相同和不同之处？

学习提示：小组共同研讨，完成结构图。

表 3-22 同一作家笔下不同的动物（作者：老舍）

异同		课文	
		《猫》	《母鸡》
结构	相同点	总分	
	不同点	大猫古怪 小猫淘气	孵雏鸡前讨厌 孵雏鸡后敬佩
语言	相同点	口语化	
	不同点	明贬实褒	先抑后扬
情感	相同点	喜爱	
	不同点	全篇写猫的可爱，对猫的喜爱之情	由"讨厌"到"不敢再讨厌"的强烈变化

2.环节 2：关联阅读，制作《猫》《白鹅》《白公鹅》的结构图

学习要求：关联阅读，制作《猫》《白鹅》《白公鹅》的结构图。

思考：老舍、夏丏尊、周而复笔下的《猫》和丰子恺、叶·诺索夫笔下的《白鹅》《白公鹅》，这几篇课文有哪些相同和不同之处？

学习提示：小组共同研讨，完成结构图。

表 3-23　不同作家笔下同一动物

文章或片段	相同之处	不同之处
老舍《猫》	喜爱之情	生活事例：
夏丏尊《猫》		侧面烘托：
周而复《猫》		细节描写：
丰子恺《白鹅》		明贬实褒：
叶·诺索夫《白公鹅》		明贬实褒：

（五）任务五：跟随作家润语言，制作写真集

【学习情境】

同学们，走进动物的世界，我们看到动物们有的在蓝天中展翅高飞，有的在原野上尽情驰骋，有的在水中快乐嬉戏。它们或高大强壮，或小巧玲珑。或威武凶猛，或性情温顺，虽然动物们和我们语言不通，但他们与我们和谐相处，成为了我们亲密的朋友。这节课就让我们来共同走进我们的动物乐园，制作属于我们班的动物写真集吧。

1.环节 1：写一写我的动物朋友

（1）结合"我的动物朋友"记录单，完成一篇写真集的自我介绍

注意围绕突出特点，运用手记和摘抄卡中的好词好句，并配上动物的图片。

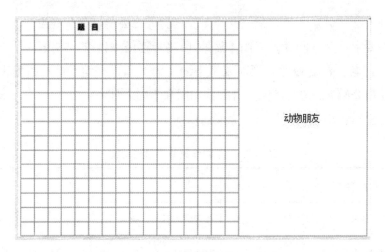

图 3-60 "我的动物朋友"记录单

（2）学习运用拟人和反语，润饰语言

学习要求：再读丰子恺的《白鹅》，感受"高傲"。

思考：哪句描写"高傲"的语句令你印象深刻？尝试着修改自己的作文（出示语句）。

【这样从容不迫地吃饭，必须有一个人在旁侍候，像饭馆里的堂倌一样。因为附近的狗，都知道我们这位鹅老爷的脾气，每逢它吃饭的时候，狗就躲在篱边窥伺。等它吃过一口饭，踏着方步去喝水、吃泥、吃草的当儿，狗就敏捷地跑过来，努力地吃它的饭。鹅老爷偶然早归，伸颈去咬狗，并且厉声叫骂，狗立刻逃往篱边，蹲着静候。】

（3）写好后自己读一读，改正错别字和不通顺的句子。结合习作评价表，进行自评。

表 3-24　习作评价表

评价标准	评价星级
写出了动物的突出特点	
运用了生活事例	
运用了拟人或反语	

2. 环节 2：制作动物写真集

（1）互相评价，习作共赏：和同学交换习作，认真阅读，依据评价表，进行评价，提出修改意见，共同提升。

（2）小组共赏，全班交流：小组分享习作，推选出封面文章，进行全班展示。

（3）汇编成册，制作写真集：小组合作分工：按照不同的动物分类，整理小组作品，设计封面页、目录页、内页，制作《动物明星写真集》。可参考老师提供的样例，也可自行设计。

（4）全班展示交流。

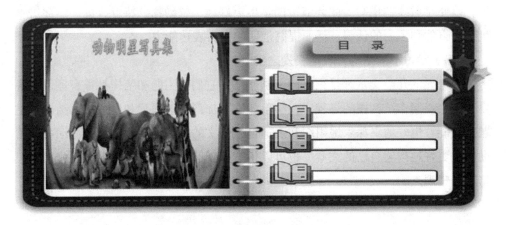

图3-61　动物明星写真集（6）

六、教学现场

再读丰子恺的《白鹅》，通过感受"高傲"来学习抓拟人和反语，以完成对习作的修改，润饰语言。

师：哪些词语让你感受到这只鹅的高傲？

生：我从"堂倌""鹅老爷"看出鹅的高傲。因为"堂倌"在旧时用于称呼饭馆、茶馆和酒店的招待人员。也就是说鹅在吃饭时必须有人伺候着它，写出了它架子十足。作者又把白鹅叫做"鹅老爷"，进一步写出了它的老大的派头，作者名义上是说鹅的高傲，实则是通过幽默的语言写出对鹅的喜爱之情。

师：你还在哪里读过这样句式？

生：妈妈有时候会说，你这傻孩子，怎么不自己吃，还给妈妈留着。

师：尝试运用这种反语修改一下自己的作文，让自己的作文语言显得更幽默。

七、教学反思

（一）梳理核心词语，捕捉动物特点

前测中发现学生对动物的了解比较泛泛，不够全面，对外形的观察不够仔细，对它们的性格了解粗略，列举不出详细的生活事例。通过本单元任务三"跟随作家学特点，制作摘抄卡"的学习，学生能够在梳理词语的基础上，找到动物朋友身上核心的特点，并围绕这一核心特点，将素材进行整理分类，形成逻辑结构，以便于后续的描写。此环节帮助学生更好地了解动物的特点，进一步促进学生们对自然和生命的认识，从而提高他们的语言表达能力。

（二）学习不同结构，表达喜爱之情

本单元的几篇文章都是很好的文学作品，它们的主题和结构都很有趣但又各自不同。在制作结构图的过程中，学生能够更加深入地理解和思考文章结构和主题，并能够更好地更深入地组织和表达自己作文的想法和观点。这一活动可以帮助学生更好地构架自己的文章，也可以拓宽孩子们的视野，接触到不同的文学风格和思想观点。

第四章　第三学段

学生在五、六年级的时候，身体发育会迎来一个成长速度迅猛的阶段，使得学生在心理发展特点上与第一学段和第二学段区别更加显著，心理发展程度也更加成熟，各项分析能力都有了显著提高。在小学高段，学生的思维更活跃，抽象逻辑思维已经发展得相对完善，发表独立观点的能力增强，独立分析能力得到大幅度提高，求知欲、自我意识更强、更加愿意表达自我和进行交流、乐于表达。

第一节　设计概述

语文大单元教学设计要增强各层级教学目标的关联性，更加注重目标体系的完整性。为此，进一步梳理和分析第三学段的具体要求，具体情况如下。

表 4-1　第三学段学习目标

实践活动	学段要求
识字与写字	1. 有较强的独立识字能力。累计认识常用汉字 3000 个左右，其中 2500 个左右会写。感受汉字的构字组词特点，体会汉字蕴含的智慧。
	2. 写字姿势正确，有良好的书写习惯。硬笔书写楷书，行款整齐，力求美观，有一定的速度。能用毛笔书写楷书，在书写中体会汉字的优美。
阅读与鉴赏	1. 熟练地用普通话正确、流利、有感情地朗读课文。默读有一定的速度，默读一般读物每分钟不少于 300 字。学习浏览，扩大知识面，根据需要搜集信息。
	2. 能联系上下文和自己的积累，推想课文中有关词名的意思，辨别词语的感情色彩，体会其表达效果。在理解课文的过程中体会顿号与逗号、分号与句号的不同用法。
	3. 在阅读中了解文章的表达顺序，体会作者的思想感情，初步领悟文章的基本表达方法。在交流和讨论中，敢于提出看法，做出自己的判断。

实践活动	学段要求
阅读与鉴赏	4.阅读叙事性作品，了解事件梗概，能简单描述印象最深的场景、人物、细节，说出自己的喜爱、憎恶、崇敬、向往、同情等感受；阅读诗歌，大体把握诗意，想象诗歌描述的情境，体会作品的情感。受到优秀作品的感染和激励，向往和追求美好的理想。
	5.阅读说明性文章，能抓住要点，了解文章的基本说明方法。阅读简单的非连续性文本，能从图文等组合材料中找出有价值的信息。尝试使用多种媒介阅读。
	6.阅读整本书，把握文本的主要内容，积极向同学推荐并说明理由。
	7.背诵优秀诗文60篇（段），注意通过语调、韵律、节奏等体味作品的内容和情感。扩展阅读面，课外阅读总量不少于100万字。
表达与交流	1.听人说话认真、耐心，能抓住要点，并能简要转述。乐于表达，与人交流能尊重和理解对方。注意语言美，抵制不文明的语言。
	2.表达有条理，语气、语调适当。参与讨论，敢于发表自己的意见，说清自己的观点。能根据对象和场合，稍作准备，做简单的发言。
	3.懂得写作是为了自我表达和与人交流。养成留心观察周围事物的习惯，有意识地丰富自己的见闻，珍视个人的独特感受，积累习作素材。
	4.能写简单的记实作文和想象作文，内容具体，感情真实。能根据内容表达的需要，分段表述。学写读书笔记，学写常见应用文。
	5.修改自己的习作，并主动与他人交换修改，做到语句通顺，行款正确，书写规范、整洁。根据表达需要，正确使用常用的标点符号。习作要有一定速度。课内习作每学年16次左右。
梳理与探究	1.分类整理学过的字词，发现所学汉字形、音、义和书写的特点，发展独立识字能力和写字能力。
	2.感受不同媒介的表达效果，学习跨媒介阅读与运用，初步运用多种方法整理和呈现信息。
	3.初步了解查找资料、运用资料的基本方法。利用图书馆、网络等渠道获取资料，解决与学习和生活相关的问题。尝试写简单的研究报告。
	4.策划简单的校园活动和社会活动，对所策划的主题进行讨论和分析，学写活动计划和活动总结。对自己身边的、大家共同关注的问题，或影视作品中的故事和形象。通过调查访问、讨论演讲等方式，开展专题探究活动，学习辨别是非、善恶、美丑。

　　课程标准中对于第三段学生的要求更为高，以"阅读与鉴赏"语文实践活动的要求为例，小学高段在阅读量上的要求呈翻倍增加，由中段学生的不少于 40 万字增加到不少于 100 万字，同时，学生还被要求分析文字背后蕴含的深意，自发地运用阅读策略，形成个性化的认识和理解。此外，在"表达与交流"语文实践活动中，学段要求中的"发表""说清""能写""自我表达""珍视个人独特感受"等也表明不仅提升了高段学生的阅读水平，同时也强调学生要深化理解和感悟，形成并敢于表达自己独特的见解和看法，这些要求也充分适应了高段学生思维能力水平提升、自我意识增强等发展特点。

　　基于对学生发展特点和学段要求的分析，设计这学段的大单元教学要围绕深入理解文本内容与情感、把握作者的主要观点、感知文本的基本写作方法，通过多媒介阅读展开比较、推断、质疑，引导学生学习发现、思考和探究问题的方法，指导学生勇敢表达自己的个性化思考，并根据问题情境进行恰当的表达与深度的研究。

第二节　在场景、细节中挖掘父母之爱的内涵

——五年级上册第六单元"舐犊情深"教学设计

　　统编版小学语文教科书五年级上册第六单元以"舐犊情深"为主题，选编了展现真挚浓烈母爱的《慈母情深》、回忆含蓄深沉父爱的《父爱之舟》，还有体现父母不同爱的方式的《"精彩极了"和"糟糕透了"》以及口语交际"父母之爱"、习作"我想对您说"和语文园地。单元教学中需落实两个分别指向阅读和习作的语文要素：1. 体会作者描写的场景、细节中蕴含的感情。2. 用恰当的语言表达自己的看法和感受。

　　本单元的三篇课文选材不同，文体不同，国家不同，场景各异，但都体现出无私的父母之爱，字里行间蕴含着真挚的情感，也传递出子女对父母的爱与感激。学生在低段表现儿童生活童真童趣的作品中，建构独立自我个体的同时不断理解家庭构成，理解与家人的关系，从而学会关心自己、关爱他人，在中段反映童年生活的成长故事中进一步体悟成长的意义。到了本单元，学生在成长中体悟情感的基础上在回忆中升华情感，通过一系列的阅读和实践活动，挖

掘"舐犊情深"的含义,深化对"舐犊情深"的理解。在回忆、捕捉和感受生活中小事所蕴含的父母之爱的过程中,唤醒生活体验,关注点滴,体会"父母之爱"的深远、悠长,培养感恩意识,激发感恩之心、之行,进一步促进精神成长。

一、单元指向的学习任务群

本单元课文体裁各异,有小说片段,有回忆性散文,也有记叙文。小说是一种以刻画人物形象为中心、通过完整的故事情节和环境描写来反映社会生活的文学体裁;回忆性散文集叙事抒情为一体,它以散文的基本形态为基础,在叙述上用回忆过去的方式,对过去发生的事件进行阐述,回忆描写;记叙文是以记人、叙事、写景、状物为主,以写人物的经历和事物发展变化为主要内容的一种文体形式。不管是哪种文体,本单元课文都通过描写典型场景,以丰富的细节表现"父母之爱",这其中饱含了作者丰富的情感和人生的感悟,学生阅读过程中,可以在这些文学作品构成的场景、细节中超越时空限制,认识多样社会,理解不同人生,从而获得对世界的间接经验和认知。同时,在体会作者情感的过程中自然受到思想启迪与情感熏陶,在潜移默化中学习作者表达自己独特的体验与思考的方法,尝试自己创作文学作品,助力语文课程核心素养的落实,为培养纯正的文学鉴赏力和创造力发挥更大作用。

因此,本设计主要对应"文学阅读和创意表达"学习任务群。"文学阅读与创意表达"任务群有助于提升学生审美情趣和语言运用素养,是核心素养重要的组成部分。任务群下的同一学习内容,不同的单元,学习任务侧重各不相同,但任务与任务之间应存在互补或递进的关系,即通过不同单元的学习共同或逐步落实任务群中的学习内容。就学生发展的特点来看,本设计可连同五年级下册一单元"童年往事"、六年级上册四单元"小说"、六年级下册三单元"习作"的学习,引导学生做主动的阅读者,积极的分享者,创意的表达者,通过阅读反映少年成长的故事、小说等,在场景、细节与环境的关联中体悟情感,学习文学表现手法,多渠道、多形式交流自己获得的启示,描述自己成长中的故事,表达真情实感,激发阅读整本书的兴趣,并在制作年历、创演课本剧、制作成长册等多个任务中持续、递进地梳理自己在成长过程中的足迹和收获,进而促进核心素养的提升。

二、单元学习主题分析

（一）单元教学价值分析

1.助读系统

本单元的人文主题是"舐犊情深"，篇章页以"舐犊之情，流淌在血液里的爱和温暖"开启单元的学习。语文要素"体会作者描写的场景、细节中蕴含的感情。"指向阅读，"用恰当的语言表达自己的看法和感受。"指向习作表达。

单元课文注释大都涉及作者及选文情况。

《慈母情深》注释：本文作者梁晓声，选作课文时有改动。

《父爱之舟》注释：本文作者吴冠中，选作课文时有改动。

《"精彩极了"和"糟糕透了"》注释：本文作者是美国的巴德·舒尔伯格，译者唐若水，选作课文时有改动。

可见，本单元的三篇文章均为名家名作，通过描写典型场景，以丰富的细节表现"父母之爱"，展现了父母与孩子之间的点点滴滴，字里行间蕴含着真挚的情感。因此，学习本单元的目的就在于读名家名作，体会作者情感，触发共鸣、思考，促进个人情感认知，从而挖掘爱、表达爱。

2.课文系统

围绕"舐犊情深"，选编的三篇课文有的写了无私的母爱和父爱，或外显浓烈，或含蓄深沉，或表现爱的不同方式，字里行间蕴含着真挚的情感，也传递出子女对父母的爱与感激。

《慈母情深》记叙了"我"的母亲在家境极端贫困的情况下毫不犹豫地给"我"买《青年近卫军》的事，展现了母亲对儿子深切、深沉、深远的爱，也表达了"我"对母亲的爱和感激。课文在整体布局上层层铺垫烘托，作者将故事设置在特定的具体场景中，逐步将母亲"伏案工作""转过身来""掏钱塞钱""继续忙碌"的场景一幕幕展开，语言朴实却极富张力。主谓倒置的"特写镜头"、短平快的对话描写、多次反复手法的运用等都将母亲爱孩子的深情款款道尽，全文没有一个"爱"，却字字是爱，句句含情。

《父爱之舟》以梦为境，追忆了作者早年与父亲住旅店、逛庙会以及父亲送自己上学、考学的场景，用明白如话的语言将父亲对自己的爱以及自己对父亲的怀念融于字里行间，缓缓叙述，饱含深情，感人至深。课文中有两幅插图，都是作者吴冠中本人的作品。第一幅图作者用简单的色彩，描绘了家乡江南水乡的景致；第二幅画的是江面上有几只小渔船，有的近在眼前，有的驶向远方，呈现出作者对小渔船独有的情感。

《"精彩极了"和"糟糕透了"》讲述了父母对作者所写的一首诗的不同反应，体现了父母之间不同的教育思想和教育风格以及父母不同方式的爱。相对前两篇精读课文而言，本文则更具思辨意味。整篇文章依托作者、父亲、母亲三者之间的对话推动整个故事的进展，父亲和母亲争吵的场景和人物动作、神态、心理等细节描写让学生有种似曾相识的感觉。

三篇文章选材不同，文体不同，国家不同，场景各异，但都主要是通过具体的场景、细节来写人叙事，展现无私的父母之爱。因此，三篇课文共同唤醒学生的生活经验，引导他们捕捉和感受生活中的小事中蕴含的父母之爱，挖掘并深化学生对"舐犊情深"的理解，促进学生精神成长，培养学生感恩意识。

3. 练习系统

课后习题是我们把握教学重点的抓手，梳理本单元课后习题：

（1）指向单元主题

《慈母情深》：默读课文，边读边想象课文中的场景，说说哪些地方让你感受到了"慈母情深"。

《父爱之舟》：课文为什么以"父爱之舟"为题？从课文中找出相关内容说说你的理解。

《"精彩极了"和"糟糕透了"》课前导语：默读课文，想想父亲和母亲对巴迪的诗为什么会有不同的看法；巴迪长大后，又是如何看待这件事的。联系生活实际，说说你如何看待巴迪父母表达爱的方式。

（2）指向"语文要素"

《慈母情深》：

① 读下面的句子，注意反复出现的部分，想想它们的表达效果。课文中还有一些这样的语句，画出来和同学交流。

· 背直起来了，我的母亲。转过身来了，我的母亲。褐色的口罩上方，一对眼神疲惫的眼睛吃惊地望着我，我的母亲的眼睛……

· 母亲说完，立刻又坐了下去，立刻又弯曲了背，立刻又将头俯在缝纫机板上了，立刻又陷入手脚并用的机械忙碌状态……

② 小练笔：联系上下文，说说为什么"我"拿到钱时"鼻子一酸"。你有过"鼻子一酸"的经历吗？试着写一写。

《父爱之舟》：

① 默读课文，说说在"我"的梦中出现了哪些难忘的场景，哪个场景给你的印象最深。

② 读下面的句子，回答括号里的问题。

·这是我第一次真正心酸的哭，与在家里撒娇的哭、发脾气的哭、打架的哭都大不一样，是人生道路中品尝到的新滋味了。（"新滋味"指的是什么？）

·我什么时候能够用自己手中的笔，把那只载着父爱的小船画出来就好了！（从这句话中，你体会到了作者对父亲怎样的情感？）

可见整个单元的练习体系紧紧围绕着单元的主题"舐犊情深"和语文要素"体会作者描写的场景、细节中蕴含的感情。"并初步尝试片段练习"用恰当的语言表达自己的看法和感受。"习题的设置紧扣人文主题和语文要素，将课文学习与生活实际相结合，从阅读作品体会情感到联系生活表达看法或感受，真正实现了从学生生活实际出发，源于生活，回归生活。

4. 知识系统

本单元的阅读要素是"体会作者描写的场景、细节中蕴含的感情"。《慈母情深》《父爱之舟》分别从"联系生活实际、联系上下文、边读边想象场景、抓关键词语，体会作者描写的场景和细节中流露出的'慈母情深'和联系多个场景、细节，体会深切的父爱"；略读课文《"精彩极了"和"糟糕透了"》则注重和学生生活建立紧密联系，唤醒学生经验，感受生活小事中蕴含的父母之爱。从品读场景、细节到联系多个场景、细节体会人物情感，再到唤醒学生自己的生活经验，感受生活小事中蕴含的父母之爱，从而内化文本情感，升华人文素养，切实感受自己生活中真实存在的"舐犊情深"。口语交际"父母之爱"和习作"我想对你说"，意在引导学生把阅读中学习到的"抓住描写的场景、细节体会人物感情"的方法运用到口语交际和习作中，尝试联系生活中的类似经历，选择恰当的材料，从细节描写中表达出自己的真情实感。三篇课文、口语交际、习作前后关联，实现由读到说再到写的迁移，进一步提高学生的口语表达能力，最终实现阅读素养与多种方式创意表达能力的双提升。

通过以上分析，确立本单元的教学价值为阅读名家名作，在场景、细节中挖掘父母之爱的内涵，从而唤醒学生的生活体验，捕捉与父母相处中打动自己的一幕幕场景，迁移表达方法，表达独特感受。

（二）单元落实学习任务群目标的独特价值

通过分析本单元的教学价值，本单元能够作为落实"文学阅读与创意表达"任务群，第三学段学习内容第四条"阅读反映少年成长的故事、小说、传记等，交流自己获得的启示；学习运用细节描写等文学表现手法，描述自己成长中的故事。"的载体。本单元落实任务群的独特价值在于，通过一系列的阅读和实践过程加深对"舐犊情深"的理解，唤醒生活体验的同时，关注点滴，懂得爱与被爱，体会"父母之爱"的深远、悠长，激发学生的感恩之心、之行，促进学生精神成长。

（三）单元学习主题

依据本单元的编排特点和落实"文学阅读与创意表达"任务群的独特价值，确立了本单元的学习主题——"在场景、细节中挖掘父母之爱的内涵"。在这一学习主题的引领下，结合自己与父母相处的经历，将自身的情感和认知融入文本阅读之中，去深刻理解作者意图，挖掘父爱之爱的内涵，从而体会爱，表达爱，感恩爱，进而真正实现编者在单元结构上的选篇意图，最终提升自身综合素养和语文能力。

三、学习目标

（一）预设目标

在进入本单元学习活动之前，教师结合对教材的研读和针对学生生活经验、学习经验进行的预判，制定了如下的预设目标：

1. 学习《慈母情深》《父爱之舟》《"精彩极了"和"糟糕透了"》三篇课文，了解故事内容，表达对父母的感恩之心。

2. 能体会作者描写的场景、细节中蕴含的情感，并有感情地朗读课文。

3. 能够联系生活实际，用语言表达自己的看法和感受。

（二）学情分析

在制定预设目标后，为了准确了解学生学习本单元的起点，摸清学生真实的认知状况，在开启单元教学之前，教师对五年级进行了如下调研，并做出分析。

1. 形式一：访谈

表4-2 访谈表

项目	内容
访谈问题	阅读文章时，你是怎样体会作者表达的感情？
访谈目的	了解学生本单元落实语文要素的起点。
访谈时间	学习本单元之前
访谈对象	五年级学生
访谈形式	集体采访
访谈结果	类型1：我能通过边读边想象的方式体会作者表达的情感。 类型2：我会关注文中一些关键词句，比如从文章反复出现的词句，文章开头结尾段落的句子去体会作者表达的情感。 类型3：我会关注作者在抒发情感时借助的事物，推测作者借助事物表达的情感。 类型4：我会借助背景资料、作者经历等深入体会作者表达的情感。

2. 形式二：分析素材积累单

表4-3 单元学习任务："舐犊情深"主题年历制作

单元学习任务："舐犊情深"主题年历制作		
学习提示： 1. 回忆、捕捉与父母相处过程中打动你的场景、细节，通过画一画或拍一拍的方式记录场景，并配上文字，制作年历插页。 2. 单元学习完成后，继续搜集场景，制作插页，元旦前作为新年礼物送给父母。		
打动你的那一幕（拟小标题）	原因	场景描写
鼻子一酸	我的母亲值夜班，我、爸爸和妹妹去看她。	那天晚上，我去了母亲工作的地方，那只有几十平方米的房间里，我的母亲正在着急地打着电话，几张很小的力公桌上有着许多的文件，我想加母亲说句话，可母亲非常忙碌，连她的正脸也没看到，回家时，我不禁鼻子一酸……

　　通过访谈发现学生能够边读边想象画面、抓住关键语句等体会作者感情，但还需要建立"生活经验"与"文本内容"的联系，提升依据关联场景、细节体会作者感情的能力。

　　收集、整理学生生活素材积累单，发现大部分学生对日常父母的做法中渗透的爱有所体会，但对他们触动不深，需要更加敏锐捕捉和感受父母的爱，理解父母的教育方式，感恩父母，懂得表达对父母的感恩之情。同时，大部分孩子能够捕捉生活中的父母之爱的场景，但仍需要更细致、敏锐地去捕捉与父母相处的典型场景和细节。

　　因此本单元需要基于学生已有生活经验与学习经验，引导学生在单元创设的真实情境中，抓住场景、细节，适当运用资料深入体会"舐犊情深"，以此唤醒学生的生活体验，捕捉与父母相处中打动自己的一幕幕场景，迁移表达方法，表达独特感受，并通过制作"舐犊情深"主题年历册这一单元大任务，深化对主题理解的同时，促进综合能力和素养的提升。

　　（三）单元目标

　　1.学习《慈母情深》《父爱之舟》《"精彩极了"和"糟糕透了"》三篇课文，了解故事内容，列举出父母和子女之间的爱的点滴，表达对父母的感恩之心。

　　2.通过联系生活、借助资料、引入原文等方法，交流作者描写的场景、细节中蕴含的情感，并有感情地朗读课文。

　　3.捕捉生活场景、细节，通过口语交际和写一封信，用恰当的语言表达自己的看法和感受。

　　4.积累、选取生活中的素材，参与"舐犊情深"主题年历制作实践活动，表达父母与子女之间的深情。

四、单元学习任务

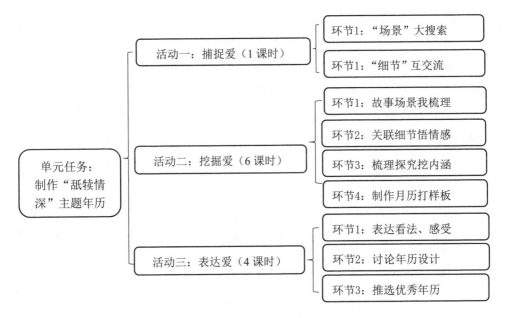

图 4-1　单元学习任务

　　根据单元目标，本单元的学习任务设定为：制作"舐犊情深"主题年历，采用单元整合的理念，进行单元整体分析架构，围绕"在场景、细节中挖掘父母之爱的内涵"这一单元学习主题，确定了"制作'舐犊情深'主题年历"这一学习任务，并以此为依托，设计了"捕捉爱""挖掘爱""表达爱"具有逻辑关联的三个语文实践活动。

　　活动一：捕捉爱。结合发布的单元学习任务，明确单元学习目标。引导回忆生活中和父母相处一幕幕场景，捕捉、选取打动你的一两处场景，用文字描绘出来，进行片段写作。为综合实践——制作"舐犊情深"主题年历积累素材，为单元学习做铺垫。

　　活动二：挖掘爱。走进三篇国内外名家描写父母的文章，以"选取典型场景制作月历"为抓手，引导学生抓住场景、细节，体会作者字里行间蕴含的舐犊之情，并学习作者用恰当语言表达自己的看法和感受的方法。联系生活，迁移方法，修改"年历插页"配文。在读懂名家笔下的父亲母亲形象的同时，学习场景细节抒真情的写法，达成单元目标 1 和目标 2。

活动三：表达爱。通过回忆、捕捉自己生活的场景、细节，表达自己对父母的看法和感受，并迁移运用课文中学到的方法，写一封信，用恰当的语言、创意的方式表达看法和感受。在表达输出的同时，选定制作年历的场景，达成目标单元 3。最后，根据选择的场景，绘制图画或拍摄照片，并配上恰当的文字。制作成年历，赠送给父母，表达感恩之情，达成单元目标 4。

三大活动围绕学习任务展开，引导学生主动阅读、深入探究、乐于表达，从体会感情到表达感情，从言语输入到言语输出，从阅读到实践，在落实好单元语文要素的同时，加深对人文主题"舐犊情深"的理解。

五、单元学习活动

表 4-4　单元学习活动表

学习活动	学习要求
捕捉爱	1. 回忆生活中和父母相处的场景，选取感受深刻的场景进行记录。
挖掘爱	1. 有感情地朗读课文，边读边想象，结合场景、细节探究"一元五角""小舟""不同评价语言"承载的意义，从而体会"舐犊情深"，感受父母与子女之间的爱。 2. 联系生活实际，选取素材积累单中打动自己的一幕，迁移运用表达感受的方法，为月历配文。
表达爱	1. 用恰当的语言，选取恰当材料，支持自己的观点并尊重别人的观点，对别人的发言给予积极回应。 2. 写一封信，用恰当的语言表达自己的看法和感受，让别人了解你的想法，体会到你的感情。 3. 根据选择的场景，绘制图画或拍摄照片，并配上恰当的文字。 4. 制作年历，赠送父母，表达感恩。

（一）活动一：捕捉爱

【活动目标】

回忆生活中和父母相处一幕幕场景，选取感受深刻的场景进行记录。

【活动过程设计】

学习情境：舐犊之情，流淌在血液里的爱和温暖。相信你在和父母相处的过程中，肯定有很多难忘的场景，请你回忆、捕捉父母打动你的场景、细节，通过画一画或拍一拍的方式记录场景，并配上文字，制作年历插页。单元学习完成后，继续搜集场景，制作插页，元旦前作为新年礼物送给父母。

1.学习环节1："场景"大搜索

（1）记忆唤醒：回忆和父母相处过程中，打动自己的场景、细节，和学习伙伴简单交流。

（2）素材积累：利用单元素材积累单进行场景积累，为制作年历做准备。

2.学习环节2："细节"互交流

（1）简单交流单元初读感受。

（2）发布单元学习任务。

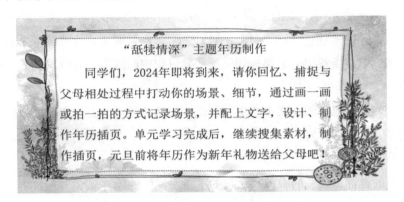

图4-2　环节二单元学习任务

表4-5　学习活动评价表（1）

评价标准	评价方式及等级								
	自评			互评			师评		
	☆☆☆	☆☆	☆	☆☆☆	☆☆	☆	☆☆☆	☆☆	☆
能抓典型场景、细节记录和父母相处时的一幕幕。									
年历版面设计美观。									

（二）活动二：挖掘爱

【活动目标】

1.有感情地朗读课文，边读边想象，结合场景、细节探究"一元五角""小舟""不同评价语言"承载的意义，从而体会舐犊情深，感受父母与子女之间的爱。

2.联系生活实际，选取素材积累单中打动自己的一幕，迁移运用表达感受的方法，为月历配文。

【活动过程设计】

学习情境：不同年代、不同国家的不同父母，或许表达情感的方式不同，但那份"舐犊之情"定能让你找到自己父母的影子，定会让你感动！让我们一起走进名家的父亲母亲，在场景、细节中去感受、挖掘父母之爱。

1.学习环节1：故事场景我梳理

（1）初读感知：让我们一起走进作家们的"父亲母亲"，读一读《慈母情深》《父爱之舟》《"精彩极了"和"糟糕透了"》三篇课文，注意读准字音，读通句子。想一想，作者记录了哪些和父母相处过程中的故事？有哪些场景、细节让你感动？

（2）归类理解：朗读文中的生字新词，尝试通过联系上下文、联系生活、结合插图等方式进行理解。

阴暗、颓败、潮湿、破旧

瘦弱的脊背、疲惫的眼神、皲裂的手指、偏僻的地方

震耳欲聋、恍恍惚惚

（3）积累句子：读读自己觉得有新鲜感的句子，试着读出自己的理解并积累下来。

示例：

背直起来了，我的母亲。转过身来了，我的母亲。褐色的口罩上方，一对眼神疲惫的眼睛吃惊地望着我，我的母亲的眼睛……

他扎紧裤脚，穿一双深筒钉鞋，将棉袍的下半截撩起扎在腰里，腰里那条极长的粉绿色丝绸汗巾可以围腰两三圈，还是母亲出嫁时的陪嫁呢。

就这样，我有了第一本长篇小说……

醒来，枕边一片湿。

2.学习环节2：关联细节悟情感

【共学得法】

（1）巧抓"支点"，体会感情

读《慈母情深》，思考：对于母亲而言，那"一元五角"意味着什么？

表 4-6　学习任务表

| 学习任务: |
| 思考:对于母亲而言,那"一元五角"意味着什么? |

学习提示:

默读课文,结合场景、细节,边读边想象,并思考:对于母亲而言,那一元五角意味着什么? 简单批注,完成学习单。

意味着什么?	场景、细节(关键词)	感受	我的发现

(2)走进场景,知"情之深切"

①结合厂房特点,初知母亲"环境恶劣"。

②关注"我"进入厂房的感受,侧面加深对母亲工作环境的理解。

③关注外貌等细节,体会母亲的不易。

④结合资料,知母亲"负担"之大。

资料1:

母亲是一位临时工,父亲在遥远的大西北工作,五个孩子,全凭母亲带着。母亲在一个街道小厂上班,每月工资27元钱。她每天不吃早饭,带上半饭盒生高粱米或大饼子,悄无声息地离开家,每天回家总在七点半左右。

——节选自梁晓声《母亲》

资料2:

一元五角相当于六十个大饼。

⑤抓结尾省略号,关联作者"成就",感悟母亲"情之深远"。

【自学迁移】

(1)自主阅读《父爱之舟》《"精彩极了"和"糟糕透了"》,探究"小舟"及父母不同评价背后的涵义。

(2)借助自学成果全班进行交流,加深理解。

3.学习环节3:梳理探究挖内涵

(1)结合之前单元的学习,根据学习单先自主梳理探究名家是如何表达"舐犊之情"的。

表4-7 梳理探究

题目	故事情节（内容）	关键词句	我的感受	如何表达	我的发现
《慈母情深》					
《父爱之舟》					
《"精彩极了"和"糟糕透了"》					

（2）从表达特点、文章结尾等方面梳理名家表达"舐犊情深"的方法。

（3）迁移方法，尝试修改、完善素材积累单上记录的和父母相处的精彩一幕幕。

（4）分享修改后的片段。

4.学习环节4：制作月历打样板

选择素材积累卡中内容，学习作者记录父母打动他们一幕幕的方法，记录你和父母的故事片段，并精心制作月历，还可以给你的月历取一个题目。

表4-8 学习活动评价表（2）

评价标准	评价方式及等级								
	自评			互评			师评		
	☆☆☆	☆☆	☆	☆☆☆	☆☆	☆	☆☆☆	☆☆	☆
能独立识字，初步感知内容。									
能抓住场景、细节体会情感。									
能运用作家表达看法和感受的方法尝试片段习作。									
月历版面设计美观。									

（三）**活动三：表达爱**

【活动目标】

1.用恰当的语言，选取恰当材料，支持自己的观点并尊重别人的观点，对别人的发言给予积极回应。

2.写一封信，用恰当的语言表达自己的看法和感受，让别人了解你的想法，体会到你的感情。

3.根据选择的场景，绘制图画或拍摄照片，并配上恰当的文字。

4.制作年历，赠送父母，表达感恩。

【活动过程设计】

学习情境：读了梁晓声、吴冠中和巴德·舒尔伯格和自己父母的故事，再回首和父母相处的一幕幕，相信你感受颇深，一定也想表达自己对父母的感恩之情。还有两个月，新的一年就要到来，赶紧完成你的"舐犊情深"年历制作，在元旦前作为礼物送给父母吧！

1.学习环节一：表达看法、感受

（1）创设情境，激发动机

① 你对本单元中哪篇课文中的哪个场景、细节感触最深？并说说理由。

② 回顾自己生活中的爱：生活中，我们会有很多心声想对别人倾诉：告诉爸爸妈妈对某个问题的不同看法，跟朋友诉说自己成长中的点滴烦恼，向为社会做出贡献的人表达敬佩之情……此刻，你想对谁倾诉，想要说些什么呢？我们一起交流交流吧！可以是父母之爱，朋友之爱、社会之爱……

（2）打开思路，指导选材

① 四人小组交流讨论，完成"爱的留言板"。确定自己想对谁说，说什么，为何说。

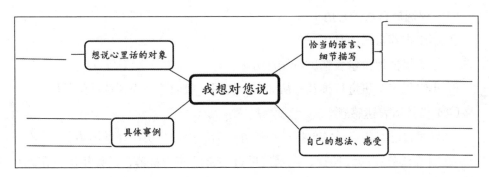

图 4-3　"爱的留言板"

② 梳理自己的习作思路。

（3）完成习作，传达真情

① 情到深处文自工。利用例文复习书信格式。

② 学生自由书写表达。

（4）课后延伸，送达信件

把自己写的书信悄悄放到父母的枕边，也可以郑重其事地递到好友手里，还可以将信件拍成照片或转化成电子文档，用 QQ、微信、电子邮件等方式发送给倾诉对象。

表 4-9　学习任务评价表（3）

评价标准	评价方式及等级								
	自评			互评			师评		
	☆☆☆	☆☆	☆	☆☆☆	☆☆	☆	☆☆☆	☆☆	☆
能根据生活梳理口语交际思路。									
信的格式正确。									
能用恰当的语言表达自己的看法和感受。									

2. 学习环节 2：讨论年历设计

（1）展示单元学习后自主完成的月历设计。

（2）想想如何推荐自己的月历。

（3）说说你想怎样设计年历。

3. 学习环节 3：推选优秀年历

（1）评选最喜欢的月历

① 小组推荐自己的月历。

② 小组根据评价量表选出最佳月历。

③ 小组代表全班进行推荐，从文字、构图、版面等方面评选最佳月历。

（2）借月历表达感恩

① 反思自己月历设计需要提升的地方，为后面的月历设计做铺垫。

② 明确任务：继续捕捉、记录父母打动自己的一幕幕，设计年历，在元旦前作为礼物送给父母。

表4-10 学习任务评价表（4）

评价标准	评价方式及等级								
	自评			互评			师评		
	☆☆☆	☆☆	☆	☆☆☆	☆☆	☆	☆☆☆	☆☆	☆
能抓典型场景、细节记录和父母相处时的一幕幕。									
年历版面设计美观。									

六、教学现场

《慈母情深》是一篇老课文，教学容易落入俗套的"体会到什么情感？""如何表达情感？"这样千课一面的状态。本课教学另辟蹊径，定点聚焦文中"一元五角"这个支点，引导学生带着"于母亲而言，那'一元五角'意味着什么？"这个极具思维空间、能激发学生阅读和探究兴趣的问题，走进场景，聚焦细节，在阅读与鉴赏中，多角度感悟"一元五角"背后所承载的涵义。

（一）聚焦细节，感"情之深沉"

教师在此环节引导孩子抓住母亲和"我"以及母亲和"那个女人"两处对比，引导学生关注标点及母亲的细节描写，联系前后，深入感悟母亲深沉的爱。

师：刚才几个小组关注到了母亲工作环境的恶劣，以及母亲瘦弱的身躯担负起的是家庭的责任，感受到这"一元五角"是母亲对子女深切而厚重的爱。其他小组还有补充吗？

生：我们觉得"一元五角"意味着母亲很支持"我"看书。请大家跟我看"我"和母亲的对话："你来干什么？""我……""有事快说，别耽误妈干活！""我……要钱……""要钱干什么？""买书……""多少钱？""一元五角就行……"从对话中省略号可以看出，"我"很犹豫，不好意思开口，因为看到母亲太不容易了，但母亲知道"我"是找她要钱是买书，她都没说别的，说话很干脆，就直接问多少钱，听到一元五角，都没犹豫就掏出"毛票"数完"一塞"。

师：一段短平快的对话把"我"的犹豫和母亲毫不犹豫形成的鲜明对比展现出来。"我"在犹豫什么呢？联系上下文想一想。

生：母亲在那种环境中工作挣的钱，都累成这样了，"我"不好意思开口。

可是"我"又特别想要《青年近卫军》。

生："我"从来没要过这么多钱，本来就很犹豫，再看到母亲是这样在工作，"我"很心疼，很羞愧，觉得自己不该问母亲要钱，很纠结。但想要《青年近卫军》想得都失魂落魄了，所以又忍不住说了。

师：梁晓声此时的羞愧、纠结、心疼、矛盾就藏在这一个个省略号中，我们分角色来读读这段对话。

（男、女）分角色读课文。

师：他们关注到的是母子的对比，还有补充吗？

生：还有那个女人和母亲的对比。那个女人说"大姐，别给！没你这么当妈的！供他们吃，供他们穿，供他们上学，还供他们看闲书哇！"接着又对着"我"喊："你看你妈这是在怎么挣钱？你忍心朝你妈要钱买书哇？"母亲却说："谁叫我们是当妈的呀！我挺高兴他爱看书的！""我"感受到母亲很愿意"我"看书，别人不理解母亲的做法，但母亲依然坚决地把钱塞给了"我"。所以，我们觉得这一元五角意味着母亲希望"我"多读书。

师：在当时社会背景下，那个女人代表着大多数人的想法，可梁晓声的母亲却不一样。她把常人难以忍受的环境中，用自己的身体换来的血汗钱，在常人难以理解的情况下毫不犹豫地塞了"我"。你怎么理解母亲的这一"塞"？

生：我觉得"母亲一塞"保护了"我"读书的兴趣爱好，怕"我"受那个女人说的话的影响。希望"我"继续读书，寄托了对"我"的期待。

生：我觉得母亲看穿了"我"的犹豫，怕"我"有想法，有压力，不敢买书看了，从后文"我"鼻子一酸跑出去给母亲买了罐头，也说明作者真的觉得拿一元五角买书有些对不起母亲，但母亲却非常支持他，坚决地把钱给了梁晓声。

师：你们不仅读懂了梁晓声，更走进了母亲的内心，这一"塞"是母亲对"我"看书爱好一种无声的保护，是母亲无条件支持"我"看书的一种态度。正所谓"父母之爱子，则为之计深远。"这一元五角中饱含着母亲对"我"的期待和深沉而悠远的爱。

（二）联结"成就"，悟"情之深远"

继上一环节学生抓省略号联系前后读懂作者复杂的内心后，教师再次引导学生结合资料谈谈结尾处"省略号"的理解。

师：母亲的爱一直伴随着"我"成长，一起读读课文最后一句。你能结合你查找的资料来谈一谈你对省略号的理解吗？

生读句子，谈理解：梁晓声后面有了很多的作品，比如《父亲》《勇敢》《幸福》《红旗谣》，这些都跟母亲支持他看书离不开的。

生：我知道他后来取得了很高的成就，不仅是作家，还是编剧，他的很多作品都被拍成了影视剧，比如前段时间我妈一直在看的《人世间》，感动了很多人。我想正是因为母亲的这一举动，影响了梁晓声的一生。

师：梁晓声后来之所以能写出许多优秀的作品，我想正是少年时从母亲手里接过那一元五角，买了第一本长篇小说起步的。因此，当他第一部小说要发表时，他感慨万千——

师课件出示原文，生读原文：我忘不了我的小说第一次被印成铅字那份儿喜悦。真是的，我想我该喜悦，却没怎么喜悦。避开人我躲在一个地方哭了，那一时刻我最想我的母亲……

师：此时，你又觉得这一元五角意味着什么？

生：是他一生成就的源头。

师：儿子的成长源于这——

生：一元五角。

师：儿子的成就源于这——

生：一元五角。

师对照板书总结：这一元五角还是母亲深远而绵长的爱，这份爱伴随着"我"的一生，影响了"我"的一生……这一元五角看似意味着母亲的艰辛，母亲承担的沉重的负担以及对"我"的未来充满的期待和希望，实则这一元五角钱承载着母亲深切、深沉、深远的爱。

本课通过"一元五角"这一支点的撬动，盘活整个课堂，引导学生在阅读与鉴赏中，紧扣文本，由场景聚焦细节，对"一元五角"的理解从浅层走向深入，思维的广度和深度都得到延展，进而逐层感悟、挖掘母亲深切、深沉、深远的爱，对"舐犊之情"的理解逐渐深化。

七、教学反思

（一）"一老""一新"对接，改变整个课堂

2022版"新课标"颁布，当《慈母情深》《父爱之舟》这样的"老课文"遇上了"新课标"，必须将这"一老""一新"进行对接，力求让"老课文"在"新课标"的引领下焕发新活力。因此，本案例依据"新课标"规定的语文学习的四

大维度"识字写字""阅读鉴赏""梳理探究""表达交流"设计活动,引导学生做主动的阅读者,在阅读鉴赏中抓场景、细节体悟情感;做积极的探究者,在梳理探究中发现作者表达感受的方法,体会其表达效果;做创意的表达者,在表达交流、制作年历活动中发展语言、思维,加深对"舐犊情深"的理解,让"老课文"成为"新课标"落地的载体,切实促进学生核心素养的提升。

(二)"一体化评价"优化整个课堂

本单元在布置单元任务时,将制作"舐犊情深"主题年历册的评价标准和任务一同发布。单元推进过程中,用评价标准来指导教师的教和学生的学,学生逐层理解课文的过程也是逐步深化对评价标准理解的过程,在此基础上,参照评价标准要求制作自己的年历,并以此评价标准对制作年历的过程及最后的成果进行过程性评价和终结性评价。

第三节　运用基本方法描绘众生相

——五年级下册第五单元"众生相"教学设计

五年级下册第五单元,以"字里行间众生相,大千世界你我他"为主题,编排了一组名家名作片段《人物描写一组》,一篇精读课文《刷子李》,两篇习作例文《我的朋友容容》和《小守门员和他的观众们》,习作"形形色色的人"以及"语文园地"。单元教学中需要落实两个语文要素:学习描写人物的基本方法;初步运用描写人物的基本方法,具体地表现一个人的特点。

课文和习作例文中呈现了多个特征鲜明的人物,如机智敏捷的少年小嘎子、结实健壮的车夫祥子、极度吝啬的乡绅严监生、技艺超群的手艺人刷子李、天真忠于职守的儿童容容、尽职尽责的小守门员以及个性鲜明的观众们。这些人物时代不同、行业不同、年龄不同。几篇文章作者选取典型事例,运用动作描写、外貌描写、语言描写、正面侧面相结合等写人方法,描绘出了一幅幅人物画卷。通过本单元的学习,学生不仅领略了"众生相",窥见了大千世界芸芸众生的一角,还体会了语句的表达效果,习得写人的方法,能够选择典型事例,通过人物细节描写,具体地表现人物的特点。

一、单元指向的学习任务群

本单元以培养学生写人的能力为主线安排各部分教学内容，精读课文节选自名家名作，用极其精练的语言，塑造了个性鲜明的人物，精读课文直接指向学生习作能力的培养。"交流平台"和"初试身手"部分，引导学生梳理具体表现人物的基本方法，并尝试初步应用；习作例文与单元习作，通过批注的方式，加深对具体表现人物特点方法的体会，并进行综合运用。整体看，本单元适合用作"实用性阅读与交流""文学性阅读与创意表达"两个任务群的教学资源。

二、单元学习主题分析

（一）单元教学价值分析

1. 助读系统（单元说明）

本单元的主题是"众生相"，单元首页以"字里行间众生相，大千世界你我他"开启单元的学习。语文要素"学习描写人物的基本方法。"指向阅读，"初步运用描写人物的基本方法，具体地表现一个人的特点。"指向习作表达。

本单元课文注释大都涉及作者、文章出处以及难理解字词。

《人物描写一组》"摔跤"注释：本文选自《小兵张嘎》，作者徐光耀，选作课文时有改动。

《人物描写一组》"他像一棵挺脱的树"注释：本文选自《骆驼祥子》，作者老舍，选作课文时有改动。

注释：〔杀进他的腰〕把他的腰勒得细一些。

《人物描写一组》"两茎灯草"注释：本文选自清代吴敬梓的《儒林外史》第五、第六回，选作课文时有删节，题目为编者所加。

注释：〔监生〕明清两代指在国子监读书或取得进国子监读书资格的人。也可以用捐纳的办法取得这种称号。

注释：〔的〕现在写作"地"。本文有的用字与现在不同，遵照原文，未加改动。

注释：〔一声不倒一声〕一声连着一声。

注释：〔睁的的溜圆〕现在写作"睁得滴溜圆"。

注释：〔哥子〕古时对男童的称呼。

《刷子李》注释：本文作者冯骥才，选作课文时有改动。

《我的好朋友容容》注释：本文作者任大霖，选作课文时有改动。

《小守门员和他的观众们》注释：本文由人民教育出版社小学语文室编。

其中，一部分注释指向了作者和课文出处，如徐光耀的《小兵张嘎》、老舍《骆驼祥子》、吴敬梓的《儒林外史》，可见，课文选自不同时代的名家名作。此外，另一部分注释指向了课文中与现在表达不同的词和短语，这些词语的保留是对原著的尊重，也体现出原著的分量。由此可见，本单元的课文和习作为学生学习写人，提供了经典范文。

2. 课文系统

鲜明的人物形象，经典的写人方法，就藏在文字背后。

表 4-11 鲜明人物形象表

课题	人物	特征	描写人物的基本方法
课文《人物描写一组》	农村少年小嘎子	机灵、有心机、争强好胜	1. 典型事例：小嘎子和小胖墩儿摔跤 2. 动作描写 ① 选用动词精准；② 动词前有修饰语；③ 连贯动作不重复
	车夫祥子	高大健壮、勤劳淳朴、自信乐观、积极向上、有生命力	外貌描写：描写了身量、体态、衣着、面部 ① 选择典型方面；② 用恰当修辞；③ 按照整体到局部的顺序
	财主严监生	极其吝啬	1. 典型事例：严监生临死时，因灯盏里点着两茎灯草而硬撑着不咽气 2. 正面描写：动作、神态 3. 侧面描写：诸亲六眷的表现 （正面为主，侧面为辅助）
《刷子李》	手艺人刷子李	技艺高超	1. 典型事例：徒弟曹小三对师傅刷子李刷墙技艺高超的见证 2. 正面描写：动作、外貌、语言 3. 侧面描写：曹小三心理变化（侧面描写为主）
《我的朋友容容》	儿童容容	天真可爱、忠于职守、好奇心强的	1. 典型事例：容容拿信、寄信（多件事写人） 2. 正面描写：动作、神态、语言

课题	人物	特征	描写人物的基本方法
《小守门员和他的观众们》	小守门员和观众们	尽责、各具特点	1. 典型事例：孩子们踢足球，小朋友和过路叔叔观战的场景 （场景中的多个人） 2. 正面描写：外貌、动作、神态

统观这几篇文章，其塑造的人物既有少年儿童，又有清代的老监生，既有体面的读书人，又有市井车夫、手艺人；既有现代城市儿童，又有农村少年。人物类型丰富而多样。小嘎子、骆驼祥子、严监生、刷子李等都只是芸芸众生中的一员，对他们的关注可以拓展学生的视野，不仅关注身边的人，也关注社会上各行各业的人物；不仅关注形象高大的"大人物"，也关注市井中的"小人物"。

这些人物个性鲜明，小嘎子有机捷、争强好胜，车夫祥子自信乐观、有生命力，乡绅严监生极度吝啬，手艺人刷子李技艺超群，儿童容容天真、忠于职守，小守门员尽职尽责，这些性格特征触及人性的多个方面。学习本单元，学生欣赏了一组活灵活现、跃然纸上的人物画卷，从中窥见了大千世界的一角。

在塑造人物方法上，这几篇文章，既有共性又有个性。共性是都选取了典型事例和细节描写来表现人物特点。不同的是，同样是动作描写，《摔跤》是多组连贯、变化的动作，《两茎灯草》是一个持续的动作；同样是外貌描写，《骆驼祥子》选取了描写了身量、体态、衣着、面部等四个方面，用恰当修辞，按照整体到局部的顺序来写的；同样是正侧面描写相结合，《两茎灯草》以描写严监生的神态、动作为主，诸亲六眷的侧面描写为辅，而《刷子李》是以描写曹小三心理变化为主，对刷子李的正面描写着墨不多；同样是选取典型事例，《我的好朋友容容》选取多件相关联的事例；同样是写人，《小守门员和他的观众们》写了场景中的多个人。由此可以看出，课文和习作例文，一文一写法，篇篇有侧重，整体较全面地展现了写人的基本方法。

通过本单元的学习，学生习得基本的写人方法：首先，选用典型事例，把它写具体；其次，可以通过外貌、动作、语言、心理等的具体描写表现人物特点；此外，也可以描述周围人的反应，间接写出人物的特点。

3. 练习系统

课后习题是我们把握教学重点的抓手，本单元的练习体系紧紧围绕着单元的主题"众生相"，语文要素"学习描写人物的基本方法"，习作要求是"初步运用描写人物的基本方法，具体地表现一个人的特点。"进行编排，梳理如下。

（1）指向"单元主题"——观"众生相"

《人物描写一组》：默读课文，说说三个片段中的人物分别给你留下了什么印象，你是从哪些语句体会到的。

《刷子李》：默读课文，结合课文内容，说说刷子李这个人物的特点。

（2）指向"语文要素"——写"众生相"

《人物描写一组》：举例说说三个片段分别用了哪些描写人物的方法，结合课文中的语句，体会这些方法的表达效果。

《刷子李》：画出描写刷子李和曹小三的语句，体会课文是怎样写出刷子李的特点的。

可见，习题的设置紧扣人文主题和语文要素，课后习题再次强化了学生对"众生相"和"写人方法"的理解，为落实习作要素"初步运用描写人物的基本方法，具体地表现一个人的特点"奠定基础。体现了"认识—理解—运用"这一认知规律。

4.知识系统

本单元的习作要求"初步运用描写人物的基本方法，具体地表现一个人的特点"。其中"具体地表现"是指选取典型事例，运用细节描写等恰当的方法充分地表现一个人物；而其中的"特点"是指一个人在一定的社会环境和教育的影响下所形成的比较固定的特性，与其他人不同的独具个性的鲜明的性格特点。具体表现在气质、性格、智力、意志、情感、兴趣、爱好等方面。

通过以上分析，我们不难挖掘出本单元的教学价值，就是通过品读众生相，学习写人的基本方法，然后运用写人的基本方法，具体地表现一个人的特点。

（二）单元落实学习任务群目标的独特价值

通过单元教学价值的分析，本单元能够落实"实用性阅读与交流"第三学段的学习内容（1）："观察、思考日常生活，阅读记人叙事的优秀文本，学习通过口头表达、书面表达，与他人交流身边令人感动、令人难忘的人和事。"本单元落实任务群的独特价值在于，通过阅读系列描写人物的名家名作，体会语句的表达效果，在系列的语言实践活动中，学习描写人物的方法，并尝试创作。

本单元还能够落实"文学性阅读与创意表达"第三学段的学习内容（3）："阅读表现人与社会的优秀文学作品，走进广阔的文学艺术世界，学习品味作品语言、欣赏艺术形象，复述印象深刻的故事情节，积累多样的情感体验，学习联想与想象，尝试富有创意地表达。"本单元落实任务群的独特价值在于，通过阅读系列描写人物的名家名作，体会语句的表达效果，鉴赏鲜明的人物形象，获得个性化的审美体验，提高审美品位。

（三）单元学习主题

依据本单元的编排特点和落实"实用性阅读与交流""文学阅读与创意表达"两个任务群的独特价值，确立了本单元的学习主题——"运用基本方法描绘众生相"。这样的学习主题，旨在聚焦学生习作能力，把握课文选取典型事例，从描写人物语言、动作、外貌、神态、心理等的语句中感受人物的特点，发现、提炼具体表现人物特点的方法，并能迁移运用，选取适切的方法写出鲜活有特点的人物。

三、学习目标

（一）预设目标

预设的教学目标是在教学活动开展之前确定的，是教学将要达成的结果的预期判断。进行单元教学前，教师制定了本单元的预设目标：

1.学习精读课文和习作例文，能结合描写人物的相关语句，说出人物特点。

2.了解可以通过描写人物的语言、动作、外貌、神态、心理等表达人物的特点，还可以通过描写他人反应表现主要人物的特点，能体会这些方法的表达效果。

3.能选择典型事例，通过描写语言、动作、外貌、神态、心理等，具体地表现人物的特点。

（二）学情分析

在制定预设目标后，为了准确了解学生学习本单元的起点，摸清学生真实的认知状况，在开启单元教学之前，教师对五年级进行了如下调研，并进行分析：

形式一：分析预学单

表 4-12　五单元预学单

课题	人物	特点	主要事件	写作方法	精彩词句
《摔跤》					1. 2. ……
《他像一棵挺脱的树》					1. 2. ……
《两茎灯草》					1. 2. ……
《刷子李》					1. 2. ……

通过分析学生的预学单，发现学生能够读出人物特点，也能比较准确地概括出主要事件；写作方法方面，大部分学生能读出动作、外貌、神态等正面描写人物的方法，但是只有少数学生能读出侧面描写人物的方法。精彩词句的欣赏上，学生找的词句不够丰富、精准。

2. 形式二：分析五下四单元习作《他_____了》

通过分析五下四单元习作《他_____了》，发现学生所选的人物范围窄，仅限家人、老师、同学等；学生能够选取事例表现人物特点，但是往往事例不够典型，人物特点不够鲜活；学生能够运用细节描写表现人物特点，但是细节描写不够丰富，极少运用侧面描写表现人物。

因此本单元需要基于学生已有生活经验与学习经验，引导学生在单元创设的真实情境中，大范围观察身边的形形色色的人，从而帮助学生选取有鲜活性格特点的人，捕捉人物细节，迁移运用本单元的写人方法，完成"捕捉亮点，写出两点"这一单元大任务，深化对主题理解的同时，提高写作能力，促进综合能力和素养的提升。

（三）单元目标

1. 在"捕捉亮点，写出亮点"学习主题中学习精读课文，能结合课文描写人物的相关语段，说出人物特点，了解人物描写方法，体会表达效果。

2. 能拓展阅读《小兵张嘎》《骆驼祥子》《俗世奇人》整本书，了解人物特点，积累丰富的写人方法。

3. 能交流、总结写人的基本方法，试着用学过的方法描写一位同学，能列出表现家人特点的典型事例。

4. 能结合例文和批注，进一步感知写人的基本方法。

5. 观察生活中人物，选取有鲜明性格特点的人物，并能用典型事例，通过描写语言、动作、外貌、神态、心理等，具体地表现人物的特点。

四、单元学习任务

围绕单元学习主题——"运用基本方法描绘众生相"和"实用性阅读与交流""文学阅读与创意表达"这两个学习任务群的内容，创设了"捕捉亮点，写出亮点"的单元大任务，研发了三个紧密关联、逐步进阶的具体活动：物色心中的"亮点人物"、学写"亮点人物"、评选"亮点人物"。三个任务与教材内容切合，能够有效促进学生参与学习活动的积极性与主动性，凸显了学生的主体地位，关注了学生个性化、多样化的学习和发展需求。为了更好地完成单元学习任务，我们将情境任务做了活动分解，设计了结构化的活动链。同一任务下的多项学习活动相互关联、逐步递进，带领学生开启一段创意表达之旅。

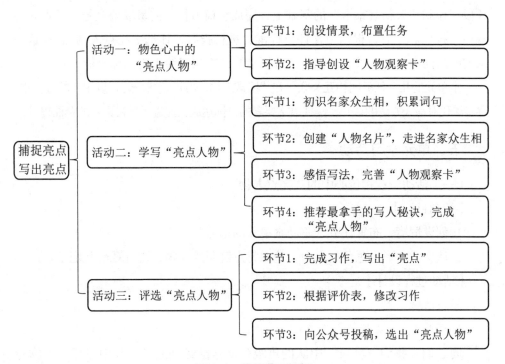

图 4-4　单元学习任务

（一）活动一：物色心中的"亮点人物"

这是单元学习的起始活动，首先发布"班级公众号'亮点人物专栏'征稿启事"，创设学习情境，学生明确本单元的学习任务"捕捉亮点，写出亮点"，激发学习兴趣，产生学习期待。

在单元任务驱动下，物色心中的"亮点人物"，并创建"人物观察卡"。

（二）活动二：学写"亮点人物"

在品读名家名作的过程中，以"创建'众生相'人物名片"为抓手，引导学生鉴赏人物，学习写人的基本方法。学生从姓名、出处、性格特点、主要事件、精彩段落、写人秘诀等方面创建小嘎子、骆驼祥子、刷子李、严监生等人的人物名片，在梳理的过程中，体会语句的表达效果，理解写人方法。然后，修改完善自己的"人物观察卡"。

在"众生相"人物名片的基础上，从写人秘诀、代表人物及出处、人物特点及精彩段落、秘诀入选原因、如何运用等方面梳理"写人秘诀卡"。根据"秘诀卡"交流自己最拿手的写人秘诀，并完成初试身手的习作片段。

（三）活动三：评选"亮点人物"

迁移学法，自学习作例文，进一步夯实习得的写人方法。然后迁移运用，在片段写作和"人物观察卡"的基础上，完成整篇习作。向班级公众号"亮点人物专栏"投稿。然后，根据习作评价标准，进行投票，评选"亮点人物"。在这一系列的活动中，学生进一步强化了选用恰当的方法描绘人物的综合能力。

本单元的几个任务间相互关联，在"鉴赏人物—习得方法—迁移运用"的过程中，逐步深化对写人方法的认知，实现语文要素的目标达成，促进了学科素养的全面提升。

五、单元学习活动

（一）活动一：物色心中的"亮点人物"

【活动目标】

1.创设情境，布置任务，驱动本单元的学习。

2.从生活中形形色色的人中，选取特点鲜明的人物，进行观察并记录。

【活动过程设计】

学习情境：

1.环节1：创设情景，布置任务

同学们，我们"星辰"中队的班级公众号已经开通了，其中"亮点人物专栏"发出了征稿启事，征稿启示如下。

亮点人物征集令

各位同学：

"字里行间众生相，大千世界你我他"，同学、家人、邻居、小区的保安叔叔、学校的保洁阿姨、路口的警察叔叔、小卖店的售货员……相遇皆是缘分。为了记录下出现在我们生命中形形色色的人，班级公众号特意创设了"亮点人物"专栏。现向每一位同学发出征集令。

1. 每人至少投稿一篇。

2. 所撰写的人物特点鲜明，"雅号"响亮。

3. 人物特点不虚构，有典型事例。

4. 事例要具体，文笔优美，吸引读者。

5. 征集时间：即日起至 5 月 31 日

作为星辰中队的一员，大家要积极投稿呀！

2. 环节 2：创设"人物观察卡"

物色心中的"亮点人物"，创建"人物观察卡"。

表 4-13　人物观察卡——我心中的亮点人物（示例）

姓名	
职业	
雅号	
爱好	
外貌	
事件	
……	

（二）活动二：学写"亮点人物"

【活动目标】

1. 认识 18 个生字，读准一个多音字，会写 30 个字，会写 28 个词语。

2. 能结合课文描写人物的相关语句，说出人物的特点。

3. 了解可以通过描写人物的语言、动作、外貌、神态、心理等表现人物的特点，还可以通过描写他人的反应表现主要人物的特点，能体会这些方法的表达效果。

4.能拓展阅读《小兵张嘎》《骆驼祥子》和《俗世奇人》整本书，了解人物特点，积累丰富的写人方法。

【活动过程设计】

学习情境：同学们，让我们走进大作家老舍、徐光耀、吴敬梓和冯骥才几位先生的名篇，跟随他们的笔触去认识几个不同时代、不同年龄、不同职业的人。让我们也学着他们观察的角度，完善我们的"人物观察卡"吧。

1.环节1：初识名家众生相，积累词句

（1）初读课文，学生自主积累字词

初读感知：让我们一起走进名家名篇，读一读《人物描写一组》《刷子李》三个片段和一篇课文，注意读准字音，读通句子。

（2）指导学生积累字词

归类理解：朗读文中的生字新词，尝试通过联系上下文、联系生活、结合插图等方式进行理解。

① 搂、蹦、绊、揪、拽、扳（表示摔跤时动作的词，可借助表演来理解意思。）

② 嘎子、挺脱、杀进他的腰（方言词）

③ 监生、郎中、已后、哥子（古时用的词。可以引导学生结合课本注释理解，也可以联系生活进行理解。认读多音字"监"。）

④ 包袱、师傅、蘸浆、有诈、发怔（易错音）

（3）积累句子：读读自己觉得有新鲜感的句子，试着读出自己的理解并积累下来。

示例：

1.起初，小嘎子精神抖擞，欺负对手傻大黑粗，动转不灵，围着他猴儿似的蹦来蹦去，总想使巧招，下冷绊子，仿佛很占了上风。

2.他的身量与筋肉都发展到年岁前边去……看着那高等的车夫，他计划着怎样杀进他的腰去，好更显出他铁扇面似的胸和直硬的背。

3.严监生喉咙里痰响得一进一出，一声不倒一声的，总不得断气，还把手从被单里拿出来，伸着两个指头。

2.环节2：创建"人物名片"，走进名家众生相

（1）创建"人物名片"，初步感知人物

思考：文章的主人公是谁？写了什么事件突出了主人公怎样的性格特点？

学习提示：

①结合预学单，小组交流预习成果。

②根据交流成果，创建人物名片。

表4-14 众生相——人物名片（1）

姓名	
画像（图片）	
出处	
主要事件 1.课内 2.课外（整本书）	
性格特点	

（2）阅读整本书，进一步补充人物名片。

课前同学们都阅读了整本书，书中还有哪些事件，也突出主人公的这一特点。请补充学习单。

学生汇报：

示例：

1.祥子来到北平当人力车夫，苦干三年，攒够了一笔钱，买了一辆新车。

2.小嘎子扎了罗金保的车胎，而且还效仿老钟叔给他讲的故事，想用木枪下了罗金保的真枪。

……

3.环节3：感悟写法，完善"人物观察卡"

（1）品读精彩段落，探究人物形象，感悟写法。

思考：作者是如何把小嘎子/祥子/严监生/刷子李写得栩栩如生的？

学习提示：

①自由读课文，圈画关键词句，批注你的感受。

②小组交流自学成果，补充学习单。

（2）指导补充人物名片。

表 4-15 众生相——人物名片（2）

姓名	
画像（图片）	
出处	
性格特点	
主要事件 1.课内 2.课外（整本书）	
精彩语句 1.课内 2.课外（整本书）	
写人秘诀（写法）	

（3）根据人物名片，修改人物观察卡．

学习任务：对比"众生相——人物名片"，修改自己的"亮点人物观察卡"。

学习提示：

①思考：你选择的事件是否能突出人物特点。

②用红笔在观察卡上进行修改。

4.环节 4：推荐最拿手的写人秘诀，完成"亮点人物"

（1）借助"人物名片"，梳理"写人秘诀卡"。

思考：课文和习作例文中，你最喜欢哪个人物？作者是用什么方法写出来的？作者为什么选用这种方法来写？

学习提示：

①结合人物名片，小组合作探讨。

②根据讨论结果，梳理自己的"写人秘诀卡"。

表 4-16 众生相——写人秘诀卡

写人秘诀	
代表人物及出处	
人物特点及精彩语句	
秘诀入选原因	

（2）根据"写人秘诀卡"，推荐最拿手的写人秘诀。

思考：你的写人秘诀是什么？你会如何运用呢？请结合初试身手说一说。

（3）初试身手。

①课间十分钟，观察一位同学，试着用学过的方法写一写他。

②你的家人有什么特点？想一想可以用哪些典型事例表现他们的特点，列出来和同学交流。

学习提示：

①结合"写人秘诀卡"和作业，小组内交流。

②从初试身手中，选一个写一写。

（三）活动三：评选"亮点人物"

【活动目标】

1.引导学生留心观察身边的人，注意特点鲜明的人，学会通过多种途径收集人物典型事例和相关材料，了解人物的特点。

2.能交流、总结写人的基本方法。

3.能试着用学过的方法描写一个同学；能列出表现家人特点的典型事例。

4.引导学生借助典型事例，通过描写语言、动作、外貌、神态和心理等具体地表现出人物的特点。

【活动过程设计】

学习情境：同学们，"字里行间众生相，大千世界你我他"，同学、家人、邻居、小区的保安叔叔、学校的保洁阿姨、路口的警察叔叔、小卖店的售货员……相遇皆是缘分。让我们记录下出现在我们生命中形形色色的人吧！

1.环节1：完成习作，写出"亮点"

（1）根据"人物观察卡"，锁定人物，交流亮点

同学们，相信大家脑海中已经出现了你想描述的那个人，接下来请大家读一读课本上的习作要求，选定要描写的人物及特点，给习作起一个恰当的题目。

示例：

①特点＋人物，比如"臭美的姐姐"。

②形象生动的，比如"及时雨"。

③职业＋姓氏，比如"保安王"。

（2）回顾教材，交流写法

①回顾本单元课文和例文，想一想作者用了哪些方法塑造了性格鲜明的人物。

表4-17　塑造人物性格方法

课题	人物	特征	描写人物的基本方法
《摔跤》	农村少年小嘎子	机灵、有心机	1. 典型事例：小嘎子和小胖墩儿摔跤 2. 动作描写
《他像一棵挺脱的树》	车夫祥子	有生命力	外貌描写，描写了身量、体态、衣着、面部
《两茎灯草》	财主严监生	极其吝啬	1. 典型事例：严监生临死时，因灯盏里点着两茎灯草而硬撑着不咽气。 2. 正面描写：动作、神态 3. 侧面描写：诸亲六眷的表现
《刷子李》	手艺人刷子李	技艺高超	1. 典型事例：徒弟曹小三对师傅刷子李刷墙技艺高超的见证 2. 正面描写：动作、外貌、语言 3. 侧面描写：曹小三心理变化
《我的朋友容容》	儿童容容	天真可爱、忠于职守	1. 典型事例：容容拿信、寄信 2. 正面描写：动作、神态、语言
《小守门员和他的观众们》	小守门员和观众们	尽责	1. 典型事例：孩子们踢足球，小朋友和过路叔叔观战的场景 2. 正面描写：外貌、动作、神态

②选择典型事例，表现人物"亮点"

思考：假如给出题目《叔叔记忆力超群》，让你写一篇课文，谁来说一说作文中应该抓住叔叔的什么特点来写？你会选择哪些事例来表现叔叔的特点？如何组织材料？

选择材料：

事例1：他读完一本故事书，能把所有的细节都记住。

事例2：他记住了我昨天说过的一句话。

事例3：他能记住我的生日。

事例4：那幅地图他只看了一遍，就能一点儿不差地画下来。

组织材料：

围绕《叔叔记忆力超群》所选择的材料中，事例1和事例4最能表现叔叔记忆力超群的特点。要运用多种描写手法细致描述。

③ 明晰典型事例和细节描写的关系

学习要求：对照自己的"人物观察卡"，说一说你会如何选取典型事件，又如何进行细致描写。

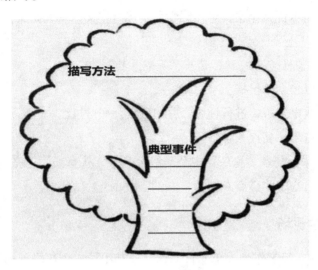

图 4-5 人物观察卡

（3）完成习作，写出"亮点"

选取事例要典型，运用细节描写，突出人物特点。

2. 环节 2：根据评价表，修改习作

（1）根据评价表，自我修改习作。

表 4-18 习作评价表

标准	星级
写出了人物的突出特点	
围绕人物特点，选取了典型事例	
运用了动作、语言、神态、外貌等细节描写	

（2）组内互评

学习要求：根据"评价要求"，组内互评。

① 用红笔在作文旁边批注典型事例。

② 用直线画出你喜欢的语句。

③ 用"？"批注需要修改或者没看懂的地方。

④ 用圆圈圈出错别字。

⑤ 根据评价表整体评价文章，给出相关建议。

（3）班级集体讲评

实物展台展示优秀作文，全体同学欣赏优秀作文，发现亮点，并再次修改自己的习作。

3. 环节3：向公众号投稿，选出"亮点人物"

（1）向班级公众号投稿

将作文打成电子版，进行排版，并向班级公众号投稿。

（2）投票选出"亮点人物"

全体学生课后登录"星辰"中队班级公众号，认真阅读"亮点人物"作文，并投票选出自己心中的亮点人物。

六、教学现场

《人物描写一组》作为本单元首篇课文，其中的三个片段承担着学习描写人物基本方法的任务，因此我将《摔跤》一文的课时目标设定为：观察动作，运用描写人物的基本方法进行动作片段描写，突出人物特点。

师：小嘎子和小胖墩的摔跤过程概括成了几个环节？

生：三个环节。起初……终于……仰面朝天

师：同学们，在每个环节中，都有一个描写嘎子动作的精彩词语，特别能表现嘎子的性格。请你找一找。

生：虎势儿一站、走马灯似的转、钩。

师：同学们，这些词语都写得非常精彩，特别能表现嘎子的性格。但是仅仅靠学习老师这段话，是不够深入的。所以，你们要把这些词语放到课文中去，放到它所在的那句话中去，一边细细品读，认真品味，一边在这些词语的空白处写下自己的感悟。

生：我从"虎势儿一站"你体会到小嘎子像老虎一样非常勇猛。

师：同学们，小嘎子这"虎势儿一站"，究竟是怎样的一站呢？请你展开想象，谁来演一演？

师：其他同学，用你的眼睛去发现，去观察，你仿佛看到了一个怎样的嘎子？

生：我仿佛看到了一个非常勇猛、很有气势、威风凛凛的嘎子。

师：让我们一起读读这句话，感受嘎子的威风、气势。

师：作者就是这样在动词前面加上精彩的修饰语，把动作写得更加精准、精彩有画面感，充分表现出人物的特点。你看看文章中还有没有类似的表达。

……

师：还有哪些动作描写引起了你的注意？

生：小胖墩儿也是个摔跤的惯手，塌着腰，合了裆，鼓着眼珠子，不露一点儿破绽。

师：是的。文中有一句话就写到了小胖墩是个厉害的对手。谁能抓住关键词说说你的理解。

生：其中"塌""合""鼓"这些动词写出小胖墩是个有经验、有实力的摔跤惯手。

师：作者用了连续一组不重复的动词写出小胖墩真是个强大的对手。课文中还有没有类似的表达？

……

（搭建支架）

师：这就是作家的了不起，他们能通过动词准确生动的描写，把人物的特点表现得非常具体。正如老舍先生所讲：只有描写行动，人物才能立起来。现在我们就运用学到的这些方法来写一个动作描写的片段

（教师指导学生体验"掰手腕"和"抢橡皮"两个活动。）

师：请同学们想象刚才的画面，选择其中一个活动来写一个片段。

七、教学反思

（一）搭建支架，完成习作训练点

习作不是一蹴而就的，需要一点一点地积累，一步一步搭建合理的支架帮助学生完成习作训练点。比如：学习片段"摔跤"时，创设"掰手腕"和"抢橡皮"两个活动支架，落实动作描写这一训练点。在学习精读课文时，提供"人物名片"这一支架，引导学生整体感知、感悟人物形象；然后又提供"写作秘诀卡"引导学生体会写法。

（二）指导具化，循序渐进，逐步落实

选材要贴近生活，对于五年级的学生来说，审题完后的第一步，进行选材是有些困难的，如何合理选材才能符合要求。在本次习作之前，先启发学生创建

"人物观察卡"，边学课文边修改"人物观察卡"，为"形形色色的人"的整篇习作做好准备。此外，我还根据单元课文内容及课后习题要求，进行了习作微技能的练习。

整个单元设计，由观察到实践；由欣赏到感悟到运用；由片段练习到完整成篇。整体指导具体，循序渐进，逐步落实，符合学生的认知规律。

第四节　基于文学体验的实用性表达
——六年级上册第六单元"保护环境"教学设计

统编版六年级语文上册第六单元围绕"保护环境"的主题，编排了两篇精读课文，《古诗三首》有描写裹挟着黄沙奔腾而来的黄河，有莺啼阵阵、花红柳绿、酒旗招展的江南，有环境清雅的名士庭院；《只有一个地球》说明人类生存"只有一个地球"的事实，呼吁人类珍惜资源、保护地球。两篇略读课文《青山不老》《三黑和土地》分别讲述了人们对地球的保护和对土地诚挚的热爱。此外还有口语交际"意见不同怎么办"，习作"学写倡议书"和语文园地。单元教学中需落实两个语文要素：1.抓住关键词，把握文章的主要观点；2.学写倡议书。

本单元的几篇课文文体不同、选材不同，有表现自然的美好的，有描写地球的现状的，也有讲述默默奉献对环境保护的，还有抒发对土地诚挚热爱的。统编版教材关于"人与自然"的主题编排了丰富的内容，低年级感受四季的变化、家乡及自然的秘密，中年级走进祖国山河、大自然的奥秘、我与自然的关系，六年级上册领略自然之趣、漫游世界各地。在此基础上，本单元课文的编排再次让学生体会古今人们与自然和谐共处的美好，同时也向他们展示了不和谐的一面，使学生对人与自然的关系有了更广泛、更深刻的认识和思考。引导学生在享受大自然赋予我们美好生活的同时，关注现实生活中存在的问题，生发对环境、对地球的爱与责任，爱护环境，珍爱我们的地球家园。

一、单元指向的学习任务群

六个任务群与核心素养四个方面之间存在着多重对应关系，每个任务群又具有特定的育人功能，在形成学生的正确价值观，发展学生的必背品格和关键能力方面各有侧重。"文学阅读与创意表达"学习任务群其核心是把握语言文字作品的"文学性",关注语言文字作品的形式,从中感受形象、体味情感、玩味意蕴、体察效果,获得审美体验,进而有意识地进行审美创造。"实用性阅读与交流"学习任务群是对语文学习与工作生活关联的自觉回应,直指语文课程"综合性""实践性"的课程性质,强调阅读与交流的"实用性"。其目的是让语文学习"满足家庭生活、学校生活、社会生活沟通交流需要",让语文向生活回归,学以致用,知行合一。

本单元的四篇课文,有古诗,有现代诗,有科学小品文,有报告文学,体裁多样,有文学性作品也有实用性文章。学习古诗和现代诗歌,我们在感受诗歌形式美的同时要体会人与自然和谐相处之美;学习科学小品文,我们要了解地球的知识和现状,感受到保护地球的重要性和必要性;学习报告文学,我们则要抓住文章的关键语句,把握文章的观点,领悟人物形象。这样的体裁编排能够与"文学阅读与创意表达"和"实用性阅读与交流"两个任务群相契合。

希望通过两个任务群,引导学生在真实的情境和语文实践活动中,通过倾听、阅读、观察、整合有价值的信息,丰富学生关于人与自然的文学体验,根据具体交际的情境和交流对象,撰写环保宣传语和倡议书,有效传递信息,达到实用性交流的目的。因此,确定单元学习主题为"基于文学体验的实用性表达"。

二、单元学习主题分析

(一)单元教学价值分析

1.助读系统(单元说明)

本单元员的人文主题是"保护环境",篇章页导语"我们是大地的一部分,大地也是我们的一部分。"形象地表达出了人与自然相互依存、和谐共生的关系,也是统编版教材关于"人与自然"的主题的逐步深入:从四季变化,到家乡美景,到人对自然的探索,再到高年级本单元人和自然关系的思考。"抓住关键句"是阅读、理解文段的重要方法。统编版教材在中段强调借助关键语句概括一段话的大意、初步体会表达的思想感情,高段则更加注重借助关键句,把握文章的主要观点。阅读由段到篇,从概括段意到体会感情,再到篇章观点把握,要求逐级提高,理解难度渐次增大。"学写倡议书。"则指向习作表达。

2.课文系统

《古诗三首》中的《浪淘沙(其一)》描绘了黄河气势雄伟的壮观景象,表达了诗人不畏险阻，追求美好生活的信心。《江南春》描绘了江南明丽而迷蒙的春景，蕴含着自己的哲学思考。《书湖阴先生壁》描绘了湖阴先生高雅洁净的生活环境，饱含着对湖阴先生高洁品质的赞美。三首古诗让我们感受南北不同美景的同时，体会人与自然的和谐之美。

"只有一个地球"这是1972年在瑞典首都斯德哥尔摩召开的人类环境会议提出的响亮口号，本文以此为题，从人类生存的角度介绍了地球的有关知识，从"美丽渺小""资源有限""不可移居"三个方面，阐明了人类"只有一个地球"的事实，使人们懂得珍惜资源、保护地球的重要性，呼吁人类应该爱护环境。

《青山不老》叙述了一位山野老农，面对自然条件的恶劣和生活条件的艰辛，义无反顾地用15年的时间在晋西北沙漠，奇迹般地创造了一块绿洲的感人故事，由衷地赞美了老人崇高的精神境界和不朽的生命意义。

《三黑和土地》描写了以"三黑"为代表的农民在土地失而复得后的喜悦以及对土地诚挚的热爱。本课的"阅读链接"编排了陈晓光的《在希望的田野上》。从主题上来说，这首诗歌与课文一脉相承，说明了土地给农民带来的梦想和希望，让学生体会人类与土地相互依存的关系，激发学生热爱土地、珍惜土地、保护土地的情感。

统观这几篇课文，有的语言生动优美，让学生感受自然的美好，有的观点明确，引发人类的警醒，有的则体现人类对地球的保护与热爱。角度虽各有不同，但共同指向了理解人与自然，人与土地相互依存的关系，知道保护环境不仅是爱自然，更是一份责任，要做到知行合一。通过这样一组课文的学习，学生能够更好地感受文学作品语言、情感、人物形象等方面的独特魅力，领悟保护环境的重要与必要，为撰写倡议书，呼吁人们保护环境奠定基础。

3. 练习系统

本单元精读课文的课后练习和略读课文的自读提示都紧紧围绕单元人文主题"保护环境"与语文要素"抓住关键句，把握文章的主要观点"展开。

（1）指向单元主题

《古诗三首》课后练习：

① 读读《浪淘沙（其一）》，说说你从哪里体会到了黄河的磅礴气势。

② 想想《江南春》抓住哪些景物写出了江南春天的特点。

《只有一个地球》课后练习：

① "我们要精心地保护地球，保护地球的生态环境"，这一结论是怎样一步

一步得出来的？

　　② 读下面的句子时，你想到了生活中的哪些现象？针对这些现象设计一两条保护环境或节约资源的宣传标语，和同学交流。

　　因为人们随意毁坏自然资源，不顾后果地滥用化学品，不但使它们不能再生，还造成了一系列生态灾难，给人类生存带来了严重的威胁。

　　《青山不老》自读提示第一问：默读课文，说说文中的老人创造了怎样的奇迹，是在什么样的条件下创造的。再想想课文为什么以"青山不老"为题。

　　《三黑和土地》自读提示第一问：说说三黑是怎样看待土地的。读了这篇课文，你对脚下的土地有了什么新的感受？

　　（2）指向"语文要素"

　　《古诗三首》课后练习：读读下面的诗句，说说你发现了什么。

　　一水护田将绿绕，两山排闼送青来。

　　《只有一个地球》课后练习：默读课文，结合关键句，说说课文讲了哪几个方面的内容。

　　《青山不老》自读提示第二问：默读课文，说说文中的老人创造了怎样的奇迹，是在什么样的条件下创造的。再想想课文为什么以"青山不老"为题。

　　《三黑和土地》自读提示第二问：说说三黑是怎样看待土地的。读了这篇课文，你对脚下的土地有了什么新的感受？

　　我们发现，课后练习的目的在于引导学生结合关键句把握文章观点，深入理解文本，体会自然之美、人与自然和谐相处之美，以及保护环境、保护地球的重要性和必要性。

　　4. 知识系统

　　语文园地的"词句段运用"中，通过具体例子帮助学生进一步体会应如何抓助关键句，把握一段话的主要观点。口语交际则引导学生准确把握别人观点的同时，能用恰当的语言表达自己的观点。以上语文要素的设计，均为最终的习作"学写倡议书"做铺垫，引导学生就自己关心的问题表达自己的观点。本次习作"学写倡议书"由单元主题生发开来，习作内容可以围绕环境保护方面的内容写，围绕珍惜资源、保护环境等问题提出倡议，使环保意识扎根心中，并转化为日常的行为，也可以结合自己的生活实际或自己关心的其他问题写，是一次密切联系学生生活实际的实用性练习。意在引导学生关注现实生活中存在的问题，提高学生保护自然的意识。

通过单元学习，学生习得"抓住关键句，把握文章的主要观点"的阅读方法，体会人与自然相互依存的关系，学习作者层层递进发出呼吁的表达方法，创作倡议书，并依托"制作环保宣传图册"单元学习任务，进行实用性创意表达，化知为行，深化学生对"保护环境"的理解，生发对环境、对地球的爱与责任的同时，提升综合能力和核心素养。单元人文主题与语文要素之间紧密关联，相互促进，共同达成本单元的育人价值。

因此，本单元的学习对提高学生的文学阅读能力，抓住关键句，把握文章的观点，丰富自己的情感体验，进行实用性表达有着重要的意义。教学价值关键词为：文学阅读；体验；把握观点；实用性表达。

（二）单元落实学习任务群目标的独特价值

通过单元教学价值的分析，本单元能够落实2022版课标"实用性阅读与交流"任务群第三学段目标二：走进大自然，走进科学世界，走进社会，阅读参观访问记、考察报告、科技说明文、科学家小传等文本；学习记笔记、列大纲、写脚本、画思维导图等整理和呈现信息的方法；学习通过口头表述和多种形式的书面表达，分享观察自然、探索科学世界的所见所闻、所思所感。其独特价值在于通过阅读语言材料，走进自然、走进生活，多种形式收集资料、梳理信息等方法，为学习写"倡议书"积累素材，从而表达对资源、地球环境等问题的所思所感，并提出倡议。

本单元同时落实"文学阅读与创意表达"任务群第三学段目标二：阅读表现人与自然的诗歌、散文等优秀文学作品，感受大自然的奇妙，体会人与自然和谐相处的意义；用口头或者书面的方式表达对自然的观察与体验，抒发自己的情感。其独特价值在于通过阅读系列描绘大自然不同风格之美和人与自然和谐相处的古诗、现代诗，及描写生动形象的语言材料，丰富学生的语言素材和关于对地球、对自然的情感体验，感受对地球的爱与责任。

（三）单元学习主题

依据本单元的编排特点和落实"实用性阅读与交流""文学阅与创意表达"任务群的独特价值，确立了本单元的学习主题——"基于文学体验的实用性表达"这样的学习主题，旨在丰富学生关于人与自然的情感体验，认识到保护地球的重要性与必要性，产生对地球的爱与责任感，从而进行实用性表达的学习，呼吁人们保护地球，保护地球的生态环境。

三、单元学习目标

（一）预设目标

进行单元教学前，教师制定了本单元的预设目标：

1.学习《古诗三首》《只有一个地球》《青山不老》《三黑和土地》，结合资料理解课文内容，感受到珍惜资源，保护环境的重要意义。

2.独立识字学词，会写"涯、莺、莹、裹"等14个字，会写20个词语，运用多种方法理解"和蔼""慷慨""滥用"等词语的意思，说出表达效果。

3.通过抓住关键句，把握文章的主要观点。

4.学习正确解决意见分歧，尊重不同意见，换位思考，积极沟通。

5.仿照样例，观察生活，能就自己关心的问题写一份倡议书。

6.通过多种方式、途径，完成环保宣传语的撰写和"环保小卫士"宣传图册制作，并能够以宣讲等方式向其他人进行环境保护必要性和重要性的宣传。

（二）学情分析

本单元围绕着"人与自然"的主题，选择的课文内容丰富、形式多样，学生有着较为浓厚的兴趣。作为六年级的学生，他们已经阅读多种文体，基本了解不同文体的特点，古诗、现代诗、科学小品文、报告文学，并且能够根据一定的目的收集资料，借助资料理解课文的内容。为了更好地了解学生情况，我们对学生进行了访谈。

分析发现，学生能够很快地抓住关键句准确提炼出段的观点，对于篇的把握能力较弱，尤其是篇章内部的逻辑联系。

同时，因为信息技术的发展，学生很容易接收到关于人与自然的方面的信息，能够提到很多环境污染问题，并且能够提出一些保护措施。但是这些内容全都来自学生生活中所接触到的新闻、科学读物等没有切身的情感体验，一些认识和感受较为肤浅，倡议也就流于形式，不能够提出切实可行的措施。这就需要我们在本单元的学习过程中创设真实的情境，抓住关键词句，把握文章观点，同时，结合资料、联系生活实际，深入理解文本，丰富学生的情感体验，写出观点分明、富有感染力、号召力的倡议书。

因此，体会各部分之间的内在联系，并发起倡仪，产生对自然的"爱与责任"，将是本课的学习难点。

表 4-19　单元学情分析表

诊断内容	诊断结果		策略
	已有经验	生长点	
1.读一读，说说下面段与篇各表达了怎样的观点。 （1）为了生活环境更舒适，人们在城市里种植了大量的花草树木。这些树木花草是城市的"绿色卫士"，守护着城市的环境。人们把它们比作"城市之肺"，是十分形象和贴切的。因为这些"绿色卫士"，不仅能吸收空气中的二氧化碳，调节城市空气，而且能降低灰尘污染——叶子表面的绒毛和黏液能吸附飘尘，阻止灰尘微粒蔓延。 （2）《只有一个地球》。	95.8% 的学生已经掌握了抓关键句，把握一段话的主要观点的方法。	1.习得"抓关键句，把握文章主要观点"的能力。 2.从重点事例或人物行为中提取观点存在困难。 3.用恰当的语言，表达自己的观点和感受方面。	抓关键句，结合资料，关联教材内容，互文阅读。
2.关于人与自然的关系，你有什么想法？	学生能认识到人与地球、人与自然和谐共生的关系，人应该保护自然，保护地球，珍惜资源	对保护自然、保护地球的迫切性和重要性认识不够深入，不能做到知行合一。	开展制作"环保小大使"宣传图册的语文实践活动，深化认识，知行合一。
3.你会围绕哪个话题提出倡议？提出怎样的倡议？	学生能够关注自然，也能关注到一些社会现象，关注的问题比较广泛，观点也明确。	解决问题的建议不够丰富，缺少解决问题的策略。	研读例文，明确格式要求。

（三）单元目标

1.学习《古诗三首》《只有一个地球》《青山不老》《三黑和土地》，结合资料理解课文内容，感受到人与自然的和谐关系，能够说明热爱自然、保护环境的重要性和必要性。

2.独立识字学词，会写"涯、莺、莹、裹"等 14 个字，会写 20 个词语，运用多种方法理解"和蔼""慷慨""滥用"等词语的意思，说出表达效果。

3.抓住关键句，通过不同的形式建立联系，把握文章的主要观点。

4.学习正确解决意见分歧，尊重不同意见，换位思考，积极沟通。

5.深入理解课文，观察并记录生活，能就自己关心的问题写一份表达清晰且言辞恰当的倡议书。

6.通过多种方式、途径，完成环保宣传语的撰写和"环保小卫士"宣传图册制作，并能够根据倡议的对象，以宣讲等方式向其他人进行环境保护必要性和重要性的宣传。

四、单元学习任务

围绕单元学习主题——"基于文学体验的实用性表达"和"实用性阅读与交流""文学阅读与创意表达"两个学习任务群的内容，创设了"制作环境保护宣传图册"的单元大任务，研发了三个密切相关的具体任务："自然观察笔记""人与自然诵读会""环境保护宣讲"。三个任务与教材内容、社会生活切合，使学生感受到语文学习与生活的密切联系，激发学生参与学习活动的积极性与主动性，体现语文学科的特点，凸显了学生的主体地位，关注了学生个性化、多样化的学习和发展需求。为了更好地完成单元学习任务，我们将情境任务做了活动分解，设计了结构化的活动链。同一任务下的多项学习活动相互关联、逐步递进，领悟到环境保护的必要性、紧迫性，形成对学生情感的冲击，一步步为最终撰写倡议书，制作环境保护宣传图册，进行环境保护宣讲奠定基础，呼吁人们保护地球，保护地球的生态环境。

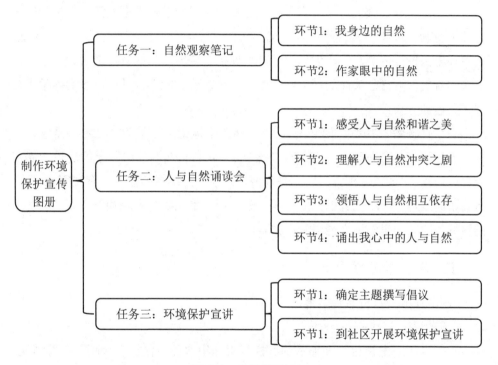

图 4-6　单元学习任务

（一）任务一：自然观察笔记

这是单元的起始活动。首先创设情境，使学生明确本单元的学习任务是"制作环保宣传图册"，产生阅读期待，激发学习本单元的兴趣。单元起始课发布学习任务，引导学生查阅人与自然的相关资料，通过观察身边的生活、阅读书籍、上网搜集、访谈等方式，了解地球的前世今生及人类对地球环境的破坏和保护情况，记好观察笔记，拓宽视野。与此同时展开本单元主体课文的学习，感受古人和今人眼中的自然，初步感悟人与自然的互相依存，为后续深入学习文本做铺垫。

（二）任务二：人与自然诵读会

在此基础上，布置"人与自然诵读会"的任务，带着任务走进文本，抓住关键词句，把握文章的观点，结合活动一的资料，体会人与自然和谐相处的美好、认识到人类对地球破坏的严重，产生保护环境的情感冲击力，查找相关的诗词文章，开展"人与自然诵读会"，通过多种形式朗读培养学生对地球和自然的爱与责任。

（三）任务三：环境保护宣讲

在诵读会的基础上，学生有了情感的积淀。引导学生观察生活中保护和破坏自然的行为，继续补充自然观察笔记，深化学生认知，确定自己倡议书的主题，撰写环境保护宣传语，完成倡议书及环境保护宣传图册的插页。最后，学生以倡议者的身份，对自己关注的环境问题走进社区，或者向学校其他班级的同学进行宣讲，达到"知行合一"。

三个任务紧密联系，相互关联。"自然观察笔记"是后两个任务的基础，又伴随着后两个任务的进行逐步完善、丰富；"人与自然诵读会"承前启后，起着重要的作用；"环境保护宣讲"则是前两个活动学习结果的输出，有文字的表达，有言语的表达。三个任务的共同作用，是实现本单元人文主题和语文要素要达成的目标，提升学生的语文能力和语文素养。

五、单元学习活动

（一）任务一：自然观察笔记

【活动目标】

1. 创设校园电视台"加加有约"栏目组征集"环境保护宣传图册"的情境，激发学生学习兴趣。

2. 明确单元学习任务。

【学习情境】

校园电视台"加加有约"栏目征集"环境保护宣传图册"。要求：图文并茂，设计新颖，能表达出你的环保理念。

才华横溢的你还在等什么，快带着你的创意成果来一展风采吧！

1. 环节 1：我身边的自然

（1）地球孕育了我们人类的生命，你对她了解多少呢？和小组成员简单交流。

（2）全班交流。

（3）明确单元任务

①通览本单元内容谈感受。

②发布单元学习任务。

图 4-7　发布单元学习任务

（4）交流获取资料的方法、途径。

表4-20　第六单元学习单

资料	地球	过去		
		现在		
		未来		
	环境	破坏		
		保护	做法	
			事迹	
调查	内容			
	呈现形式	照片、视频、文字、图文结合……		
	调查方式	访谈、实地考察……		
课文		关键句	观点	情感
	《古诗三首》			
	《只有一个地球》			
	《青山不老》			
	《三黑和土地》			
如果你是倡议者，你打算倡议什么？				

2.环节2：作家眼中的自然

（1）汇报预习，交流自主学习成果。朗读并归类积累文中的生字新词和句子，尝试通过联系上下文、结合生活、借助插图等方法进行理解。

调查了地球的前世今生，了解了我们身边的自然环境情况，让我们走进第六单元的课文，感受作家眼中的自然。先来交流一下大家的预习成果。

《古诗三首》《三黑和土地》：

① 汇报交流关于古诗题目、作者等信息。注意《书湖阴先生壁》的"书"《题西林壁》《题临安邸》中的"题"的关系，读好读懂题目。

② 借助注释交流重点词语的意思，说说古诗诗句的大意。

> 土疙瘩 地头 顺溜 蹚坏 痒抓抓 白霎霎
> 旱天的鹅 小毛驴 蝈蝈 荞麦 柴火 庄稼
> 翻地 耙地 打场 送公粮

③ 汇报交流《三黑和土地》的词句及背景。

《只有一个地球》《青山不老》：

① 汇报交流易错字词，分类积累。

> 晶莹 和蔼 毁坏 滥用 璀璨 肆虐 盘踞
> 记载 劲挺 铁锹 慷慨——无私
> "毁"字的笔顺

② 交流两篇文章的创作背景

> 地球，这位人类的母亲，这个生命的摇篮，是那样美丽壮观，和蔼可亲。
>
> 但是，因为人们随意毁坏自然资源，不顾后果地滥用化学品，不但使它们不能再生，还造成了一系列生态灾难，给人类生存带来了严重的威胁。
>
> 人类不能指望地球被破坏以后再移居到别的星球上去。

> 窗外是参天的杨柳。院子在山沟里，山上全是树。我们盘腿坐在土炕上，就像坐在船上，四周全是绿色的波浪。风一吹，树梢卷过涛声，叶间闪着鳞鳞的波光。
>
> 十五年啊，绿化了八条沟，造了七条防风林带、三千七百亩林网，这是多么了不起的奇迹。
>
> 杨树、柳树，如臂如股，劲挺在山洼、山腰。看不见它们的根，山洪涌下的泥埋住了树的下半截，树却勇敢地顶住了山洪的凶猛。这山已失去了原来的坡形，依着一层层的树形成一层层的梯。

（2）单元通读，初步感知单元内容。

结合关键句，把握文章的主要观点，初步感知课文的主要内容。

表4-21　课文主要内容

课文题目	关键句	内容
《古诗三首》		
《只有一个地球》		
《青山不老》		
《三黑和土地》		

（3）质疑。通过我们初步的学习，还有什么想探讨的问题吗？

（二）任务二：人与自然诵读会

【活动目标】

1.借助关键句把握文章的观点，结合资料、联系生活实际，深入对课文的理解，感受人与自然和谐相处的美好，了解人类对自然的破坏与保护，受到情感的冲击，明白保护地球、保护环境的重要性和紧迫性。

2.诵读关于人与自然的优秀作品，加深对地球、对环境的爱与责任。

3.撰写宣传语。

【学习情境】

了解了地球的前世今生，知晓了人们对环境的破坏与保护，作家眼中的自然，让我们对人与自然的关系有了进一步的思考。让我们继续走进文本，深入感受人与自然的关系，为我们的"人与自然诵读会"做好准备。

1.环节1：感受人与自然和谐之美

（1）学习三首古诗，感受古诗中作者的情感。

表4-22　作者情感表

诗题	关键词句	景物特点	作者的情感
《浪淘沙（其一）》			
《江南春》			
《书湖阴先生壁》			

（2）回读三首古诗，谈发现，体会作者的赞美之情，感受人与自然的和谐之美。

表4-23 作者的赞美之情及我的发现

诗题	关键词句	景物特点	作者的情感
《浪淘沙（其一）》			
《江南春》			
《书湖阴先生壁》			
我的发现			

（3）诵读并拓展描写自然，表现人与自然和谐之美的古诗。

2.环节2：感受人与自然冲突之剧

（1）探讨"为什么我们要保护地球、保护地球的生态环境？这个结论是怎样一步步得出来的？"

学习任务：

默读课文，思考：为什么"我们要精心地保护地球，保护地球的生态环境"，这个结论是怎样一步步得出来的？

学习提示：

1.默读课文，圈画关键词句做批注，完成学习单，或者选用自己喜欢的方式呈现学习成果。

2.小组交流，结合资料，加深理解，完善学习单。

	观点	关键词句	表达方法	感受	发现
只有一个地球	我们要精心地保护地球，保护地球的生态环境。	美丽渺小			
		资源有限			
		不可移居			

图4-8 学习任务及学习提示

① 抓住关键句感受地球的美丽渺小。

② 抓住关键句，并补充"地质变化"的资料，体会资源的有限

③ 联系生活、结合资料理解"40万亿千米"，感受"不可移居"。

> 那你知道 40 万亿千米到底有多远吗？大家知道吗？按照普通飞机每小时七八百公里的时速，你猜猜要飞多久？

（2）师生合作朗读，感受冲突之剧。

地球，这位人类的母亲，这个生命的摇篮，是那样美丽壮观，和蔼可亲。	但是，同茫茫宇宙相比，地球是渺小的。
地球是无私的，它向人类慷慨地提供矿产资源。	但是，如果不加节制地开采，必将加速地球上矿产资源的枯竭。
宇宙空间很大，那里有数不清的星球。	但是，科学家已经证明，至少在以地球为中心的40万亿千米的范围内，没有人类居住的第二个星球。
我们要精心地保护地球，保护地球的生态环境。	

图 4-10　例句

① 师生对读，老师读黑色字体，学生读红色字体，感受冲突之剧。

② 借助关联词梳理每句话前后、前三句和最后"我们要精心地保护地球，保护地球的生态环境。"一句的关系，深入理解冲突之剧。

虽然……但是……	因为……所以……
不但……还……	即使……也……

（3）引入资料，深入感悟冲突之剧。

> 每天，我们的地球上有 15 亿人呼吸着受污染的空气，至少 800 人因此死亡。
> 每天，我们的地球有 1500 吨氟利昂排入大气层，严重破坏着地球的外衣。
> 每天，我们的地球有 1500 人死于饮用不洁水造成的疾病。
> 每天，我们的地球有 12000 桶石油泄漏到海洋里。
> 每天，我们的地球有 55000 公顷的土地变成不毛之地。
> 每天，我们的地球有 800 亿吨水在悄然流失。
> 每天，有 75 个物种从地球上永远消失。
> 每天，……
>
> 全球气候变暖
> 臭氧层的破坏
> 酸雨蔓延
> 森林锐减
> 大气污染
> 海洋污染
> ……

（4）交流梳理评价量表，修改课前尝试撰写的宣传标语。

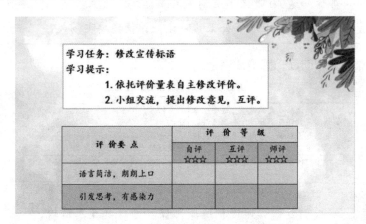

图 4-10　学习任务及学习提示

① 调动经验梳理标准。

引导学生结合自己试写宣传语的体验和生活经验思考优秀的宣传语的标准。

出示宣传语示例，引导学生读一读，在此基础上补充优秀的宣传语的标准。

② 依据标准修改交流。

③ 班级展示互相评价。

3.环节3：感受人与自然相互依存

（1）读《青山不老》，借助典型事例，把握文章的观点，了解人类对地球的保护情况。

① 借助表格，梳理典型事例，把握主要内容。

表 4-24　典型事例表

采访地点			采访对象	
性别		年龄	外貌特征	
感人事迹				

② 默读课文完成学习单，结合资料感受老人植树的艰难以及对环境的保护与热爱。

③ 再次回读课文，讨论文章为什么以"青山不老"为题。

（2）读诗歌《三黑和土地》，感受三黑对

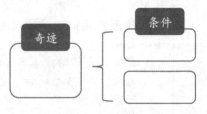

图 4-11　学习单

土地的珍惜与热爱及其得到土地的喜悦。

①默读诗歌，抓住关键句子，思考：三黑是怎样看待土地的？小组交流。

②指导朗读，读出三黑对土地的情感。

③交流你对脚下的土地有了什么新的感受。

4.环节4：诵读我心中的人与自然

（1）再读本单元的几篇课文，想想围绕着保护环境的主题，几篇课文之间有什么联系，用图示表示出来。

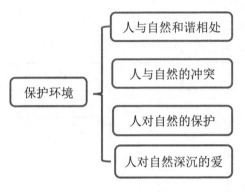

图 4-12　课文关系图

（2）自学迁移：关于保护环境的作品，除了本单元的作品，你还知道哪些？

（3）诵读展示。

表 4-25　评价表

评价要点	评价方式及等级		
	自评 ☆ ☆ ☆	互评 ☆ ☆ ☆	师评 ☆ ☆ ☆
选文内容贴切，主题明确			
表达流畅，情感真挚			
举止大方，动作自然			

（三）活动三：环境保护宣讲

【活动目标】

1.就自己关心的问题撰写环境保护倡议书。

2.制作完成环境保护宣传图册，走进其他班级、走进社区进行宣讲。

【学习情境】

地球是目前人类生存唯一的家园，许许多多的人通过各种方式来保护我们的地球母亲，保护环境。让我们也行动起来，撰写倡议书，制作环境保护宣传手册，走进其他班级、走进社区，呼吁人们都参与到保护环境的活动中。

1. 环节1：确定主题撰写倡议书

（1）交流自己关心的问题及调研的情况：先小组交流，再全班交流。

学习任务：学写倡议书

学习提示：围绕"保护环境"这一主题，选择自己关心的一个问题通过查资料、实地考察、访谈等方式，了解这一问题的现状，写一份倡议书。

关心的问题		宣传标语	
调研情况		倡议书	
倡议主题			
倡议内容			
倡议对象			

图 4-13　学习任务学习提示

（2）完善自己的学习单，确定倡议主题、内容和对象。

（3）撰写倡议书。

（4）小组根据评价量表选出优秀倡议书。

表 4-26　评价表

评价要点	评价等级		
	自评 ☆☆☆	互评 ☆☆☆	师评 ☆☆☆
格式正确、规范			
主题明确，语言简洁			
倡议内容分点写清楚			

（5）小组代表在全班展示本组最佳倡议书。

2. 环节 2：到社区开展环境保护宣讲

（1）制作宣传图册

① 交流宣传图册插页的内容。可以包括收集的印象深刻的资料、诵读的作品、撰写的宣传语、倡议书等。

② 形式上图文并茂，注意各个板块的分配。

③ 完成图册。

（2）走进其他班级、走进社区，进行宣讲活动。

六、教学现场

《只有一个地球》这篇文章观点明确，内在逻辑严密科学。在理解"这个结论是怎样一步步得出来"这个问题时，学生的思维处于单点或多点却零散的结构层次。学生的难点在于，不能发现每个部分内部前后的转变。另外，能够发现因果关系，可以从三个方面中的一个或两个方面来谈，或是三个方面都谈到了，但是没能体会到这三个方面内部的关系，表达也出现了困难。为此，我们整合文章各个部分，通过师生不同层次的对读，借助图表、板书进行交流表达，把学生的理解引向深入。

师：随着作者一步步的叙述，我们的心情也发生了变化。从初读时对地球的怜爱，到了解到资源有限时的担忧，再到明白移居其他星球难以实现的焦虑。让我们再次回到全文，通过朗读表达我们的理解吧。

师：地球，这位人类的母亲，这个生命的摇篮，是那样的美丽壮观，和蔼可亲。

生：但是，同茫茫宇宙相比，地球是渺小的。

师：地球是无私的，它向人类慷慨地提供矿产资源。

生：但是，如果不加节制的开采，必将加速地球上矿产资源的枯竭。

师：宇宙空间很大，那里有数不清的星球。

生：但是，科学家已经证明，至少在以地球为中心的40万亿千米的范围内，没有适合人类居住的第二个星球。

师：我读出的是"美丽"。

生：我读出的是"渺小"。

师：我读出了地球的"慷慨无私"。

生：我读出了人类的"自私贪婪"。

师：我充满着希望在读。

生：我充满了焦虑在读。

师：孩子们，通过刚才的读，结合我们的板书，你发现了什么？

生：发现横向部分"美丽"与"渺小"相对，地球的"慷慨无私"和人类的"自私贪婪"相对，提到宇宙很大，星球众多时的"希望"与明白不可移居时的"焦虑""失望"相对。并且发现都用"但是"进行了连接。

生：正是因为地球美丽渺小，资源有限，我们不可能移居到其他星球，才要保护地球，保护地球的生态环境。

师：还有什么发现吗？

生：……

师：这篇课文运用了很多关联词语，如"虽然……但是……""甚至"等，学到这里，谁能用上一些关联词，借助文章的关键句，来向大家宣讲我们为什么要保护地球，保护地球的生态环境？

生：虽然地球很美丽，但是她很渺小；虽然地球母亲很慷慨无私，但是由于人类太自私贪婪，不加节制的开采或滥用资源，地球上的很多资源已经面临枯竭的危险；虽然宇宙空间很大，但是到目前为止还没有发现适合人类居住的星球，移居不可能实现，所以我们要保护地球。

师：老师有个疑问，在宣讲的过程中我们能不能把"美丽渺小""资源有限""不可移居"三个方面调换下顺序？

（生观察沉思）

生：不能，我发现这三个方面是层层递进的关系。

师：很厉害，你还看到了这几方面这间内在的逻辑联系。谁再来进行宣讲？

生：虽然地球很美丽，但是她很渺小，因而地球上的资源也是有限的。所以，虽然地球母亲很慷慨无私，但是由于人类太自私贪婪，地球上的很多资源已经面临枯竭的危险。人们想到了移居其他星球来解决资源和环境的问题，但是，虽然宇宙空间很大，但是到目前为止还没有发现适合人类居住的星球，移居不可能实现，所以我们要保护地球。

通过不同层次的师生对读，借助图表和关联词语进行交流表达，让学生联系多个事件，找到多个解决问题的思路，并把这些思路结合起来思考，解决较复杂的具体问题，使学生的思维向关联结构层次迈进，提高了学生的逻辑表达能力和解决问题的能力。

图 4-14　"我是宣传环保小卫士"

七、教学反思

（一）学习活动一体化

打通单元整体实践活动设计，作为任务驱动，用连贯的语文实践活动达成任务。如，从单元起始课布置任务，制作环境保护宣传图册，课下进行调研、查阅资料，到结束《古诗三首》的学习后，选择自己关心的一个问题，确定倡议书的主题，到《只有一个地球》后的预写倡议书，再到最终的完成倡议书和环境宣传图册，整个单元的学习任务一以贯之。

（二）评价一体化

学习文本的基础上，选定恰当的内容，通过多种方式呈现学习效果，如，从宣传标语到倡议书的撰写，再到环境宣传手册的整理，既是对学习效果的检测，也是整个单元学习成果的体现。《只有一个地球》内容有趣，学生读起来兴味盎然，引导学生读懂内容，体会到保护地球的重要、紧迫不难。作为一篇科学小品文，这篇文章语言严谨，自然段、结构段以至整篇，内在的逻辑联系非常严密。如何设计有效、有趣的活动，让学生在活动中体会到这个特点，培养学生的思维能力，是我们需进一步探讨的问题。

第五节　理性思考的过程和结果

——六年级下册第五单元"好奇与思考"教学设计

统编教材六年级下册第五单元围绕"科学发现的机遇，总是等着好奇而又爱思考的人。"编排了《文言文二则》《真理诞生于一百个问号之后》《表里的生物》《他们那时候多有趣啊》四篇课文以及口语交际"辩论"、习作"插上科学的翅膀飞"和一个"语文园地"。本单元的阅读要素是"体会文章是怎样用具体事例说明观点的"意在引导学生学习论说类文章的表达方法，培养学生不仅敢于表达自己的观点，还要有理有据地论证观点，促进思维发展。习作要素是"展开想象，写科幻故事"要求学生借助科学知识展开想象，促进学生科学素养和思维能力的发展。

本单元几篇课文借助不同事例展现了辩证角度看问题、追求事物本质的理性思维过程。这些课文，有的是对自然现象的独特认识和解释，有的是对日常生活司空见惯的现象或身边的事物展开的探究，有的则是对未来科技展开的奇特想象，呈现了人们不同的思考和探索。通过本单元的学习，学生对理性思考的认知更加丰富，知道要善于观察，敏锐地抓住常见的或不为人知的现象，不断发问，反复实践探究，追求事物的本质。对待不同的观点或现象，能够辨析内核，由此充分激发、培养学生的好奇心和思考力，充满探索欲望，追求实证的精神。最后通过单元习作在编写科幻故事中在科学基础上展开想象，这对提高学生的科学素养、发展他们的创造性思维能力有积极的促进作用。

一、单元指向的学习任务群

本单元主要选取了寓言故事、论说性散文、科幻小说等文体，为学生在阅读中进行分析判断，辨析观点与事实的逻辑关系，激发学生善于观察、勤于思考的习惯和不断探索的精神提供了丰富的学习资源。学生在运用理性的思维方法阅读文本，把握事例与观点之间的论证关系，学习古今中外人物的学习习惯、思维方法和科学精神，是专门的思辨性阅读与表达单元。"小练笔"迁移课文的写法，选择用几个具体事例说明一个观点；口语交际让学生在实际辩论活动中运用"围绕一个观点用不同事例佐证"的方法，注重负责任、有中心、有条理、重证据地表达。由此可以发现，这个单元的学习目标从"阅读、探究、表达"三个活动角度，都对应"思辨性阅读与表达"任务群。

"思辨性阅读与表达"的价值定位表述为："旨在引导学生在语文实践活动中，通过阅读、比较、推断、质疑、讨论等方式，梳理观点、事实与材料及其关系；辨析态度与立场，辨别是非、善恶、美丑，保持好奇心和求知欲，养成勤学好问的习惯；负责任、有中心、有条理、重证据地表达，培养理性思维和理性精神。"可以发现，这个任务群凸显思维在语文学习中的重要性，将思维培育融入各类语文实践活动中，引导学生学会理性判断、理性表达，注重理性的逻辑思维与辩证思维，指向语文核心素养内涵的"思维能力"。本单元重在引导学生初步了解论说类文章常见的表达方法，培养学生不仅敢于提出自己的观点，更要选择恰当的事例有理有据地论证自己的观点，基于语言文字展开分析判断，在实践活动中提升理性思维能力。

二、单元学习主题分析

（一）单元教学价值分析

1. 助读系统

本单元的助读系统共有三个要素。

第一个要素是单元说明，导语是"科学发现的机遇，总是等着好奇而又爱思考的人。"，意在让学生明白科学发现来自好奇心和思考，并养成留心观察身边事、乐思考、勤探究的好习惯。由此点明单元人文主题为"科学精神"。语文要素之一是"体会文章是怎样用具体事例说明观点的",旨在引导学生初步了解论说类文章常见的表达方法,培养学生不仅要敢于表达自己的观点,还要有理有据地论证观点。语文要素之二"展开想象,写科幻故事",指向学生表达能力、创新能力、想象能力的培养。

第二个要素是四篇课文都注明了作者和出处,后三篇课文选入教材时都有改动。《文言文二则》有词语的注释,帮助学生理解故事大意。

《文言文二则》包含《学弈》和《两小儿辩日》两篇文章。

《学弈》注释:

①本文选自《孟子·告子上》,题目为后人所加。弈,下棋。

②〔弈秋〕"秋"是人名,因善于下棋,所以称为弈秋。

③〔通国〕全国。

④〔惟秋之为听〕只听弈秋的教诲。

⑤〔鸿鹄〕指天鹅、大雁一类的鸟。

⑥〔援〕引,拉。

⑦〔缴〕系在箭上的丝绳,这里指带有丝绳的箭,射出后可以将箭收回。

⑧〔之〕他,指专心致志的那个人。

⑨〔弗若〕不如。

⑩〔为〕因为。

⑪〔与〕同"欤",句末语气词,表示疑问。这里读 yú。

⑫〔然〕这样。

《两小儿辩日》注释:

①本文选自《列子·汤问》,题目为后人所加。

②〔辩斗〕辩论,争论。

③〔以〕认为。

④〔日中〕正午。

⑤〔车盖〕古时车上的圆形篷盖,像雨伞一样。

⑥〔及〕到,到了。

⑦〔盘盂〕盛物的器皿。

⑧〔沧沧凉凉〕寒凉。

⑨〔探汤〕把手伸到热水里去。这里指天气很热。汤,热水。

⑩〔孰〕谁。

⑪〔为〕同"谓"，说。

⑫〔汝〕你。

⑬〔知〕同"智"，智慧。

《学弈》：本文选自《孟子·告子上》，题目为后人所加。弈，下棋。

《两小儿辩日》：本文选自《列子·汤问》，题目为后人所加。

《真理诞生于一百个问号之后》注释：本文作者叶永烈，选作课文时有改动。

《表里的生物》注释：本文作者冯至，选作课文时有改动。

《他们那时候多有趣啊》注释：本文作者是美国的艾萨克·阿西莫夫，译者高萍，选作课文时有改动。

第三个要素是略读课文《他们那时候多有趣啊》的导读提示"用较快的速度默读这篇科幻小说，看看在作者的想象中，未来的上学方式和今天有什么不同。再大胆想象一下，未来的学习生活还有可能是什么样的？"，引导学生梳理文中现实和想象中的不同事例，促进思考与表达，最后对未来学习生活展开想象，为写科幻故事做好铺垫。

可见，本单元几篇课文都是借助不同事例展现了辩证角度看问题、追求事物本质的理性思维过程。伴随古今不同人物的科学发现的历程，让学生在阅读中丰富对理性思考的认知，知道要善于观察，敏锐地抓住常见的或不为人知的现象，不断发问，反复实践探究，追求事物的本质。对待不同的观点或现象，能够辨析内核，由此充分激发、培养学生的好奇心和思考力，充满探索欲望，追求实证。

2.课文系统

聚焦"体会文章是怎样用具体事例说明观点的。"这一语文要素对本单元四篇课文解读如下：

《文言文二则》中《学弈》的观点是"为是其智弗若与？曰：非然也"，选取的事例是：两人学弈，一人专心致志，另一人三心二意，两人学习结果截然不同。文章突出在对比中用具体事例说明观点。《两小儿辩日》从整体上说，只有一个问题：太阳离人的距离是早晨近还是中午近。所以它的结构是"提出问题—举例说明—得出结论"。从段落看，两个小孩都有自己的观点，且从不同角度在演绎中用具体事例说明观点。

《真理诞生于一百个问号之后》是一篇论说性散文，是为单元要素量身定制的，用多个恰当的、典型的具体事例在归纳中说明观点。课题即观点，课文开头简要说明观点，3、4、5自然段分别选取"波义耳制成酸碱试纸""魏格纳系统整理了'大陆漂移学说'"和"阿瑟林斯基研究脑电波与做梦的关系"三个事例说明观点，结尾呼应开头。严格按照"提出观点——用具体事例论证观点——强调观点"的结构行文。

《表里的生物》这篇回忆性散文，作者先根据自己有限的经验中多个事例得出"发出声音的都是活的生物"这样观点，然后对父亲的怀表会发声进行大胆猜想，一次次的观察和思考，最后证实表里真的有生物。在求证过程中不断产生疑问，进行猜测，语言看似活泼轻松，其实透露着本文内部逻辑的严谨性。

《他们那时候多有趣啊》虽是科幻小说，但课题即观点，用"现实"和"想象"中的不同事例，通过主人公的不同感受对比进行一连串的对比来说明观点。

通观四篇课文，虽然文体不同，但都指向习得用具体事例说明观点的方法，学生要在分析判断、联想表达、理解运用中学习说理方法，提升思维能力。此外，几篇课文在说明观点时，选取事例的角度不同，解决问题的方法各有侧重，学生通过这一组课文的学习，不仅能不断深入学习概括观点，梳理事例主要内容，体会作者多角度选取具体事例及有序组织例证观点的方法，也能在亲历过程中充分激发好奇心和思考力，进而在科学的基础上展开想象。

3. 练习系统

本单元的练习系统按人文主题和语文要素分类梳理如下：

（1）指向人文主题

《文言文二则》：

①正确、流利地朗读课文。背诵课文。

②联系上下文，说说加点字的意思。

③对照注释，想想每句话的意思，再连起来说说故事的内容。

《真理诞生于一百个问号之后》：默读课文，想想"真理诞生于一百个问号之后"这句话的含义，再说说你从中受到了什么启发。

《表里的生物》：

①默读课文，联系课题，说说课文写了一件什么事。

②读下面的句子，说说从中可以看出"我"是一个怎样的孩子。再从课文中找出相关的语句，和同学交流你的看法。

③选做：课文的结尾写道："这样的话我不知说了多久，也不知到什么时候才不说了。"你也有类似的经历吗？和同学交流。

《文言文二则》说故事内容，让学生由事见理，养成勤学好问的习惯；《真理诞生于一百个问号之后》课后第一题谈启发，引导学生对日常生活司空见惯的现象或身边的事物展开研究。《表里的生物》通过课后第三题引导联想自己类似的生活经历，树立从小热爱科学探究的意识，埋下好奇又爱思考的科学精神。这些再次强化了学生要积极地对照自己的生活不断探索，追求事物的本质，学会辩证地看待问题。

（2）指向语文要素

《文言文二则》：在《两小儿辩日》中，两个小孩的观点分别是什么？他们是怎样说明自己的观点的？

《真理诞生于一百个问号之后》：

① 为了证明自己的观点，作者列举了哪几个事例？每个事例是按照怎样的顺序写的？

② 小练笔：仿照课文的写法，用具体事例说明一个观点，如"有志者事竟成""玩也能玩出名堂"。

③"阅读链接"《詹天佑》。

《表里的生物》：读下面的句子，说说从中可以看出"我"是一个怎样的孩子。再从课文中找出相关的语句，和同学交流你的看法。

学生借助《文言文二则》课后第四题，厘清两小儿所举现象、常理与观点的对应关系，在此基础上理解"辩斗"的思路；借助《真理诞生于一百个问号之后》课后第二题以及"阅读链接"《詹天佑》都是通过概括事例，了解事例是怎样印证观点的；借助《表里的生物》课后题引导学生结合文中描写思考、语言、心情的语句来论证自己的观点。这些都是直接指向本单元语文要素。《真理诞生于一百个问号之后》最后的小练笔，引导学生通过事例来说明一个观点，是由阅读到表达的迁移运用。

综上，学生要在分析判断、联想表达、理解运用中学习说理方法，提升逻辑思维能力。

4. 知识系统

本单元知识系统包括四部分。

第一部分口语交际"辩论"，从辩论前、辩论时和辩论后三个环节不同方面提出具体要求，同时渗透辩论的基本程序；小贴士揭示了本次口语交际的两个要点。

第二在习作部分提供的习作知识包括三方面：第一，展现插图和文章从不同角度引导学生展开科学幻想，激活学生的想象力。第二，提出习作要求并引导写之前通过交流唤醒已有经验，打开思路，要注意恰当运用一些科学知识、技术解决故事中的问题，大胆放飞想象让故事新颖奇特。第三，写后交流评价，修改完善。

第三部分语文园地含有的知识：第一，归纳总结小学阶段养成的语文学习习惯。第二，推想词语意思，体会引用的好处，丰富对"具体事例说明观点"的理解和运用。第三，欣赏交流赵孟頫楷书作品的特点。第四，日积月累呈现了四句关于发展和创新的名言，蕴含着逻辑、批判、辩证、创新思维的内涵。

可以看出，知识系统重在表达和运用，为学生创造情境，运用生活事例、阅读中的事例以及名人名言等作为理由有理有据地表达自己的观点及有效反驳，批判性表达。关注科学进步，想象科学对未来生活的巨大影响。

基于以上四个系统的梳理分析，抽取关键词，提炼本单元的教学价值可以概括为理性思考的合理过程与结果呈现。

（二）单元落实学习任务群目标的独特价值

本单元要落实的是"思辨性阅读与表达"第三学段内容目标 1"阅读关于中华传统美德、社会公德等方面的短论、简评，结合校园或社会生活中的实际事例，学习有理有据地口头或书面表达自己的观点"；目标 3"阅读有关科学发现、技术发明的故事，用画思维导图等方式辅助，简洁清楚地表述科学家发现、发明的过程，学习科学家的创造精神，体会猜想、验证、推理等思维方法。"本单元的独特价值是在阅读中学会用多角度具体事例有理有据的口头或书面表达自己的观点，提高理性的逻辑思维与辩证思维。

（三）单元学习主题

通过梳理本单元落实"思辨性阅读与表达"任务群的独特价值后，总结出本单元重在引导学生初步了解论说类文章常见的表达方法，培养学生不仅敢于提出自己的观点，更要选择恰当的事例有理有据地论证自己的观点，基于语言文字展开分析判断，促进思维发展。由此确定单元学习主题是"理性思考的过程与结果"。这个学习主题体现了学生在阅读中学习猜想、验证、推理思维方法的实践逻辑。

三、单元学习目标

（一）预设目标

1.学生能概括每篇课文的事例，初步理解用具体事例阐释观点，可以让观点表述更清晰，更具说服力。

2.学生能够结合生活经验进行迁移运用，完成用几个具体事例来说明观点的小练笔。能围绕辩题搜索、整理材料，清晰地表达自己的观点，抓住对方讲话中的漏洞进行反驳，用语文明。

3.通过大胆想象，写出奇特而又令人信服的科幻故事，写后进行修改。能够积极主动地与同学互相分享习作，并进行欣赏评价。

（二）学情分析

为更好地开展本单元学习主题下的综合实践活动，掌握他们对辩论的了解情况，教师随机抽选六年级四个班的学生进行问卷调研及访谈：

亲爱的同学们：

提到科学，脑海中想到的画面会是什么呢？一本厚厚的书？白色的实验大褂和显微镜？正在通过天文望远镜观测太空的天文学家？还是发射的航天飞机呢？这些画面反映出来的都是科学的一部分。科学发现的机遇，总是等着好奇而又爱思考的人。现邀请你完成下面的问卷调研。

1.在日常生活和阅读学习中，你会遇到哪些引发你好奇并想去探究答案的科学问题呢？一般你会如何寻求这些问题的答案呢？

2.你最想和同学们就什么科学话题展开辩论？为什么？如果就这个观点进行辩论，你会做哪些准备？辩论中有哪些方法？还有哪些困难？

为了解学生能否围绕一个观点，多渠道搜集、选取多个具体事例论证，采用本年级学生进行预做的方式了解学生的起点：

小练笔预写

用多个具体事例说明一个观点，如"有志者事竟成""玩也能玩出名堂"。

根据学生平时学业表现和问卷调查结果，分析如下：

大部分学生都比较关注科学技术的发展，集中在人工智能领域居多，对身边的科学现象或科学应用关注较少。很多同学都看了《三体》和《流浪地球》，从中产生了许多想探究的问题，但只有极少部分学生会根据自己感兴趣的问题进行查阅，所以在本单元的学习中，通过课文阅读亲历每个人物探究问题的过程，学习他们锲而不舍的科学精神，进而能围绕自己感兴趣的观点产生探究的欲望，进行多角度、多媒介地搜索、整理材料，得出结论。

通过学生的预写发现：

学生能够通过阅读理解语言，运用语言，有一定的概括、分析、理解以及相互评价的能力。但选取的事例出现不恰当、不典型、多个事例衔接不自然的问题。需要在本单元的阅读学习中，建立观点与事例之间的逻辑关系，理清每个事例的表达方法，从而能有序组织多个具体事例清晰地表达自己的观点，提高思维能力。

（三）单元目标

1.学生通过阅读本单元四篇课文，能梳理文本中的观点和事件，归纳"用具体事例说明观点"的方法。

2.学生能够围绕观点搜索、整理材料，产生探究的愿望，能有序组织具体事例清晰地表达自己的观点。

3.学生通过多媒介阅读关注科技发展，认识到科学技术与人们的生活和命运有密切关系，通过大胆想象，写出奇特而又令人信服的科幻故事。

四、单元学习任务

围绕单元学习主题——"理性思考的过程与结果"和"思辨性阅读与表达"学习任务群的内容，创设"'从问号到结论'班级论坛"的单元大任务，开展顺应思维过程的三个子任务："面对世界 我有问号""面对问号 应有的态度""我的问号解决方案"。三个任务对应学生提出问题、学习方法、假设方案、实践方案、展示结果的思考过程与呈现，体现了培养学生的理性思维的活动链。

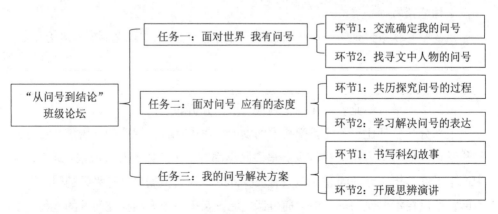

图 4-15　单元学习任务

（一）任务一：面对世界 我有问号

先发布本单元的学习任务"开展'从问号到结论'的班级论坛"，引发学生聚焦自己深感兴趣且有思维空间的话题，在交流中可以根据选择相关话题的同学自由结组，最终确定自己要表达的观点。再阅读《真理诞生于一百个问号之后》这篇典型的论说文，学习科学家将自己发现的问号变成叹号的探究过程，激发探究自己问号并学习论证方法的积极性，为开展探究过程做好铺垫。

（二）任务二：面对问号 应有的态度

本活动以课文为依托，层层深入地培养学生习得论证方法，逐步提高思维能力。先阅读《表里的生物》，和文中人物共同经历猜想到验证的过程，产生共鸣。再阅读《文言文二则》，明确论证的基础方法，有序组织事例论证观点——围绕同一观点，选择不同的现象或事例来证明自己的看法；最后回顾《真理诞生于一百个问号之后》中从不同角度证明自己的观点的组材方法，并在练笔中尝试运用围绕观点选择实例、有逻辑论证的方法。

（三）任务三：我的问号解决方案

先根据自己探寻问号过程中最感兴趣的科学技术展现想象，创编奇特且令人信服的科幻故事；再以旁观者的角色，根据小组共定的话题对材料进行梳理、归纳，用具体事例明辨观点，选出最佳辩手。最后让每组最佳辩手以演讲者的角色，聚焦一个具体事例，采用多种媒介将自己探究问题的过程以演讲的方式讲给同学们。学生在交流、书写、辩论、演讲等不同形式中都在呈现理性思考的探究结果，提高了逻辑思维能力，培养了理性精神。

以上三个任务环环相扣，从学法到用法体现其关联性和进阶性，从在习得论证方法的过程中不断地从多角度收集、整理材料，到最后将静态的材料、观点转化为动态的辩论、演讲，整个活动目标指向清晰，形成完整的认知过程，体现了连贯性。学生在活动过程中的角色感强，每一环节都是呈现理性思考的结果。

五、单元学习活动

（一）任务一：面对世界 我有问号

【学习情境】

科学就在我们身边，等着好奇又爱思考的人去发现。对于科技世界你有哪些"小问号"呢？古往今来，无论中西，人们探究真理的脚步从未停止，思维火花绽放着灿烂的光芒。让我们跟随作者一起去文中找寻人物的问号。

1.环节 1：交流确定我的问号

（1）写一写：每人列出自己最感兴趣想探究的话题或观点。

图 4-16　我的问题或观点

（2）议一议：小组讨论，确定出最感兴趣且有思维空间的话题，填写话题卡。

表 4-27　话题卡

话题	
我的观点	
准备搜集的材料	

2.环节 2：找寻文中人物的问号

（1）通读课文《真理诞生于一百个问号之后》，梳理本文的观点，用小标题概括作者说明观点选取的事例。

观点：

事例 1：

事例 2：

事例 3：

（2）借助表格细读三个事例，梳理文中人物的问号，以及探究问号的过程。理解"问号"和"真理"之间的关系，进而引导学生发现每个事例的叙述顺序，感悟科学家在探寻问号过程中的锲而不舍的精神品质。

表 4-28 事例梳理表

观点				
事例	主要人物	发现想象	研究过程	研究结果
石蕊试纸的发明				
"大陆漂移学说"的发现				
睡眠中眼珠的转动与做梦关系的揭示				

（3）替换事例：利用课前搜集的资料，填写"科学大事件卡"，并选择一个人物探究问号的过程，替换课文的例子，结合评价标准，用自己的话进行组内分享。

表 4-29 科学大事件卡

科学大世界	事例	科学家	发现现象	反复实验	找到真理
启发					

表 4-30 评价表

评价标准	自评★★★	互评★★★	教师评★★★
事例是否典型充分			
事例是否科学严谨			
事例是否衔接自然			

4.讨论交流：自己在探寻问号的过程中应如何做。

（二）任务二：面对问号 应有的态度

【学习情境】

探寻问号会留下成长的印记，探寻的过程往往会伴随很多挑战和困难。从古至今，从儿童到科学家，他们都在锲而不舍地求证。让我们跟随文中人物共历探寻问号的过程，掌握表达的诀窍。

1.环节1：共历探寻问号的过程

（1）默读课文《表里的生物》，小组合作共同完成思维导图，梳理"我"探究怀表的过程。

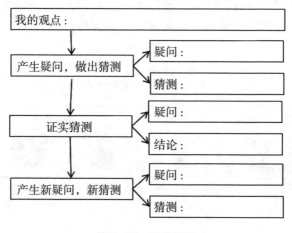

图4-17 思维导图

（2）细读课文，勾画伴随猜想不断探究得出的观点，并批注每次探究结论的依据。在此过程中你感受到"我"是一个怎样的孩子？

（3）全班交流，引导学生结合文中的语句表达自己的观点，总结人物形象，分享自己的相似经历。

2.环节2：学习解决问号的表达

（1）借助事例表达观点

①借助注音和注释，读通读顺《学弈》，了解文意，完整有序地说说故事内容。

②借助表格，将《学弈》中两人的不同学习表现及不同学习结果进行对比，思考故事中的道理；然后议一议：为什么要用两个人的学习表现来说一个道理呢？学习从正反两个角度选择事例说明观点的方法。

表 4–31　观点说明表

选取事例	人物	学习表现	学习结果
	一人		
	另一人		
说明观点			
运用的方法			

③ 学生利用表格分清"两小儿"各自的观点和依据，在模拟对辩中厘清"两小儿"所举现象、常理与观点的对应关系。

表 4–32　"两小儿"观点分析表

	观点	现象	依据	如何表达
小儿一				
小儿二				
我的发现				

④ 参加辩日：学生围绕这个话题，选择两个小儿其中一方的观点，结合自己的生活经验或查找的资料，找到和自己持相反观点的同学展开辩论，尽量做到论据充分，论辩有力。

表 4–33　评价表

评价角度	同学互评
事例充分典型	
论辩语言有力	

（2）组织事例说明观点

① 回读《真理诞生于一百个问号之后》，回顾文章的论证结构。

② 聚焦三个说明观点的事例，引导学生发现事例排列的规律和衔接方法。

（3）选择事例表达观点

选取恰当的事例说明"有志者事竟成"或"玩也能玩出名堂"观点，可以是一正一反两个事例，也可以是不同角度的几个具体事例。根据评价标准完成小练笔。

表4-34 评价表

	评价标准	自评	互评	教师评
选材	事例是否具备共同特点			
	事例是否与观点密切相关			
组材	叙述事例是否具有顺序			
	衔接事例是否自然得体			

（三）任务三：我的问号解决方案

【学习情境】

伴随本单元的学习，相信大家已经把自己心中的"？"不断拉直，变成了"！"。请你用生动的故事、逻辑缜密的表达，和同学们分享你的探寻成果吧。

1.环节1：书写科幻故事

（1）讨论回顾：我最喜欢的科幻小说家和作品，我读过的那些科幻故事：发生时空、主要人物、故事梗概、印象最深的情节或细节、为什么喜欢？

（2）例文引路

① 想象的天马行空：借助表格，快速浏览《他们那时候多有趣啊》梳理：如今和那时候，上学这件事有哪些不同？以"我万万没想到……"为开头进行阐述。

表4-35 《他们那时候多有趣啊》梳理表

对比内容	那时候上学	现在上学
教室		
教师		
课本		
同学		
功课		
感受		

②想象的合理准确：讨论本文让我们深信不疑的原因是什么？作者通过对比"那时候"和"现在"不同的学习方式的描述，想表达怎样的观点？

（3）展开写作，畅想科幻世界

①学生根据评价标准完成自己的科幻故事。

表 4–36　科幻故事评价表

评价标准	自评	互评
1.科技发展给人类带来巨大影响。		
2.科学幻想奇特且令人信服。		
3.条理清楚，情节合理，内容具体生动。		

②在小组内朗读自己写的科幻故事，选出最有意思的故事，集体帮助修改，提升故事的逻辑性和可读性，在班内进行讲述。

2.环节 2：开展思辨演讲

（1）归纳梳理：小组根据活动一中确定的话题从正反两方面归纳梳理支撑观点辩论的事例。

表 4–37　辩论小组整理材料卡

辩论话题					
我方观点			对方观点		
辩论材料 要点	一辩		反驳材料 要点	一辩	
	二辩			二辩	
	三辩			三辩	
	四辩			四辩	
	备用材料			备用材料	
撰写辩词					

（2）开展辩论：班级分小组开展辩论，根据评价标准选出最佳辩手。

表 4-38　最佳辩手评价表

评价标准	观众评价	教师评价
我方陈述时，能充分利用时间，选取恰切事例清晰表达自己的观点。		
对方陈述时，能听出对方讲话的矛盾或漏洞。		
自由辩论时，能进一步强调我方观点，并针对对方观点进行有效的反驳，用语文明。		

（3）拟演讲提纲：小组内评选出的最佳辩手根据本单元习得的表达方法，梳理自己这段时间探究问号的历程，拟一个演讲提纲。

图 4-18　我的探寻过程

（4）开展"从问号到结论"演讲活动：最佳辩手现场演讲，用多媒介形式向老师和同学们阐述解决自己问号的历程，总结收获。

六、教学活动现场

在本课的教学中，通过阅读、比较、推断和讨论等方式，从而引导学生培养学生的理性思维和理性精神。为了让学生更好地理解本文作者的观点，理解作者是怎样有序组织事例证明观点的方法，可以简洁清楚地表达科学家发现或者发明的过程，教师采用了多种策略。

（一）借助支架梳理事例，发现科学家发现真理的规律

在梳理三个事例时，首先从整体上感受真理发现的过程，即简单梳理第 2 自然段。之后小组共学，完成学习单，并进行展示汇报。与此同时，教师对于第一组学生的汇报进行指导，提供条理更加清晰、语言更加简洁的支架，辅助学生进行汇报。以下是此环节的课堂实录：

师：作者这么梳理真理诞生于一百个问号之后的过程，那么作者如何用具体的事例来说明观点的呢？

生：首先，发现"溅上盐酸的花瓣竟奇迹般地变红了"这一现象，之后，提出很多问题"物质到底是什么？ 别的植物中会不会有同样的物质？别的酸对这种物质会有什么样的反应？ "之后，得到结论"大部分花草受酸或碱的作用都会改变颜色其中以石蕊地衣中提取的紫色浸液最明显：它遇酸变成红色，遇碱变成蓝色"，最后发明石蕊试纸。

师：这一组同学汇报得非常全面，将真理发现的过程很具体的呈现出来，但是我们在汇报时，语言可以更加简洁，条理可以更加清晰一些，比如这样来汇报，我们可以发现，在这个支架中，有"从……中""所以""不仅……还""经过……最终"等词语，有了这一系列词语的连接，让表述更加流畅，结构更加合理，因此我们也可以参考这个支架来对其他两个事例进行汇报。

生：波义耳善于从细微的、司空见惯的现象中发现问题，所以他关注到了盐酸溅到花瓣上会变红的现象。波义耳不仅关注到这个现象，还敏感地意识到背后会有奥秘，并且提出了很多问题。波义耳经过大量的实验，最终发明了石蕊试纸。

师：这么一对比，是不是非常简洁有条理呢？下面继续汇报吧！

生：魏格纳善于从细微的、司空见惯的现象中发现问题，所以他关注到了南美洲东海岸的凸出部分与非洲西海岸的凹陷部分是吻合的。魏格纳不仅关注到这个现象，还敏感地意识到这不会只是巧合，并且提出了很多问题。魏格纳经过阅读大量的文献，同时搜集古生物学方面的证据，最终整理形成了"大陆漂移学说"。

生：阿瑟林斯基善于从细微的、司空见惯的现象中发现问题，所以他关注到了儿子睡觉时眼珠会转动的现象。阿瑟林斯基不仅关注到这个现象，还产生了一连串的疑问。阿瑟林斯基对儿子和二十名年轻人反复进行观察实验，最终得出了睡觉时眼珠和脑电波之间的关系。

语言是思维的外壳，思维是语言的内核。本环节通过教师提供汇报的支架，引导学生简洁清楚地表达科学家发现或者发明的过程，感受其中的智慧，培养学生的理性思维和理性精神。

（二）结合关键词句细研事例，分析选择事例的特点

在梳理完三个事例后，师生将共同深入研读三个事例，通过圈画关键词句，从而分析三位科学家身上具备的精神品质。同时，体会作者选择具体事例时的特点，例如典型充分、科学严谨等，为学生自己多角度选取具体事例论证观点做准备。以下是本环节的课堂实录：

师：同学们，刚才我们初步梳理了三位科学家的事例，现在就让我们走进文中，深入三个事例中，你体会到了什么？

生：波义耳偶然发现了这个现象，并且敏感地意识到这一现象背后有奥秘，体现了他见微知著的精神品质。

生：他提出的几个问题都是围绕这一现象进行发问，由这种物质到其他物质，由盐酸到别的酸，范围逐渐变广，也更加有深度，因此可以他是非常善于思考的，十分严谨的。

生：我从"偶然""惊呆"等词语，体现魏格纳见微知著的特点，同时，从"一块块""认真地""大量的"等词语体现魏格纳锲而不舍地研究的品质。

生：我从阿瑟林斯基发现自己儿子睡觉时眼珠转动起来感觉出他善于观察的精神，同时，我从"一连串""反复"看出他严谨认真、锲而不舍的品质。

师：通过走进这三个事例，我们感受到了三位科学家身上见微知著、追根求源和锲而不舍的精神品质，值得人敬佩！可见这三个例子选择非常恰当合适。同学们，让我们横看这一表格，你有什么发现？

生：三个事例的表达顺序体现了发现真理的过程，由现象到问题，再到相关的发明或者发现，是符合探寻问题逻辑顺序的。而且事例的表述顺序本文观点的论证过程存在一致性。

师：其实"真理诞生于一百个问号之后"本身也是一个真理，作者在证明这个真理的时候，也是纵观千百年来的科学技术发展史，从细微的、司空见惯的现象中发现"真理总是诞生于问题"的问题，使用三个事例来不断探索，从而最终发现这一真理。同学们，竖着来看表格，你有哪些发现？

生：文中三个事例是来自不同时间不同国家不同领域的科学探索，事例之间用了过渡词和衔接语。

师：因此当我们用多个事例说明观点时，不仅要多角度选取典型充分的具体事例论证观点，还要让事例进行有序衔接，体现思维的逻辑性和严谨性。

通过结合关键词句细研事例，学生可以体会三位科学家身上的精神品质。同时，通过横纵向分析学习单内容，引导学生感受在使用具体事例说明观点时需要选择典型充分、科学严谨的事例。

七、教学反思

（一）提供语言支架，培养学生有条理的表达

在设计学习活动时，注重培养学生负责任、有中心、有条理、重证据的表达。例如在活动"梳理事例，发现规律"中，学生在汇报事例一时，虽然过程非常完整，但是语言相对冗长，语句衔接比较生硬，这时教师提供语言表达的支架，引导学生条理清晰地使用简洁的语言来进行汇报，从而不断提高学生的语言表达能力。再如，在学生说学习本课的启发后，部分学生浮于表面，较为空泛地表达自己的启发，在这里教师注重引导学生重证据的表达，结合自己的生活实际，从而真正地让所学有所用，对学生起到真正启发的作用。

（二）借助表格支架，培养学生的理性思维

思辨性阅读与表达的核心是逻辑思维、辩证思维与批判性思维，引导学生在阅读与表达中学会复杂思考与理性断言。在本课的学习中，教师首先引导学生梳理三个事例的表述结构，从而发现三个事例都是按照"发现问题—不断发问—不断探索—发现真理"的顺序来写的，之后通过横向分析表格，引导学生发现事例的表述结构与观点的表述方式存在一致性，由此体会课文列举事例与观点之间的关联性，理解课文是如何用具体事例说明观点的。

后　记

每一次的教学设计、每一次的实践探索，都是不可多得的学习机会。

北京市海淀区第实验二小学具有助推教师专业发展、打造精品课程的传统和文化。语文成长营活动已经坚持了 8 年，老师们在组长教研员的组织引领下，每个学期自主选择一个单元进行研究，由个人研究到全组共研最后到全校展示，教研模式让研究氛围更加浓厚，同时也让老师们有了展示和锻炼的机会。在郭校长的指导帮助下，学校在 2022 年 10 月成立了北京市骨干教师工作坊，为语文教学开启了一扇新窗，拉开了学校专家领航的序幕。在无数次的集体备课、听评课、专家讲座、互动交流等活动之中，语文组教师们对新课标理念的学习和理解有所加强，整体教研能力有所提升。

理解新课标课程理念及其相关要求，据此开展指向学生语文核心素养发展的课堂教学，是我们小学语文教师当前面临的重大挑战，也是整个语文教育领域需要攻克的重点和难点。为此，以新课标颁布为契机，以骨干教师"世纪杯"展评为基础，创立了"任务群视域下大单元教学设计"的龙头项目，以此促进老师们教学理念的更新、教学方式的改进与优化。本学期，我校语文组在坚持"语文成长营"教研的同时，也树立落实新课标理念，持续开展着大单元教学的研究。在项目推进过程中，我们借助工作坊、专家讲座、互动交流等多种方式，去触摸语文教学的真谛，踏上回归语文学科本真之路，最终用教案和实际课堂展示我们的思考和学习成果。本书中教学设计案例就是这个项目的研究成果，也是教师们在专业成长之路上洒下的点点星光。

在多次教学研讨、课例打磨及教学反思之后，对于大单元教学设计与实施，我们形成以下几个方面的思考。

第一，学习活动一体化，进行整体架构。大单元教学具有在单元大任务的驱动下，以课时小任务为切入点的系统化结构。其设计的重点与难点均在于打通单元内在资源，从整体上以任务为驱动，用连贯的语文实践活动达成任务。在设计实践活动时，要符合学生的认知规律，以整体指导具体，循序渐进，逐步进阶。

第二，以学生学习为中心，适时提供学习支架。学生的学习并不是一蹴而就的。因此，在以学生学习为中心进行教学设计时，需要搭建丰富并切实可用的学习支架，利用问题引路，将教学指导具化为学生循序渐进、逐级而上的阶梯，促进学生语文核心素养的发展。

第三，利用学习性评价，实现课堂的优化。学习性评价是指促进学生学习的评价。在单元推进过程中，可以用评价标准来更好地指导教师的教和学生的学。例如采用逆向设计思路，"从终点——想要的结果"开始，将确定学习结果、确定合适的评价证据、制订学习计划三个环节有机统一起来，实现教、学、评一体化，优化课堂教学方式。

基于新课标课程理念的教学实践探索，是一个漫长但又充满各种"荆棘"的道路。我们正一起走在路上，期盼能够"披荆斩棘"，找到更具可行性和操作性，更能促进学生发展的实验二小特色路径。

高丽辉
2023 年 6 月